Rainer und Birgit König

Fremdes Volk

Burg Verlag, Hanns E. Findeiß
Burgstr. 12, D-95111 Rehau
Tel.: +49 (0) 9283 / 81095
info@burg-verlag.com
www.burg-verlag.com

Lektorat: Marianne Glaßer
Umschlaggestaltung: Birgit König
Umschlagfoto: Stefan König
Fotos: Rainer König, Selber Stadtarchiv
Druck und Bindung in der EU

ISBN:
Buch: 978-3-948397-55-5 - Erstausgabe Juni 2024
eBook: 978-3-948397-59-3 - Erstausgabe Juni 2024

Rainer und Birgit König

FREMDES VOLK

Burg

History

Über die Autoren

Rainer König, Jahrgang 1943, ist in Mittelfranken aufgewachsen. Nach sechs Jahren Seefahrt bei der Handelsmarine holte er das Abitur nach und studierte in Erlangen Germanistik, Geschichte und Geografie. Als Gymnasiallehrer kam er nach Selb, wo er seit 1978 lebt. Er ist verheiratet und hat zwei Kinder.

Tochter **Birgit König** ist 1979 in Selb geboren. Nach dem Abitur ging sie zum Zoll. Seit 2003 arbeitet sie in Frankfurt am Main im Ermittlungsdienst. Sie ist verheiratet, hat zwei Kinder und lebt bei Gelnhausen.

Die Königs haben inzwischen **zehn Romane** vorgelegt:

- **Wilder Mann**, 2008
- **Wilde Grenze**, 2010
  (In Tschechien unter dem Titel **Divoká hranice** erschienen)
- **Wildes Erwachen**, 2012
- **Wilde Visionen**, 2014
- **Limes – Zeit der Abrechnung**, 2014
- **Wildes Kristall**, 2016
- **Totensteine**, 2018
- **Der Fall Edion,** 2020
- **Dunkle Wolken überm Edion,** 2022
- **Fremdes Volk,** 2024

Mehr über die Autoren:

www.rabiko-autoren.de

Der Roman spielt in den 20er Jahren des letzten Jahrhunderts. Wir bitten die verehrten Leserinnen und Leser um Verständnis dafür, dass die handelnden Personen, wenn es um die ethnische Zuordnung von Menschen geht, Begrifflichkeiten verwenden, die der Authentizität geschuldet sind, aber aus heutiger Sicht nicht mehr angemessen erscheinen.

Inhalt

Unerwünschter Besuch

Selb, Mittwoch,17. August 1927

Hauptwachtmeister Schaller kam etwa gegen halb zwölf von einer Fußstreife durch die Innenstadt zurück in die Wache und hatte eine Mordswut im Bauch, denn er war in der Gartenstraße auf einen Automobilisten aus Bayreuth gestoßen, der beim Rangieren mit seinem Wagen einen Zaun beschädigt hatte. Das war an sich keine große Sache, denn der Verursacher und der Geschädigte hätten sich eigentlich ohne polizeiliches Einschreiten gütlich einigen können. Aber dieser aufgeblasene Möchtegern hatte sich uneinsichtig gezeigt und ihn, den gestandenen Hauptwachtmeister, tatsächlich der Blindheit geziehen! Und bei Beamtenbeleidigung kannte Schaller keine Gnade: Der Mann musste vor den Richter gezerrt und mit einer deftigen Strafe überzogen werden! Jedoch bedurfte es hierzu einer Anzeige, was Schallers Groll wiederum verstärkte, denn Schreibkram und dazu noch die Bedienung einer Schreibmaschine waren ihm ein Graus. Für ihn stand zunächst einmal fest: Die Anzeige konnte warten, aber der Ärger musste sofort hinuntergespült werden, am besten mit zwei oder drei Halben im benachbarten *Bräustübl*. Dort würden sich sicher auch ein paar Bekannte am Stammtisch finden, mit denen er seine Wut auf diesen Bayreuther Automobilisten und seine Abneigung gegen alle motorisierten Verkehrsteilnehmer teilen konnte.

Doch Kommissär Werner durchkreuzte seine Pläne. Er betrat den Wachraum und richtete sich sofort an den Wachtmeister: „Schaller, könnten Sie sich mal auf den Goldberg begeben, dort hat sich anscheinend fahrendes Volk niedergelassen. Allerdings gibt es da von unserer Seite keine Genehmigung. Schauen Sie dort oben mal nach dem Rechten! Sie haben doch ein Händchen für solche Sachen."

Ower niat die Zeit und die Boina, dachte sich Schaller, der sich schon am Biertisch sah. Außerdem bedeutete für ihn der Weg hinauf in den Park eine eher unzumutbare Anstrengung, schließlich ging er bereits auf die sechzig zu und hatte so seine Schwierigkeiten mit der Lunge und den Beinen. Zudem zeigte das Thermometer bereits fast fünfundzwanzig Grad.

Er nahm Haltung an und quittierte die Order, denn Widerspruch oder gar Bitte um Verschonung kamen für den Beamten nicht in Frage: „Geht in Ordnung, Herr Kommissär, wird erledigt! Gleich nach der Mittagspause …"

„Nein, Schaller, gleich jetzt! Wir haben gerade mal halb zwölf. Das schaffen Sie leicht bis zum Mittag. Die Sache ist mir zu wichtig. Wenn sich die Leute erst mal ausgebreitet haben, wird's schwierig, sie wieder loszuwerden. Sie kennen das doch!"

Der Polizist schlug die Hacken zusammen und meldete: „Selbstverständlich, Herr Kommissär!"

Doch sein Inneres meldete starken Unmut: Undank ist der Welten Lohn! Hatte ihm doch der Vorgesetzte gerade erst vor vier Wochen ein großes Lob für sein Mitwirken bei der Verhaftung Röslers im *Edion* ausgesprochen und ihn anschließend zum Hauptwachtmeister befördert.

Noch hatte er die Worte des Kommissärs im Ohr: „Sie haben in einer unübersichtlichen Lage großen Mut und Entschlusskraft bewiesen und damit einem Menschen das Leben gerettet."

Und jetzt dieser Auftrag! Dann auch noch diese Eile! Des is doch koa Oart!, schmollte Schaller, denn das *Bräustübl* konnte er sich damit wahrscheinlich in den Kamin schmieren. Und schon hatte er einen Verdacht: Der Werner will mich auf Trab halten, weil ich ihm zu dick bin. Warum sonst hat der letzthin so komisch auf meinen Bauch geblickt und dann gemeint: „Ein paar Pfunde weniger täten Ihnen sicher ganz gut." Der junge Hupfer hat gut reden, dachte Schaller, soll er doch erst mal in mein Alter kommen!

Der Schutzmann machte allerdings nicht den Fehler, schnellen Schrittes auf den Goldberg zu eilen. Nein, verschwitzt und ausgepumpt wollte er dort nicht ankommen! Damit machte er sich bei dem Schlawinervolk doch nur lächerlich. In aller Ruhe, ganz dem Tempo seiner Streifengänge angemessen, näherte er sich seinem Ziel.

Nachdem er die Franz-Heinrich-Straße überquert hatte, waren es nur noch wenige Meter hinauf auf den Rasenplatz, wo beim Wiesenfest die Kinderspiele stattfanden. Oben angekommen, hatte er jetzt unter den randlich stehenden Bäumen so etwas wie ein Lager vor sich, bestehend aus zwei Wohnwagen, wie man sie vom Zirkus her kennt, und einem Lastkraftwagen. Auf der Festwiese grasten zwei mächtige Kaltblüter. Beim Näherkommen bemerkte er herumtobende Kinder und einen großen, kräftigen Mann, der ihm den Rücken zuwandte und dabei war, ein kleines Zelt aufzubauen. Schaller blieb kurz stehen und richtete seine Uniform, dann nahm er den Helm vom Kopf und wischte sich mit dem Schnupftuch den Schweiß aus dem Gesicht. Gerüstet für die Amtshandlung, trat er an den Mann heran und machte sich bemerkbar: „Schutzmannschaft Selb! Sind Sie der Betreiber dieses …?“ Er überlegte kurz, wie er diese Ansammlung von fahrbaren Untersätzen bezeichnen sollte, aber schon drehte der Mann sich ihm zu. Und was Schaller jetzt sah, machte ihn fassungslos und raubte ihm die Sprache: Vor ihm stand ein dunkelhäutiger Mensch. Es gab keinen Zweifel: Kopf, Arme und die nackten Füße – alles nicht gerade schwarz, aber eben sehr dunkel getönt. Solche Menschen gehörten für ihn nach Afrika. Am Stammtisch hatte er gelernt, dass es auf diesem Erdteil viel Sonne gebe und sehr heiß sei und sich damit sowohl die dunkle Färbung der Haut als auch die gering ausgeprägte Arbeitsmoral der Menschen erklären lasse.

Schaller war jetzt bemüht, seine kurze Schwäche im Auftritt wettzumachen. Und dazu gehörte die breitbeinige Aufstellung, die Versenkung der Daumen in der Koppel und die strenge Frage: „Name?“

„Wilhelm Maharero.“

Schon war Schaller wieder dabei, die sichere Seite zu verlassen: Wie kann ein Afrikaner „Wilhelm“ heißen? Außerdem zeigte sein Gegenüber eine Haltung, die ihm nicht zustand: Er kreuzte die Arme über der Brust und demonstrierte mit einem hochmütigen Lächeln, dass ihn der Polizist in keinster Weise beeindruckte. So etwas konnten sich in Selb gerade mal die Honoratioren erlauben, aber nicht die normalen Bürger und schon gar kein Neger!

Dem Mann musste Einhalt geboten werden: „Ausweis, Papiere, aber flott!“, schnarrte Schaller.

„Alles beim Direktor!“, antwortete der Fremde und deutete auf einen der Wohnwagen.

„Dann holen Sie den Mann her!“

„Der ist im Rathaus wegen der Genehmigung für unsere Auftritte.“

Schöne Scheiße! Hätte mich der Kommissär Mittag machen lassen, dann hätte ich mir diesen Auftritt ersparen können, dachte Schaller und überlegte, was er hier noch ausrichten konnte. Einfach kommentarlos abziehen ging nicht, zumal sich inzwischen die anfangs wahrgenommenen Kinder als Beobachter des Gesprächs eingefunden hatten. Es waren zwei Mädchen und zwei Buben, etwa im Alter zwischen vier und zwölf Jahren, sie trugen abgenutzte und etwas schmuddelige Kleidungsstücke. Nach der Größe sortiert, hätten sie der Reihung von Orgelpfeifen entsprochen. Interessiert verfolgten sie das Gespräch zwischen den beiden Erwachsenen. Schaller, der es gewohnt war, dass ihm Kinder lieber aus dem Weg gingen, deutete diese Unbefangenheit als Respektlosigkeit und wollte die auch gleich sanktionieren, etwa in der Art: „Schaut's, dassd's verschwind's, sinst setzt's wos!“ Doch eins der Mädchen, gerade mal vier oder fünf, kam ihm zuvor und zupfte an seinem Ärmel. Mit besorgter Miene deutete es auf sein Gesicht und sagte: „Du, Herr Polizist, du bist da schwarz auf der einen Backe.“ Die anschließende Frage gab Schaller den Rest: „Du schnupfst wohl?“ Er ahnte, dass ein weiteres Verbleiben an diesem Ort für ihn kein gutes Ende nehmen würde. Aber den Racheengel wollte er schon noch geben. Dass er inzwischen dabei war, das Hochdeutsche zu verlassen, war seiner Erregung geschuldet. „Oins kore enk soong“, posaunte er, „dirts Gschwart'l sat's moing alle furt!“

Dann machte er kehrt und begab sich auf den Weg ins Rathaus. Nach wenigen Schritten stellte er beruhigt fest, dass seine Amtshandlung, was Einheimische anging, nicht beobachtet worden war. Trotzdem hatte „der Held vom *Edion*“ eine Mordswut im Bauch, denn ein Neger, der sich anmaßte, deutsch zu sprechen, und ein paar verwahrloste Kinder hatten ihm den Auftritt versaut.

„Scheiß Tooch!“, fluchte er in sich hinein und nahm sich fest vor, gleich nach Dienstschluss ins *Bräustübl* zu wechseln.

*****

Striese stand einem Unternehmen als Direktor vor, das, halb Zirkus, halb Theater, aus der Not erwachsen war. Der ehemalige Theaterdirektor von Meiningen hatte im Krieg seine Stelle verloren. In den frühen Jahren der Weimarer Republik köchelte die Kultur auf Sparflamme und der Mann fand keine Anstellung mehr, weder als Direktor eines Theaters noch als Schauspieler, denn kein Regisseur wollte mit ihm zusammenarbeiten, weil er nicht auf die Allüren des ewigen Besserwissers verzichten wollte. Für kleines Geld, das er sich zusammengeborgt hatte, erwarb er fahrbare Untersätze, die einem gescheiterten Zirkus entstammten. Zu diesem Unternehmen hatte auch seine spätere Ehefrau gehört, eine vielseitige Artistin, die ihn auf die glorreiche Idee brachte, zirzensische Unterhaltung mit klassischem Theater zu verbinden.

Schon war das *Theatron Berolina* entstanden. Das Konzept hatte den Vorteil, dass das Unternehmen über längere Zeit an einem Standort verweilen konnte. An einer geeigneten Spielstätte wurden zwei Theaterstücke aufgeführt, zum Teil auch mehrmals. Ansonsten bot man biedere Zirkuskunst mit mehreren Nachmittags- und Abendvorstellungen. Dazu kamen noch die Dienste einer Wahrsagerin, die ihre Kundschaft in die Zukunft blicken ließ. Warum man im Namen des Unternehmens einen Bezug auf die Reichshauptstadt genommen hatte, war der Absicht geschuldet, an der Strahlkraft der Metropole zu partizipieren.

Wie seine Frau hatte er auch Wilhelm Maharero quasi von dem Zirkus geerbt. Der Mann war ein in Deutschland geborener Herero, dessen Eltern man am Ende des 19. Jahrhunderts für die Völkerschau bei Hagenbeck rekrutiert hatte. Er fungierte als Pferdepfleger und verstand sich aufs Messerwerfen. Erst seit kurzer Zeit gehörte auch Sofia Radu zu der Truppe und hatte sich schnell als Wahrsagerin etabliert. Außerdem bot sie eine Dressur mit ihren beiden Hunden an. Darüber, woher sie kam, hatte sie kein einziges Wort verloren. Dass da diesbezüglich keine Fragen kamen, war in Zirkuskreisen durchaus üblich. Sie sprach ein sehr gutes Deutsch, aber wenn sie als Wahrsagerin auftrat, pflegte sie eine Aussprache, die dem Ungarischen entlehnt schien. Die Radu war eine junge, hübsche und zierliche Frau mit langen, offen getragenen pechschwarzen Haaren, die ein wohlgeformtes Gesicht mit eher dunklem Teint umrahmten.

Zuletzt hatte das Unternehmen in Tirschenreuth und Marktredwitz gastiert, jedoch nur mit mäßigem Erfolg. „Othello“ und „Minna von Barnhelm“ erbrachten in beiden Orten nur eine geringe Besucherzahl. Und auch die Abteilung Zirkus war wenig erfolgreich, denn häufige Regenfälle ließen in Ermangelung eines richtigen Zeltes nur wenige Vorstellungen zu.

Selb hatte Striese eigentlich nicht als Destination auf seinem Plan gehabt. Seine nächsten Ziele waren Saalfeld und Rudolstadt, wo er in früheren Jahren sehr gute Erfahrungen gemacht hatte. Aber der Lastwagen, der dem Transport der Ausrüstung diente und einen Wagen zu ziehen hatte, erreichte mit Ach und Krach gerade noch den Selber Goldberg, und zwar mit vierzehn schiebenden Händen und der Zugkraft von zwei Gäulen.

*****

An diesem Mittwoch hatte der Direktor eine Mission vor sich, die die Zukunft seines Unternehmens ganz entscheidend beeinflussen würde: Er musste bei der Kommune vorsprechen, um ein befristetes Bleiberecht zu erreichen. Nur wenn er in Selb eine gewisse Zeit verweilen konnte, gab es Einnahmen, auf die er dringend angewiesen war.

Nun wusste Striese sehr genau, dass die Kommunen jedes wandernde Unternehmen genau überprüften, bevor sie den Aufenthalt gewährten. Denn es gab immer mal wieder Künstler, denen wie ihm die finanzielle Kraft fehlte, weiterzureisen. Als Kenner der Zunft war ihm bekannt, was dann folgte: Es liefen Kosten auf, die von der jeweiligen Gemeinde zu tragen waren. Schlimm wurde das Ganze, wenn der Winter bevorstand: Dann hatte man die ganze Truppe über gut vier Monate durchzufüttern. Aber Striese war guter Dinge, denn er vertraute auf Überzeugungskraft und sein schauspielerisches Talent.

In Städten mit einer eigenen Schutzmannschaft war für sein Anliegen das Polizeiamt zuständig. In Ermangelung herzeigbarer Alltagskleidung hatte der Mann seinen schwarzen Frack angezogen, den er allerdings in sehr ziviler Form trug, und zwar mit schlichtem kragenlosen Hemd und einer Melone auf dem Kopf.

Den Auftritt beim Leiter der Polizeistation musste sich der Mime regelrecht erkämpfen, denn der Wachtmeister, auf den er zunächst traf, wollte die Bühne respektive das Amtszimmer des leitenden Kommissärs nicht kampflos freigeben: Er müsse sich zunächst ausweisen und sein Anliegen vortragen, ließ ihn der Beamte wissen. Erst dann werde er kraft seines Amtes weitere Schritte einleiten.

Nun gab Striese eine Kostprobe seiner Kunst. In der Rolle des giftigen Alten ging er den Wachhabenden scharf an: „Verehrtester, Sie sind gerade dabei, sich an großer Kunst zu vergreifen! Wenn Sie mich nicht augenblicklich zu Ihrem Vorgesetzten vorlassen, wird Sie der Zorn der Stadtoberen mit äußerster Härte treffen!"

Doch Inspektor Müller war ein gestandenes Mannsbild, das der aufgeblasene Hanswurst wenig beeindruckte. Ihn bewegte eigentlich nur die Frage, wie er im Sinne des Kommissärs handeln konnte. Werner war eben kein leicht zu durchschauender Charakter. Rein fachlich gesehen, war an ihm gar nichts auszusetzen, aber er hatte nun mal seine Marotten: Manchmal schien er geradezu abwesend und irgendwelchen Träumen verhaftet. Und es konnte durchaus sein, dass er sich zur Kunst hingezogen fühlte. Dafür sprach auch die Verlobung mit einer Lehrerin, deren Vater zu den Honoratioren der Stadt zählte. Nur nichts falsch machen!, dachte Müller. Am Ende krieg ich was auf den Deckel, wenn ich den Kerl abblitzen lasse. Und diese Entscheidungsschwäche war es, die Striese letztendlich den direkten Weg in das Amtszimmer des Kommissärs bahnte.

Nachdem sich die Herren bekannt gemacht hatten, brachte der Besucher sein Anliegen zur Sprache. Werner gab sich reserviert und eröffnete dem Besucher, dass er bereits einen Beamten auf den Goldberg geschickt habe, um ein Auftrittsverbot für jedwede Aktivität auszusprechen. „Ihnen ist doch sicherlich bekannt", fügte er hinzu, „dass ein Ersuchen Ihrerseits mindestens vier Wochen vor Ankunft bei der Stadt eingegangen sein muss?"

Jetzt hatte ein reuiger Sünder seinen Auftritt. Der Mann, so um die Mitte fünfzig, mittelgroß, ausgestattet mit einem stattlichen Bäuchlein, saß in sich zusammengesunken auf seinem Stuhl, die Augen schienen geschlossen. Wohl wissend, dass sein weißes strähniges, bis zu den Schultern reichendes Resthaar und die fahle Blässe seines Gesichts ihn ohnehin unvorteilhaft aussehen ließen, hielt er die Pose doch erstaunlich lange. Der Erfolg gab ihm recht, denn der Kommissär, den er immer im Blick hatte, zeigte deutliches Mitleid mit einem Menschen, der irgendwie am Ende zu sein schien. Allerdings ersparte sich der Polizist aufmunternde Worte.

Der Mime musste also nachbessern: Flüsternd, quasi mit letzter Kraft hob er an: „Eigenhändig geschrieben, aber die treue Seele an meiner Seite hat es leider versäumt, das Schreiben zu expedieren." Jetzt zeigte der Mann starke Betroffenheit: „Sie ist ob dieser Nachlässigkeit völlig am Boden zerstört, denn in Selb wollen wir unbedingt auftreten." Zum Abschluss der Klage ließ er noch ein paar Tränen über die Wangen kullern.

Da der Kommissär gerade mal bedenklich dreinblickte, wurde er pathetisch: „Sie sollten wissen, dass unsere Hoffnung voll und ganz auf diese Stadt gerichtet ist, die im Ruf steht, an der Spitze des Fortschritts zu schreiten und in vorbildlicher Weise die Künste zu fördern. Zudem ist mir bekannt, dass das Selber Publikum über einen hohen Sachverstand verfügt, wenn es um anspruchsvolle Unterhaltung geht."

Werners Beifall beschränkte sich auf ein zustimmendes Nicken, womit er sich allerdings nur auf die Sache mit dem Fortschritt bezog. Was den Kunstverstand des Selber Publikums anging, verfügte er über eine ganz andere Botschaft. Hatte nicht Dekan Bohrer letztens im *Selber Tagblatt* verlauten lassen, dass das Streben der Selber nach tiefer Bildung des Geistes und das Interesse für Wahres und Schönes ein überaus geringes sei, um dann festzustellen, dass sich die Bevölkerung allen Festen des groben Sinngenusses willig hingebe und darin kaum Maß und Ziel kenne. Zudem zeigte Werners eigene Erfahrung, dass man in Selb der leichten Muse lieber huldigte als der ernsten Kunst.

Dem Kommissär war klar, dass er ein Schlitzohr vor sich hatte, das sein schauspielerisches Talent bewusst einsetzte, um ihn zu beeinflussen. Wie reagieren?, war jetzt die Frage. Einerseits erteilten die Stadtoberen entsprechende Genehmigungen sehr zögerlich, denn man hatte zu viele schlechte Erfahrungen mit fahrenden Künstlern gemacht. Andererseits war er überzeugt, dass die Herren Bürgermeister seiner Empfehlung folgen würden.

„Gut!", ließ er verlauten. „Ihre Ausführungen haben mich beeindruckt, aber bevor wir hier Nägel mit Köpfen machen, bedarf es einiger Vorleistungen Ihrer Seite."

„Das wären?", wollte Striese wissen.

Werner reichte ihm einen Notizzettel und einen Stift. „Notieren Sie!", wies er den Besucher an und diktierte: „Personalien aller in Ihrem Unternehmen mitreisenden

Personen und schließlich ein Verzeichnis aller geplanten Vorführungen mit einer genauen Spezifizierung der Darbietungen und sonstiger Angebote."

„Kann ich Ihnen gleich liefern", entgegnete ihm der Direktor freudig.

„Geduld, Herr Striese, da ist noch eine Sache zu bedenken: Die Stadt Selb fordert zunächst eine Sicherheitsleistung von fünfzig Reichsmark, die vor Abreise zurückerstattet wird. Diese Regelung wird Ihnen doch von anderen Orten her bekannt sein."

„Oh, ja doch!", reagierte der Schauspieler kleinlaut. „Vielleicht könnte man da eine Lösung finden, wenn …"

„Lassen wir es erst mal gut sein!", unterbrach ihn Werner. „Eine Entscheidung meiner Seite wird sich finden, wenn ich Ihre Unterlagen in Händen habe und Sie mir, natürlich freiwillig, einen Einblick in die finanzielle Lage Ihres Unternehmens gewähren."

Striese war natürlich daran interessiert, die Verhandlungen fortzusetzen, denn mit dem Stand der Dinge konnte er wegen momentaner Finanzknappheit nicht zufrieden sein. Aber der Kommissär geleitete ihn mit sanftem Druck zur Tür, denn seine Verlobte hatte ihn zum Mittagessen in ihre Wohnung eingeladen. Außerdem war Werner darauf bedacht, in Sachen *Theatron Berolina* erst einmal Zeit zu gewinnen: Er würde den Bericht Schallers abwarten, sich vielleicht selbst einmal ein Bild von den Lebensbedingungen der Truppe machen und schließlich die Unterlagen des Direktors prüfen. Da er wenig auf Vorurteile gab und man aus seiner Sicht auch fahrendem Volk die Möglichkeit geben sollte, ein erträgliches Auskommen zu erreichen, wollte er seine Vorlage für das Stadtregiment nach bestem Wissen und Gewissen erstellen.

Noch konnte er nicht ahnen, dass von anderer Seite bereits eine Entscheidung getroffen war, die er nicht mal so eben beiseite wischen konnte.

*****

Die Verlobten Johanna Winkler und Carl Werner konnten eigentlich froh und zufrieden sein, denn einer geplanten Hochzeit schien fast nichts mehr im Wege zu stehen: Sowohl der Schulrat als auch die beiden Bürgermeister hatten den Antrag der Lehrerin unterstützt, sie vom geltenden Heiratsverbot für Lehrerinnen zu befreien. Bei solch geballter Unterstützung hatte sich das Kultusministerium in letzter Zeit immer wieder geneigt gezeigt, Dispens zu erteilen.

Werner wohnte nach wie vor im Dachgeschoß des Amtsgerichts und Johanna Winkler in der Gartenschule. Das war kein idealer Zustand für zwei junge Leute, die sich keineswegs vorehelicher Keuschheit fügen wollten. Aber es gab nun einmal den so genannten Kuppelparagraphen, der die Vermieter sanktionierte, die dem Beischlaf Unverheirateter Vorschub leisteten. Und besonders Oberamtsrichter Winkler, der ja selbst im Amtsgericht wohnte, legte Wert darauf, dass es da nicht erst zu entsprechenden Gerüchten kam. Aber dem Einfallsreichtum der Verlobten in Sachen Zweisamkeit waren keine Grenzen gesetzt, so dass sich der Zustand einigermaßen aushalten ließ: Regelmäßig trafen sich die beiden in Hannas Wohnung, vor allem um gemeinsam das Abendessen einzunehmen. Noch vor dem Dunkelwerden flüchtete dann Werner in seine eigene Wohnung, denn es sollte schon bemerkt werden, dass er sich an die geltende Ordnung hielt. In das Miteinander der beiden hatte sich inzwischen schon eine gewisse Routine geschlichen. So wurde auch an diesem Tag Hannas Frage „Wie war's im Amt?“ mit „das Übliche“ beantwortet.

„Aber ich“, begann Hanna reichlich aufgekratzt, „hatte am Vormittag eine erstaunliche Begegnung.“

„Erzähl!“

„Gegen neun stand unten an der Tür eine gewisse Frau Striese mit ihren vier Kindern, von denen sie drei bei uns anmelden wollte.“

„Sind doch noch Ferien!“

„Habe ich auch gesagt, aber die hat sich nicht abweisen lassen. Sie meinte, sie wolle die Kinder schon mal auf die neuen Unterrichtsinhalte vorbereiten, denn die Familie habe vor, in den nächsten Wochen in Selb zu weilen.“

„Kommen die vom *Theatron Berolina*?“

„Woher weißt du das jetzt?“

„Der Direktor des Unternehmens war bei mir, um ein Aufenthaltsrecht zu erwirken.“

„Also Carl!“, schmollte Hanna. „Da frage ich dich, was du erlebt hast, und werde mit einer Plattitüde abgespeist. Das gefällt mir gar nicht!“

„Entschuldige! Ich habe das als Routinevorgang gesehen.“

„Und was hat sich da ergeben?“

„Ich muss mir das gesamte Unternehmen zunächst einmal genau ansehen.“

„Ich habe, als ich die alle im Lehrerzimmer versammelt hatte, sehr genau hingesehen und war, das kannst du mir glauben, völlig von den Socken. Stell dir vor, die Kinder verfügen über erstaunlich gute Kenntnisse und

Fertigkeiten, die zum Teil, vom Alter her, überhaupt noch nicht zu erwarten sind. Überrascht hat mich auch die Tatsache, dass die Frau, wenn ein Schulbesuch unmöglich ist, in eigener Regie Unterricht erteilt."

„Sachen gibt's!", reagierte ihr Verlobter lau. „Wie alt ist denn die Frau?" Die Frage stellte er eigentlich nur, um Hanna von ihrer Schwärmerei für diese Wunderkinder abzulenken.

„Vielleicht so Anfang vierzig."

„Der Herr Striese, der ja doch ihr Mann sein sollte, geht mit Sicherheit auf die sechzig zu. Der machte auf mich einen ziemlich abgerissenen Eindruck."

„Kein Wunder! Die ganze Familie steht am Abgrund: Ihr Lastwagen ist kaputt und sie hatte sehr viel Pech in den letzten Wochen. Die benötigen dringend Einnahmen, denn bei denen fehlt's an allen Ecken und Enden. Vor allem die Kinder brauchen dringend mal was Neues zum Anziehen."

„Und die sollen sich jetzt auf dem Goldberg niederlassen?"

„Auf jeden Fall, Carl!"

„Aber Hanna, du weißt doch, dass ich nichts zu erlauben habe? Mir fällt nur die Aufgabe zu, eine Vorlage für die Stadtoberen zu erstellen."

„Stell dein Licht nicht unter den Scheffel! Wenn du für ein Aufenthaltsrecht plädierst, wird man dir folgen. Das weißt du genau!"

„Aber wenn ich sehenden Auges einen gestrandeten Zirkus akzeptiere, der hier vielleicht sogar überwintern muss, dann wird man mir die Hölle heiß machen."

Werner empfing einen bösen Blick, den er so noch nie von seiner Verlobten wahrgenommen hatte, und sofort folgte eine bissige Replik: „Ich stelle fest, der Herr Kommissär hat mit dem Direktor gesprochen und ist völlig ahnungslos. Zirkus! – Dass ich nicht lache! Ja, die beherrschen dieses Metier, aber sie haben auch anspruchsvolles Theater im Repertoire. Aber davon haben wir ja in Selb genug!“

Er war noch dabei, zu überlegen, wie Hanna zu besänftigen sei, als die mit unerbittlicher Schärfe fortfuhr: „Mein lieber Carl, nimm bitte zur Kenntnis, dass ich mich ab sofort als Anwalt dieser Kinder sehe und alles in meinen Kräften Stehende tun werde, um sie vor einer Katastrophe zu bewahren. So, jetzt du!“, wandte sie sich, schon entspannter, dem Verlobten zu.

Was blieb dem anderes übrig, als den vormittäglichen Auftritt des Direktors zu rekapitulieren. Mit dem Hinweis, der gewiefte Mime habe ihn regelrecht manipulieren wollen, fand er dann so etwas wie Verständnis bei Hanna: „Wenn ich mich recht erinnere, hat die Frau mal so eine Bemerkung gemacht, dass es nicht einfach sei mit ihrem Mann, weil er immer nur hoch hinauswolle. Keine Ahnung, was sie damit gemeint hat!“

Die beiden blickten sich in die Augen und Hanna brach das Eis: „Da habe ich doch tatsächlich mal die ganz strenge Lehrerin gegeben. Ich hoffe, du verzeihst mir!“

„Mine rechtzeitig entschärft!“, grinste Werner.

„Schön gesagt“, lächelte Hanna, „darauf sollten wir in Zukunft immer achten!“ Mit „fast vergessen!“ erhob sie sich und wandte sich dem Herd zu, um die Teller zu füllen.

Dem Verlobten war allerdings der Appetit auf den geliebten Schweinebraten ein Stück abhandengekommen, denn er hatte durchaus realisiert, dass die Familie

Striese und das gesamte Unternehmen ihre Beziehung empfindlich ins Schlingern bringen konnte, wenn er nicht im Sinne seiner Verlobten handelte.

*****

Sofia Radu und Wilhelm Maharero waren die einzigen Mitarbeiter des Unternehmens, die nicht zur Familie gehörten. Als Quartier war für sie einer der Zirkuswagen vorgesehen, der auch dem Transport von Material diente. Doch Maharero zog es vor, in einem kleinen Zelt zu nächtigen, solange es die Temperaturen zuließen. Die Neue lehnte den Wagen kategorisch als Unterkunft ab und übernachtete mit ihren Tieren auf der Ladefläche des Lastkraftwagens. Wie ihr Kollege hielt sie sich eigentlich immer im Freien auf, wo sie auch mit ihren Hunden arbeitete.

Am ersten Abend in Selb saß der Messerwerfer vor seinem Zelt. Er hatte ein kleines Lagerfeuer entfacht und vertrieb sich die Zeit mit irgendwelchen Zukunftsträumen, denn Strieses Unternehmen war nicht der Ort, wo er verweilen wollte. Dabei rauchte er und trank billigen Fusel. Über einen regelmäßigen Lohn verfügte er nicht, aber dafür waren ihm freie Kost und Unterkunft garantiert. Frau Striese steckte ihm ab und zu eine kleine Summe zu, wenn es die Kassenlage des Unternehmens erlaubte. Die andauernde Ebbe in seinem Geldbeutel hatte ihn zum eifrigen Sammler von Kippen gemacht, so dass er für Tabak kein Geld ausgeben musste.

Als er gerade die Dose mit den Tabakresten vor sich hatte, um sich eine Zigarette zu drehen, ließ sich die Radu, ohne ein Wort zu sagen, neben ihm nieder. „Auch eine?“, blickte er sie fragend an. Sie nickte und Maharero produzierte einen weiteren Glimmstängel. Als sie rauchend nebeneinandersaßen und die Frau immer noch keine Anstalten machte, ihn anzusprechen, sah er sich verpflichtet, eine Unterhaltung anzuleiern. Aber die Striese-Sprösslinge kamen ihm zuvor, die sich inzwischen auch am Lagerfeuer eingefunden hatten. Sie wollten offensichtlich mit der neuen Artistin ins Gespräch kommen, denn die Kinder interessierte schon, mit wem sie es zu tun hatten. Zugleich fanden sich die ersten Gaffer ein, um die Ankömmlinge unter die Lupe zu nehmen. Mit Blick auf die Neugierigen, die sich den Anschein des zufälligen Vorbeigehens gaben, richtete sich Maharero an die Kinder: „Wir haben Publikum, macht zu, die Leute wollen was sehen!"

Das ließen sich die jungen Künstler nicht zweimal sagen: Spielerisch boten sie auf der Festwiese akrobatische Kunststücke aus dem Zirkusprogramm, darunter variantenreiches Purzelbaumschlagen oder die menschliche Pyramide.

Nun sah Maharero die Chance, die Neue auf humorvolle Weise in ein Gespräch zu ziehen. Breit grinsend animierte er sie: „So, wenn du jetzt noch deinen Rock schwingst und deine Beine zeigst, dann haben wir bei der ersten Vorstellung ein volles Haus."

Die Reaktion konnte schärfer nicht sein: Ohne eine Miene zu verziehen, musterte sie ihn abschätzig und knallte ihm die Gegenrede vor den Latz: „Und du kannst ja ganz gut den Affen geben und dir mit den Fäusten auf die nackte Brust trommeln. Dann haben wir auch noch hysterische Weiber im Publikum!"

Maharero suchte nach einer passenden Antwort, um die zickige junge Frau angesichts der Beleidigung in die

Schranken zu weisen. Aber die hatte die Hände vors Gesicht geschlagen und schien zu weinen. Wer ist denn hier hysterisch!?, dachte ihr Kollege, noch mit einer gewissen Wut im Bauch. Aber dann reagierte er doch angemessen und fragte: „Was ist denn los mit dir?“ Sie fuhr sich mit den Händen über das Gesicht, um die Tränen abzuwischen. „Ich habe dich beleidigt“, gestand sie niedergeschlagen, „obwohl ich das gar nicht wollte, aber …“

„Aber was?“

„Weil … na ja, bei der Anspielung auf meine nackten Beine könnte ich kotzen.“

„War doch nur ein Spaß!“

„Aber nicht für mich!“, antwortete sie, jetzt mit fester Stimme. „Dort, wo ich herkomme, musste ich mir das dauernd anhören. Meine Aufgabe war es nämlich, die geile Zigeunerin zu spielen, um den Männern Kohle für teuren Schampus zu entlocken und, na, du weißt schon.“

„Wo …?“

„Spielt doch keine Rolle! Das ist eben mein Schicksal: Man spuckt auf unser Volk und seine Frauen macht man zu Huren!“ Jetzt war sie dabei, sich richtig in Rage zu reden: „Und der Gipfel der Verlogenheit sind diese Bilder, die sie sich ins Wohnzimmer hängen. Kennst du doch, bei den Strieses findest du eins im Wagen: rassiges Zigeunerweib mit rotem Rock und weißer Bluse, die tiefe Einblicke bietet. Auch im Lied lassen's die Deutschen krachen: ‚Lustig ist das Zigeunerleben!‘ – Schlimmer geht's nicht!“

„Tja!“

„Mehr fällt dir dazu nicht ein? Du bist doch als Schwarzer in einer ähnlich beschissenen Lage. Oder täusche ich mich da?“

„Sicher, auch auf mich blickt man mit Verachtung herab. Aber das lässt sich ganz gut aushalten. Seit ich mit diesem Verrückten durch die Lande reise, bekomme ich dauernd Geschenke und Liebesbriefe von Frauen, die mich angeblich lieben und mich sogar in meine Heimat begleiten wollen, weil sie in mir den Wilden mit einer ungeheuren Manneskraft sehen. Wo ist das Problem?“

„Wenn du dich drauf einlässt!“

„Quatsch! Ich nehm's hin, ein bisschen gefällt's mir, schließlich bin ich ein eitler Mensch, aber ich gehe nicht darauf ein. Ich bin nun mal kein Wilder und meine Heimat ist Hamburg. Mit fünf hat mich ein deutsches Ehepaar aufgenommen, nachdem meine Eltern gestorben waren, weil sie es nicht aushalten konnten, wie Tiere im Zoo ausgestellt zu werden. Mein inzwischen ebenfalls verschiedener Adoptivvater war übrigens Tierpfleger, was auch ich werden wollte. Aber wer stellt schon einen Schwarzen ein?“ Maharero musterte die Radu eindringlich. „Zufrieden?“

„Erstaunlicher Lebenslauf“, reagierte sie. „Meinen eigenen werde ich bei Gelegenheit mal nachreichen. Aber zufrieden bin ich nicht, weil du wahrscheinlich nicht die ganze Wahrheit gesagt hast. Du wirst doch sicherlich auch mal das eine oder andere Dämchen in dein Zelt schlüpfen lassen.“

„Halt ein!“, unterbrach sie Wilhelm empört. „Die gehören nicht zu der Sorte, die ich gerade gemeint habe. Die habe ich ausgesucht und angequatscht. Schließlich bin ich ein Mann und habe entsprechende Bedürfnisse!“

„Das ist nicht das Problem!“

„Dann erklär's mir!“

„Es gibt in dieser Zeit genug Leute, die zunächst mal diesen Frauen Würdelosigkeit und unsittliche Neigungen vorwerfen. Und wenn das Objekt ihrer Begierde ein Schwarzer ist, dann geht es auch gegen den, indem man ihm Verführung und Vergewaltigung vorwirft. Hat's alles schon gegeben! Wenn dir eine dieser Frauen, ganz gleich, wie du zu ihr stehst, an den Karren fahren will, weil du bestimmte Erwartungen nicht erfüllt hast, landest du ganz schnell im Zuchthaus. Darüber solltest du auch mal nachdenken!"

„Sachte! Nicht alle Deutschen sind so hinterfotzig!"

„Aber es gibt genug davon!"

Maharero reagierte sarkastisch: „Geschenkt! Wenn ich's recht sehe, empfiehlst du mir, ins Kloster zu gehen, um mich von Frauen fernzuhalten. Aber ich habe den Verdacht, dass man mich dort auch nicht will. Schwarze Menschen gehören eben nach Afrika, wo man sie bekehren kann und sie dann brav die Drecksarbeit für die Weißen erledigen. Jetzt sag du mir, was ich machen soll!"

Die Radu lachte: „Versuch's doch mal auf die ganz normale Weise: Heirate!"

„Woher kennst du meine Träume?"

„Weil auch ich auf der Suche nach dem Notausgang bin!" Nach einer kurzen Pause fügte sie hinzu: „Nebenbei: Ich heiße Sofia."

„Und ich Wilhelm!"

Das Wirken des großen Rüter

Am nächsten Morgen wurde Friedrich Rüter, der neue Redakteur des *Selber Tagblatts*, bei Kommissär Werner vorstellig. Der Mann aus Erlangen war unter sehr ungünstigen Voraussetzungen in Selb gelandet: Er war am Schmuggel mit Waffen in die Tschechoslowakei beteiligt gewesen, zudem stand er im Verdacht, eine Wildenauer Prostituierte ermordet zu haben. Als sich in beiden Verfahren seine Unschuld erwiesen hatte, erwarb er sich das Vertrauen Werners, weil er einem Jungen das Leben gerettet hatte und, was den Waffenhandel anging, mit wertvollen Informationen dienen konnte. Schließlich hatte er sogar maßgeblich dazu beigetragen, den Schieberring auffliegen zu lassen.

Rüter war wie Werner als Leutnant aus dem Krieg heimgekehrt und hatte zunächst Großes im Kopf: Germanistik wollte er studieren, um später ein anerkannter Schriftsteller zu werden. Sein erstes Werk, ein voluminöses Kriegsepos, war bereits in Planung. Doch die Zeit und die Menschen meinten es nicht gut mit ihm, so hielt er sich mit dem Schreiben von Groschenromanen und mit Schmuggeltouren in die Tschechoslowakei über Wasser. Eigentlich erst in Selb bekam er festen Boden unter die Füße: Er war mit dem Kommissär befreundet, lernte im Krankenhaus seine große Liebe kennen und bekam eine Stelle als Redakteur beim *Selber Tagblatt*. Es war also kein Wunder, dass er vorhatte, in Selb Wurzeln zu schlagen.

Mit Werner verband ihn auch eine problematische Partnerwahl: Die beiden hatten sich in junge Frauen verliebt, die sich eigentlich von Männern fernhalten sollten: Der eine liebte eine Lehrerin, der andere eine Diakonisse. So war es nicht verwunderlich, dass sich die beiden immer mal wieder über ihre diesbezüglichen Probleme austauschten.

„Bei dir sieht's ja gut aus", stellte Rüter fest, „du bist verlobt und man munkelt, dass Hanna vom Lehrerinnenzölibat befreit wird."

„In der Tat", antwortete Werner, „die Signale stehen auf ‚Freie Fahrt', was den Schulrat und die Stadtoberen betrifft, aber letztlich weiß man nie, wie sich das Ministerium entscheidet. Die in München denken eben doch noch ziemlich konservativ."

„Wird schon!", ermunterte ihn Rüter. „Bei uns läuft's im Moment gar nicht gut, denn wir haben's mit der Diakonissenanstalt Hensoltshöhe in Gunzenhausen und Hildegards Eltern zu tun. Du kannst dir gar nicht vorstellen, was für ein Donnerwetter über sie hereinbrach, als sie einmal laut über eine Heirat nachgedacht hat. Eine einvernehmliche Lösung wird's da nicht geben: Ihre Eltern wollen sie nicht mehr sehen, wenn sie aus dem Verein austritt, und das Mutterhaus hat ihr gedroht, dass sie nie wieder als Schwester in einem evangelischen Krankenhaus arbeiten darf. Du siehst es: Christliche Nächstenliebe kann manchmal wunderliche Blüten treiben. Aber du weißt es, Rüter …"

„Lass mich ergänzen: Rüter wird einen Weg finden", unterbrach ihn sein Freund lachend, um dann nach dem Anlass des Besuchs zu fragen.

„Ich hatte gestern Nachmittag die Gelegenheit, mit einer eindrucksvollen Persönlichkeit zu sprechen“, gab Rüter zur Antwort, „der auch du mit Sicherheit begegnen wirst, es handelt sich …“

„Nichts sagen, ich ahne es!“, fuhr ihm Werner in die Parade. „Um Direktor Striese vom *Theatron Berolina*.“

„Hätte ich mir denken können, der muss ja eh auch bei dir vorstellig werden. Dein Eindruck?“

„Begnadeter Schauspieler, der sich aber leider überschätzt: Es erscheint mir doch zu ambitioniert, wenn eine Wandertruppe klassisches Theater mit dem Zirkus unter einen Hut bringen will. Außerdem pfeift das Unternehmen aus dem letzten Loch. Angemeldet hat er sich auch nicht. Wenn ich da mein Einverständnis gebe, halten mich doch die beiden Bürgermeister für verrückt!“

„Ich denke aber doch, dass du ihm eine Chance geben solltest.“

Werner schüttelte verdrießlich mit dem Kopf: „Dann seid ihr jetzt schon zu zweit!“

„Versteh ich nicht!“

„Hanna kennt inzwischen die Frau und die Kinder dieses eindrucksvollen Herrn und hat besonders an den Kindern einen Narren gefressen. Sie will sich zu ihrem Anwalt machen und besteht darauf, dass die Truppe bleibt. Wenn ich jetzt ablehne, erklärt sie mir den Krieg. Du siehst, ich stecke ganz schön in der Klemme.“

Werner kannte das Gesicht, das Rüter jetzt aufsetzte: „Lass das mal den Rüter machen“, war die Botschaft. Von einer kniffeligen Entscheidung war er nach wie vor nicht befreit, aber trotzdem hoffte er, dass ihm der Freund irgendwie zur Seite springen würde. Schon bei ihrem ersten Zusammentreffen, Rüter war noch des Mordes verdächtigt, hatte er das Gefühl, dass dieser mit einem stabilen Selbstwertgefühl ausgestattete Mensch auch sehr kreativ war.

„Was hast du vor?“, fragte Werner.

„Ich sehe mir heute Nachmittag den Laden an und du hörst in Bälde von mir. Einverstanden?“

„Was bleibt mir anderes übrig!“, antwortete Werner mit leicht säuerlicher Miene.

*****

Als Rüter den Lagerplatz des *Theatron Berolina* auf dem Goldberg im Visier hatte, nahm er auch drei Gestalten wahr, die sich am Motor eines Lastkraftwagens zu schaffen machten. Darunter war der ihm bekannte Direktor Striese, der sich seiner Jacke entledigt hatte und nur ein weißes Unterhemd auf dem Leib trug. Die beiden Männer und eine Frau waren so in ihre Arbeit vertieft, dass sie den Redakteur erst bemerkten, als der hinzutrat und sich bemerkbar machte: „Ich grüße die Herrschaften bei ihrem munteren Schaffen!“ Striese zeigte sich hoch erfreut und nahm sofort einen Lappen zur Hand, um sich die ölverschmierten Hände abzuwischen und die gegürtete schwarze Hose, die bedenklich in die Tiefe gerutscht war, hochzuziehen. Zunächst wollte er Rüter die Rechte reichen, zog sie aber mit dem Ausdruck des Bedauerns wieder zurück. „Leider kann ich der Höflichkeit nicht genügen“, sprach er den Besucher an und blickte jetzt demonstrativ auf die nach wie vor verschmutzten Handflächen, „aber trotzdem Gott zum Gruße! Sie sehen mich außerordentlich geehrt ob Ihres Interesses für unser Unternehmen.“

Rüter gab sich herablassend, aber doch freundlich: „Nicht der Rede wert, aber wenn ich was über Sie schreibe, was Sie mir ja ans Herz gelegt haben, wird das auch gründlich gemacht."

Striese wandte sich einem der Wohnwagen zu. „Ich möchte Ihnen zunächst gerne unsere Präsentation an die Hand geben, dann haben Sie schon mal ein paar Anhalts…"

„Nicht nötig!", unterbrach ihn der Redakteur. „Ich weiß, was drinsteht: ‚Spitzenleistungen der Akteure, noch nie gesehene Kunststücke' und so weiter und so fort. Langweilige Lektüre!"

Der Direktor reagierte mit irritiertem Dreinblicken: „Ja, aber …"

„Ich will was sehen, wenn ich auch nur eine einzige Zeile über Ihre Truppe schreibe! Fangen wir mit dem Theater an! Was haben Sie im Programm?"

„Othello, Minna von Barnhelm …"

„Oh Gottchen, Striese! Damit locken Sie doch hier in Selb keinen Hund hinter dem Ofen hervor! Haben Sie nichts Deftiges von Shakespeare auf Lager?"

Tatsächlich konnte der Direktor dienen: „Der Widerspenstigen Zähmung!"

„Sehr gut! Fangen wir an: erste Szene, Auftritt Lucentio!"

Striese war inzwischen dabei, sich auf den arroganten Redakteur einzustellen, schließlich war er ein erfahrener Theatermann, der eigentlich immer auf unvorhergesehene Herausforderungen reagieren musste. Zunächst zeigte er eine Geste der Hilflosigkeit, womit er der Erwartung des Besuchers entsprechen wollte, um ihn dann letztendlich mit sofortigem Vollzug zu verblüffen.

Schließlich setzte er einen Brüller in Richtung Wohnwagen ab: „Leander, Auftritt! Mein Sohn", erläuterte er.

Wenig später näherte sich den beiden ein schmächtiges Jüngelchen. Wahrscheinlich hatte ihn noch jemand schnell für seinen Auftritt präpariert, denn die schwarzen Haare waren mit einem nassen Kamm akkurat gescheitelt worden.

Striese instruierte ihn: „Kratzbürste, erster Akt, Auftritt des Lucentio!" Leander nickte, trat einige Schritte zurück, senkte den Kopf und murmelte vor sich hin.

Rüter wollte schon losprusten vor Lachen, denn ihm schien, als bahne sich hier ein Schmierentheater der übelsten Art an.

„Er memoriert", erläuterte Striese, „dauert nicht mehr lange!"

Was wenig später geschah, versetzte den Redakteur in höchste Verzückung: Der Junge, gerade mal elf oder zwölf Jahre alt, nahm eine Haltung an, wie man sie von jungen Männern kennt, die scheinbar ganz entspannt, aber doch mit Entzücken auf das weibliche Objekt ihrer Begierde blicken. Und schon legte er los:

„Tranio, da mich die heiße Sehnsucht trieb,
das schöne Padua zu seh'n, den Born der Künste,
bin ich nun in der fruchtbaren Lombardei,
des göttlichen Italiens schönstem Garten,
und von des Vaters Liebe wohl versorgt,
mit seinem Segen und mit deiner Hilfe.
Mein treuer Diener, wohl erprobt in allem,
hier lass uns in vollen Zügen atmen
den Geist des Studiums und der Wissenschaft."

Rüter reagierte mit einem begeisterten „Bravo! Besser geht's nicht!“. Und er meinte, was er gesagt hatte, denn Leander schien mit seiner Rolle verwachsen, da war nichts gekünstelt. Seine Atmung unterstützte auf vorbildliche Weise den dargebotenen Enthusiasmus, so dass Rüter schon fast selbst glaubte, in der unter ihnen liegenden Selber Innenstadt, auf die der Junge seinen Blick gerichtet hatte, so etwas wie ein Paradies vor sich zu haben.

„Das spielen wir!“, posaunte der Besucher inbrünstig. Der Plural sollte darauf hinweisen, dass er sich mit der Truppe identifizierte und sie auch unterstützen wollte. Nun hatte Striese aber ein Problem: Mitnichten hatte er die „Zähmung“ im Programm, konnte er doch mit dem zur Verfügung stehenden Personal keine entsprechende Besetzung bewerkstelligen. Die Rolle des Lucentio diente dem Jungen wie andere bekannte Monologe nur der Übung. Aber Probleme waren für Striese nur Hindernisse, die auch überwunden werden konnten. Und im Kopf war er bereits beim Überwinden: Dann muss eben diese Neue ran! Und Tranio, der Diener, ist eben ein Schwarzer. Basta!

„Kommen wir zur Abteilung Zirkus!“, legte Rüter vor. „Fangen wir an!“

„Da bedarf es doch einiger Vorbereitung, Herr Redakteur“, gab Striese zu bedenken, „vielleicht ein Viertelstündchen. Wenn ich Sie zu einem Kaffee einladen darf“, er deutete auf ein kleines Tischchen neben dem Wagen, „dann könnten wir vielleicht das eine oder andere besprechen, natürlich nur, wenn es Ihnen recht ist.“

Nach der kurzen Pause bekam der Gast nur die Sprösslinge des Direktors zu sehen, die zunächst als Clowns auftraten. Es folgte das Voltigieren. Rüter beeindruckten die zum Teil sehr anspruchsvollen Kunststücke der Kinder. Die beiden Pferde, die ja auch als Zugtiere dienten, erinnerten den ehemaligen Soldaten an die mächtigen Kaltblüter, die im Krieg schwerstes Gerät zu bewegen hatten. Aber als sie ihre Runden drehten, bewegten sie sich ausgesprochen graziös. Es schien ein tiefes Einverständnis zwischen den Kindern und den Pferden zu herrschen, denn die Tiere wechselten, dem Schwierigkeitsgrad der Übungen angemessen, laufend zwischen Trab und Galopp, ohne dass es da den befrackten Direktor mit der Peitsche in der Hand gab, der die Pferde instruierte.

Die Viecher verhalten sich ausgesprochen rücksichtsvoll, dachte Rüter, obwohl der doch wusste, dass dieses blinde Verstehen nur mit harter Dressurarbeit zu bewerkstelligen war. Aber er war auch überzeugt davon, dass die Tiere den Kindern vertrauten und die wiederum pfleglich und liebevoll mit ihnen umgingen.

Rüters Empfehlung für Werner war fix: Die Leute sollten bleiben! Und wie bei Johanna Winkler waren es bei ihm vor allem die Kinder des Direktors, die den Ausschlag gaben.

Eigentlich hätte der Redakteur jetzt zufrieden von dannen ziehen können, aber es gab da eine Beobachtung, die ihn zögern ließ: Während der Vorführungen hatte er ab und zu die hübsche junge Frau im Auge gehabt, die an der Reparatur des Lastwagens beteiligt gewesen war und jetzt an einem Baumstamm lehnte und ihn interessiert musterte. Rock und Bluse in Schwarz, dazu schulterlanges Haar in gleicher Farbe machten sie für Rüter zu einer geheimnisvollen, aber auch begehrenswerten Erscheinung. Ihr dunkler Teint ließ ihn vermuten, dass es sich um eine Zigeunerin handeln könnte. Ihre Blicke deutete der Besucher, der sich trotz seiner mickrigen Figur und der etwas zu groß geratenen Nase als attraktiver Mann sah, als Wunsch nach Annäherung. Er, der es sogar geschafft hatte, das Herz einer Diakonisse zu erobern, war schon der Überzeugung, dass er über das gewisse Etwas verfügte, das Frauen magisch anzog.

Dieses Prachtweib muss ich ansprechen, dachte Rüter. Er trat einige Schritte auf sie zu und fragte: „Und Sie, was haben Sie zu bieten?"

„Hundedressur!", antwortete sie kurz angebunden.

„Madam Radu empfiehlt sich auch als Wahrsagerin", kam es von dem hinter ihm stehenden Striese.

„Oh, das kommt mir zu passe", reagierte Rüter, „denn ich bin aus gegebenem Anlass sehr an einem Blick in meine Zukunft interessiert."

Er empfing ein Schulterzucken, das sich als unwillige Zustimmung deuten ließ. „Kostet aber eine Mark", ließ sie ihn wissen.

„Papperlapapp!", mischte sich der Direktor ein. „Ich denke doch, dass dem Herrn Redakteur keine Kosten entstehen werden." Doch der Besucher hatte schon seine Geldbörse in der Hand. „Keine Sonderbehandlung für mich!", tönte er und überreichte der Radu die geforderte Summe. Die ergriff seine rechte Hand und musterte sie sorgfältig.

„Wie steht's mit den Lebenslinien?", fragte Rüter erheitert, der der Wahrsagerei sehr skeptisch gegenüberstand und sich eigentlich nur amüsieren wollte. Doch die Radu blieb zunächst stumm und senkte den Kopf. Als sie schließlich aufsah, empfing er einen durchdringenden Blick, dann legte sie mit monotoner Stimme, aber routinemäßig mit osteuropäischem Akzent los, und zwar unter Verwendung immer der gleichen Formel: „Ich sähe …“ Sie sah den Krieg, dann einen Soldaten, die Präzisierung „Offizier“ wurde sofort nachgeschoben, als Rüter mit einem Stirnrunzeln Widerspruch signalisiert hatte. Selb schien ihr als guter Ort für Rüter, denn er werde respektiert und habe Einfluss auf die Menschen. Außerdem sei er ein starker Mensch. Berufsmäßig unterstellte sie ihm höhere Ziele, sie wagte sogar die Verheißung, dass „er wos mit Biecher“ anstrebe. Entweder wusste oder ahnte sie, dass Redakteure oft der Meinung sind, sie könnten jederzeit auch einen Roman schreiben. Ziele gebe es für ihn auch in der Liebe. Zum Abschluss sah sie sogar eine Frau, die ihn „mit große Liebe begährt“.

„Wahnsinn!“, entfuhr es dem zunächst verblüfften Rüter. „Das passt alles! Ganz genau!“ Seine Dankbarkeit mündete dann in ein Versprechen: „Sie können davon ausgehen, dass ich Ihre Fähigkeiten in meinem Artikel über das Unternehmen gebührend hervorheben werde.“ Natürlich wollte er von ihr auch wissen, warum sie denn ihre Visionen mit einem Akzent vorgetragen habe, der ihn an das Ungarische erinnere, wo sie doch eigentlich ein sehr gutes Hochdeutsch spreche.

„Hat doch gewirkt bei Ihnen!“, fertigte sie ihn kühl ab. Dazu passte auch ihr Verhalten, auf sein Lob nicht mit Dankbarkeit zu reagieren, die ja zu erwarten gewesen wäre. Eher lag Verachtung in ihrem Blick. Als sie sich ihren Hunden zuwandte, blickte ihr Rüter mit offenem Mund nach. Wieder kam ihm der „Wahnsinn“ in den Sinn, diesmal meinte er aber eine Frau, die ihm Rätsel aufgab und mit der er gerne näher in Kontakt getreten wäre. Doch ihr Hinweis auf seine Stärke gab ihm die Kraft, der Versuchung zu widerstehen: Friedrich, dachte er, denke daran, dass du in festen Händen bist!

Als er sich von Striese verabschiedete, wollte er wissen, „wann man denn angreifen“ wolle.

„Wie meinen?“, antwortete der Gefragte irritiert.

Rüter beschied ihm lachend: „Klartext: Wann soll die erste Vorstellung beginnen?“

„Also, wir könnten sofort! Aber sagen wir mal … na ja, Samstag ist immer ein guter Tag für die Premiere, halb acht Uhr oder …?“

„Passt! Kleben Sie schon mal Plakate, falls Sie welche haben!“

Striese hob verunsichert an: „Aber der Kommissär muss doch noch …!“

„Papperlapapp!“, unterbrach ihn Rüter. „Mein Wort gilt!“

Leider war er auch überzeugt von dem, was er gesagt hatte. War ihm nicht von Carl aufgetragen worden, eine Entscheidung herbeizuführen?

„Jetzt muss ich mich aber sputen“, ließ er Striese wissen, „denn mein Artikel muss morgen im Blatt zu lesen sein.“ Schnellen Schrittes wandte er sich seiner Redaktion zu und hämmerte den Text in die Schreibmaschine. Natürlich war ihm schon auf dem Goldberg der Gedanke gekommen, Carl von der Visite zu berichten, aber sein Tatendrang hatte ihn das Vorhaben vergessen lassen.

*****

Friedrich Rüter hatte es trotz fehlender Berufserfahrung geschafft, Redakteur einer Lokalzeitung zu werden, obwohl er kein biederer Berichterstatter sein wollte, der penibel die Abläufe irgendwelcher Versammlungen oder Festivitäten auflistete. Aber er brauchte nun mal einen sicheren Broterwerb, und als man ihm die Stelle anbot, musste er zugreifen. Er wollte nicht berichten, sondern erzählen und kommentieren, denn er sah sich als Schriftsteller; schließlich arbeitete er schon seit Kriegsende an einem gigantischen Schlachtenepos, das wie einst Tolstois „Krieg und Frieden“ Furore machen würde. Aber er machte kaum Fortschritte, denn der Zwang, für seinen Broterwerb zu sorgen, ließ ihm die nötige Zeit entgleiten.

Jetzt, da er Redakteur war, sah er die Möglichkeit, ein breites Publikum mit seinem Talent zu erfreuen. Es war also kein Wunder, dass seine Artikel das Niveau poetischer Texte anstrebten. Im Großen und Ganzen war es so, dass man in Selb über Rüters Ergüsse oft genug die Nase rümpfte: Gerne kritisierte man seine Artikel als „überkandidelt“ und „zu akademisch“, aber wiederum war auch die Einschätzung verbreitet, dass er doch im Vergleich zu früheren Redakteuren auf jeden Fall mehr Farbe ins Blatt bringe.

Wie es sich für eine sogenannte Heimatzeitung gehörte, konzentrierte er sich vornehmlich auf Ereignisse und Themen, die die Bewohner der Stadt Selb und der Kommunen, wie zum Beispiel Schönwald und Hohenberg, wo das Selber Tagblatt auch verbreitet war, unmittelbar berührten. Und es war nun mal so, dass der Zeitgeist, der zunächst die Großstädte erfasste, auch die Stadt Selb und ihr Umland berührte. Ob das nun spiritistische oder okkulte Bewegungen oder neue Sekten wie *Adventisten, Bibelforscher, Hirt und Herde* oder Strömungen waren, die sich mit einer Sexualreform und der Geburtenregelung befassten, Rüter war immer zur Stelle, um zu berichten und zu kommentieren.

Unvergessen blieb sein Beitrag über den gerade mal 21-jährigen Wunderheiler Bruno Gröning, der in Selb mehrmals vor ausverkauftem Haus auftrat. Sein Artikel mit dem Titel „Ein Scharlatan und seine Masche“ entfachte eine wahre Zeitungsfehde, was nichts anderes bedeutete, als dass sich viele Menschen genötigt sahen, ihr Für und Wider in Leserbriefen kundzutun.

Rüter wagte sich auch an nationale und internationale Ereignisse. So verfasste er zum Jahrestag des deutschen Beitritts zum Völkerbund 1926 einen Kommentar, in dem er diesen Schritt als das „Ergebnis verantwortungsvoller Politik“ bezeichnete, „die den Frieden in Europa sichern und für die Zukunft bewahren wird“.

*****

Nun lässt sich ein Bericht über einen Wanderzirkus leicht zusammenschustern, indem man seine Angebote aufzählt und ein bisschen Eigenlob zugibt, das das Unternehmen gerne beisteuert. Doch Rüter hatte anderes im Sinn: Er wollte stilistisch glänzen und die Leser begeistern. So wurde aus der Wandertruppe „ein wirkliches *Theatron*, das in der Tradition des antiken griechischen Theaters alle Menschen, ob groß oder klein, und alle Sinne anspricht“. Die Ankündigung der Komödie „Der Widerspenstigen Zähmung“, für die es noch gelte, eine geeignete Spielstätte zu finden, geriet ihm zum Lob auf große Schauspielkunst und ein junges Talent, „von dem man in Selb noch träumen wird, wenn es die großen Bühnen Europas erobert hat“. Was das zirzensische Angebot anging, so beschränkte er sich im Wesentlichen auf die Kinder des Direktors, „die die hohe Kunst des Voltigierens perfekt beherrschen und mit ihren Pferden eine genial anmutende Symbiose eingehen“. Aus der Wahrsagerin, die er als geheimnisvolle „Schwarze Frau“ vorstellte, wurde „eine Magierin, die, mit übersinnlichen Kräften ausgestattet, das Wesen der Menschen erfasst und sie in ihre Zukunft blicken lässt“. Die Nummern, von denen er sich keinen Eindruck verschafft hatte, erwähnte er nur am Rande. Am Ende des Artikels fand sich der Hinweis auf die Premiere der Truppe am nächsten Tag.

Sein Artikel über Direktor Strieses Truppe erzielte in Selb ein beachtliches Echo, wenn man den Gesprächen in Wirtschaften und Geschäften trauen durfte. Mehrheitlich war man der Meinung, dass sich der Gang auf den Goldberg schon lohnen würde, obwohl man oft genug zu hören bekam, dass diese Passage über das *Theatron* und das griechische Theater „doch recht verzwickt“ sei.

*****

Werner war außer sich, als er Rüters Bericht gelesen hatte: Da kündigt dieser Idiot bereits die erste Vorstellung an und ich habe diesem Striese noch nicht mal das Aufenthaltsrecht zugesagt. Na warte, Freundchen!, dachte er sich, dir werde ich jetzt mal was erzählen! Er griff zum Telefon und ging Rüter scharf an: „Wie kommst du dazu, mich wie den letzten Deppen aussehen zu lassen? Heute ist Freitag und du kündigst für morgen die Premiere an. Was hast du dir dabei gedacht? Du weißt ganz genau, dass meine Entscheidung, ob dieser Verein überhaupt auftreten darf, noch aussteht! Du hast mich mit deinem Bericht geradezu lächerlich gemacht. Wie soll ich das jetzt dem Bürgermeister erklären?“ Rüter zeigte keinerlei Schuldgefühle und verwies auf das Gespräch, das man vor seinem Gang zum Goldberg geführt hatte: „Eigentlich hast du deine Entscheidung von meinem Eindruck abhängig gemacht. Und deine Hanna hat sich doch auch schon für die Familie starkgemacht.“

„Scheißegal! Du hast gefälligst auf mein Wort und die Zustimmung des Stadtregiments zu warten! Hast du mich verstanden?“

„Klar und deutlich! Du brüllst ja auch laut genug!“

Damit hatte Rüter eindeutig überzogen. Werner knallte den Hörer auf die Gabel und erging sich in Rachephantasien, denn Rüter hatte ihn vor aller Welt bis auf die Knochen blamiert: Auch die beiden Stadtoberen würden die Zeitung lesen und sich verwundert die Augen reiben. Der Kerl muss weg, dachte er sich, raus aus der Zeitung, zurück nach Erlangen, wo er sich wieder seiner Heftchenschreiberei zuwenden kann! Soll er doch sehen, ob ihn dann seine Hildegard überhaupt noch will! Er war jetzt in der Stimmung, dem Redakteur weiteres Unheil an den Hals zu wünschen, aber noch stand ihm selbst ein Höllenritt bevor: der Gang zum Bürgermeister.

Doch Häublein begegnete ihm ohne Groll. Im Gegenteil, er schien sich auf das *Theatron Berolina* wirklich zu freuen. „Da kommt ja mal eine schöne Abwechslung auf uns zu. Theater und Zirkus, das hatten wir eigentlich noch nie. Ich gehe davon aus, dass Sie das Unternehmen gründlich unter die Lupe genommen haben. Wir wollen schließlich keine Niete ziehen."

„Selbstverständlich!", entgegnete Werner. „Ich hätte mir natürlich ein anderes Procedere gewünscht, also erst meine Empfehlung und dann Ihr Einverständnis, aber dieser Redakteur Rüter hat da einiges durcheinandergebracht und das Ganze eine Woche vorgezogen in seinem Artikel."

„Ja, der Rüter", nickte Häublein zustimmend, „schreiben kann er ganz gut, aber manchmal habe ich den Eindruck, dass er den Ton angeben will in dieser Stadt. Ich werde mir diesen Kerl bei Gelegenheit mal vornehmen."

Als der Redakteur dann wenig später seinen Freund telefonisch kontaktierte, sah er sich zwar immer noch im Recht mit seiner Entscheidung, räumte aber ein, dass er die behördlichen Gepflogenheiten übersehen habe. Aber auch hierfür fand sich eine Erklärung, die für den „großen Rüter" typisch war und der Werner wenig entgegenzusetzen hatte: „Mein lieber Carl, ich bin zu meinem Glück kein Beamter, der sein Regelwerk im Kopf hat. Es ist doch so, dass große Geister von solchem Ballast befreit sein sollten."

Premiere

Nun war es quasi amtlich: Für Samstag, halb acht Uhr abends, war die Premiere angesetzt. Schon den Tag über war die Temperatur bei wolkenlosem Himmel auf über dreißig Grad gestiegen und so war die Klassifizierung „Kaiserwetter" durchaus berechtigt. Es würde also einen lauschigen Sommerabend geben. Was konnte man mehr erwarten für eine Freiluftveranstaltung?

Schon eine halbe Stunde vorher standen die Menschen in einer langen Schlange vor der Kasse, die aus einem Klapptisch bestand, an dem die auf einem Stuhl sitzende Frau Striese die Karten verkaufte: Stehplatz für zwanzig, einfacher Sitzplatz für dreißig und Loge für fünfzig Pfennige. Die Frau, Anfang, Mitte vierzig und etwas füllig, erweckte den Eindruck, als habe sie noch eben irgendwelche Arbeiten im Haushalt verrichtet, denn sie trug eine blau-weiß karierte Kittelschürze und hatte die langen dunkelblonden Haare scheinbar hastig nach oben hin zusammengesteckt. Schon kurz nach sieben waren etwa hundert Karten verkauft und damit war der Zuschauerraum ausgelastet. Aber die Kassiererin verkaufte weitere Stehplatzkarten und gab das Versprechen, dass kein Mensch von der Vorstellung ausgeschlossen werde. Auf dem Tischchen fand sich auch eine Liste, in die der Wunsch nach einem Termin mit der Wahrsagerin eingetragen werden konnte.

Leider hatte es Rüter versäumt, den Ort der Darbietungen zu beschreiben. Vielleicht hätten Teile der Selber Bevölkerung doch lieber auf den Weg zum Goldberg verzichtet, wenn sie gewusst hätten, welch dürftige Lokalität sie dort oben erwarten würde: Ein Zelt gab es nicht, die Arena war ein mit mannshohen Pfosten abgestecktes Areal, das man mit bunten Tüchern nach außen hin abgeschirmt hatte. Damit war allerdings der Vorteil verbunden, dass man den Zuschauerraum jederzeit erweitern konnte, indem man einige Tücher einfach zur Seite schob. Für die Zuschauer standen ein paar Bänke zur Verfügung, die als „Loge“ deklariert waren. Das restliche Platzangebot bestand aus Brettern, die man auf Kisten gelegt hatte. Darüber hinaus gab es genügend Stehplätze.

Verschiedentlich hörte man von den Gästen ein befremdliches Murren. Es ging darum, dass man von einem Zirkus, der von der Presse über den grünen Klee gelobt worden war, doch höhere Standards erwarten könne, zum Beispiel ein Zelt, eine ordentliche Bestuhlung und auch eine Zirkuskapelle. Was die musikalische Unterhaltung anging, so bot das *Theatron Berolina* eine Lösung an, über die sich trefflich lästern ließ: Eine Drehorgel war nun mal ein Armutszeugnis für einen Zirkus. In gewisser Weise machte das Unternehmen das Manko wieder wett, indem doch genügend Walzen zum Wechseln zur Verfügung standen, darunter schmissige Märsche, Operettenmelodien und bekannte Gassenhauer. Bedient wurde die Apparatur von solchen Akteuren, die gerade nicht im Einsatz waren.

Kurz vor halb acht betrat der Direktor mit Frack und Zylinder unter den Klängen des „Deutschen Zirkusmarsches“ die Arena. Er versprach den hochverehrten

Damen und Herren einen unvergesslichen Abend, der große Zirkuskunst biete, wie man sie in Selb noch nie gesehen habe. Noch gab es genug hämische Lacher, die angesichts des dürftigen Ambientes von einem schlechten Scherz ausgingen.

Aber schon die Clowns, die vier Kinder der Strieses, wendeten das Blatt. Der älteste Sohn gab den Weißclown, der seinen tumben Kollegen, die sehr gut den Gang von kleinwüchsigen Menschen nachahmen konnten, ordentliche Umgangsformen beibringen wollte. Das Chaos, das die kleinen Kerlchen, befeuert von Wortwitz und Situationskomik, anrichteten, brachte das Publikum zum Toben: Man bog sich vor Lachen und verabschiedete die kleinen Künstler mit frenetischem Beifall.

„Tatsächlich Wunderkinder!“, kommentierte Kommissär Werner, der als Privatmann die Vorstellung besuchte, die Darbietung. „Schön, dass wir uns auch mal einig sind“, entgegnete ihm seine Verlobte lächelnd.

Wilhelm Maharero wurde als „der schwarze Cowboy Billy Black aus den Vereinigten Staaten“ angekündigt, den „drüben“ jedes Kind kenne. Was jetzt folgte und von einem der Kinder mit einem Trommelwirbel angekündigt wurde, war nichts für schwache Nerven: Der zünftig gekleidete Cowboy zielte mit einem Revolver auf den Apfel, der vom Direktor auf dem Kopf seines großen Sohnes abgelegt worden war. Johanna Winkler umkrallte den Arm ihres Verlobten und flehte ihn angsterfüllt an: „Carl, das darfst du nicht zulassen! Der will doch tatsächlich auf ein Kind schießen!“ Tatsächlich erwog der Kommissär einen Moment lang, aufzustehen und sein „Halten Sie ein!“ in die Runde zu schmettern. Dabei ging es ihm ganz und gar nicht um die Gesundheit des Kindes, denn er war sich sicher, dass dieser Kunstschuss im Zirkus grundsätzlich nur über eine Täuschung der Zuschauer zur Anwendung kommen durfte. Aber ihn reizte die Geste, vor großem Publikum in die Rolle des Anführers zu schlüpfen, der alle Fäden in seiner Hand hielt. Außerdem konnte ihn die Tat für die geliebte Hanna zum Helden, für viele Anwesende allerdings auch zum Spielverderber machen. Im Grunde sah er die Nummer als ein peinliches Experiment, bei dem es herauszufinden galt, was die Zuschauer dazu bringt, die Verletzung oder gar den Tod eines Kindes billigend in Kauf zu nehmen.

Am Ende blieb er sitzen, nahm sich aber vor, Striese in die Schranken zu weisen: „Das machen Sie hier in Selb nicht mehr, sonst sind Sie früher weg, als Sie denken!“ Aber zunächst hatte er ein anderes Problem zu lösen: Hanna knuffte ihm in die Seite und zischte: „Warum hast du nichts unternommen?“

„Das war doch nur eine Platzpatrone! Wenn du genau hingesehen hättest“, grinste der Verlobte breit, „wäre dir aufgefallen, dass der Striese aus der Deckung heraus an einem Faden gezogen hat, für mein Empfinden sogar eine Winzigkeit zu spät.“

Beim Messerwerfen ging es dann bedeutend entspannter zu: Der Cowboy platzierte seine leichtgewichtigen Wurfgeschoße über und neben einem der Kinder, das, gut gepolstert, eigentlich keine Verletzungen zu befürchten hatte. Der jetzt doch recht laue Beifall zeigte, dass sich das Publikum schon ein bisschen mehr Nervenkitzel gewünscht hätte.

Die in der Zeitung als „Schwarze Frau“ angekündigte Künstlerin hatte eine sehr ungewöhnliche Dressur im Angebot: Sie ließ ihre Hunde mit bestimmten

Aufgaben auf das Publikum los, um einige Zuschauer der Lächerlichkeit preiszugeben. So wurde einem der Vierbeiner zunächst befohlen, er solle den Herrn finden, dem gerade ein Furz entfahren war. Das Tier steuerte zielsicher auf einen der stehenden Männer zu, berührte ihn mit der Pfote an der Hose und bellte kurz. Der zweite Hund sollte eine Person finden, die schon einige Biere über den Durst getrunken habe. Mit „sich biegen vor Lachen“ war die Reaktion der meisten Zuschauer treffend beschrieben. Frauen und Männer hatten Tränen in den Augen und wollten gar nicht mehr aufhören, ihrer Erheiterung freien Lauf zu lassen. Schließlich gab es brausenden Beifall und zwei Männer, die vor Scham am liebsten im Boden versunken wären.

Werner ging Dekan Bohrers Beitrag im *Selber Tagblatt* durch den Kopf: Sollte der Mann doch recht haben mit seiner Einschätzung, die Selber Bevölkerung gebe sich am liebsten dem groben Sinngenuss hin. Ähnliche Gedanken berührten Hanna und sie traf eine spontane Entscheidung: „Komm, wir gehen! Das ist einfach geschmacklos! Am Ende zeigt mir eins der Viecher, dass ich Fußschweiß habe.“

„Aber wir haben die Kinder mit den Pferden noch gar nicht gesehen!“, wagte Carl einzuwenden. „Mir egal, ich gehe!“, bekam er zu hören. Was blieb ihm anderes übrig, als sich anzuschließen.

Auf dem Weg hinunter in die Stadt erläuterte sie ihrem Verlobten die für ihn überraschende und auch befremdliche Entscheidung: „Carl, nicht nur die Nummer mit den Hunden und der Apfelschuss haben mich abgestoßen. Irgendwas passt nicht mit diesem Zirkus, mal abgesehen von der ärmlichen Ausstattung. Ist dir nicht aufgefallen, dass es die Kinder sind, die hier mit ihren Leistungen hervorstechen? Trauen wir da auch mal Rüters Bericht, in dem er über das Voltigieren und den jungen Schauspieler schreibt. Und wenn ich mir dann mal ansehe, was sie rein schulmäßig leisten, dann frage ich mich, was in dieser Familie abläuft: Sind das Wunderkinder oder müssen wir von harter Dressur sprechen? Kann es da noch so etwas wie kindliche Unbeschwertheit geben?"

„Ich gebe zu", antwortete Werner, „solche Gedanken haben mich bisher noch nicht bewegt. Aber ich muss sagen, du zeigst in dieser Sache doch einen erstaunlichen Scharfsinn. Mein Vorschlag: Du schaust die Familie mal genauer an, vielleicht ergibt sich ja auch die Möglichkeit, mit den Kindern zu sprechen, wenn von Elternseite niemand dabei ist."

„Du bist ein Schatz! So machen wir das!", reagierte Hanna erfreut und setzte ihrem Verlobten einen Kuss auf die Wange.

*****

Für die Zeit nach der Vorstellung, die gegen neun ihr Ende fand, hatten die Strieses dafür gesorgt, dass den Besuchern weitere Angebote zum Verweilen angeboten wurden: Zunächst stand ein Vorrat an Getränken wie Bier und Limonade zur Verfügung, mit dessen Verkauf man schon während der Darbietungen begonnen hatte. Die Kinder machten für kleines Geld akrobatische Kunststücke und boten die direkte Nähe zu den Pferden und den Hunden der „Schwarzen Frau", die damit beschäftigt war, ihre vorgemerkten Kunden zu bedienen. Auch der sprechende Papagei, den immer eins der Kinder auf dem Arm mit sich trug, sorgte für große Aufmerksamkeit mit flotten Sprüchen, die sich zum Teil einer Vulgärsprache bedienten, die den Selbern nicht unbedingt geläufig war, aber immer für große Erheiterung sorgte. Wer dem Tier einen Groschen präsentierte, wurde dann schon mal als „olle Pottsau“ bezeichnet.

Erst gegen zehn leerte sich die Festwiese. Die Strieses verschwanden in ihrem Wagen und Sofia und Wilhelm verweilten an einem Lagerfeuer. Der Messerwerfer schmiss einen kleinen Ast in das Feuer und wandte sich dann Sofia zu: „Zigarette?“ Sie nickte. Während er mit Papier und Tabak hantierte, blickte er auf die beiden Hunde der Künstlerin, zwei stattliche schwarze Schnauzer, und fragte sie: „Können die nicht mehr, als Männer dumm aussehen zu lassen?“

„Habt ihr das gehört?“, richtete sich Sofia an ihre Tiere, die zu ihren Füßen lagen. „Der schwarze Mann traut euch nichts zu.“ Die beiden spitzten die Ohren und ihnen war anzusehen, dass sie jetzt auf das Kommando warteten, ihre Kunststücke zu zeigen. Aber ihre Herrin beschwichtigte sie: „Ruht euch mal schön aus, ihr werdet dem Herrn schon noch früh genug zeigen, was ihr alles könnt.“ Es schien, als hätten sie die Hunde verstanden, denn sie räkelten sich jetzt genüsslich auf dem Boden.

„Und warum hast du gerade nur die blöde Nummer mit den Männern gemacht?“, wollte Wilhelm wissen.

„Weil’s mir danach war! Ich habe da einige Kerle im Publikum bemerkt, die mich an was erinnert haben. Und, sei ehrlich, der Erfolg hat mir doch recht gegeben, was man von deiner Messerwerferei mit Sicherheit nicht behaupten kann.“

Wilhelm steckte den Tadel klaglos weg und fragte: „Und deine Hunde kennen solche Kerle?“

„Genau, die haben auch so ihre Erfahrungen mit meinen Bekanntschaften gemacht.“

Lärm aus dem Wohnwagen unterbrach das Gespräch: Eine laute Männerstimme spuckte Gift und Galle, dann war noch der klagende Aufschrei eines Kindes zu hören, das wohl gezüchtigt worden war.

„Der Arsch hat mal wieder zugeschlagen“, kommentierte Wilhelm.

„Macht er das öfter?“

„Der Striese ist ein Monstrum, der schlägt Frau und Kinder, und zwar mit schöner Regelmäßigkeit. Aber nach außen hin gibt er den sanften Künstler, der die Weisheit mit Löffeln gefressen hat.“

„Knall dem Kerl doch einfach mal was vor den Latz und sag ihm, dass er das zu unterlassen hat!“

„Geht mich nichts an! Außerdem will ich eh weg von diesem Affenzirkus.“

„Dann habe auch ich keine Zukunft bei dem Verein.“

„War das jetzt so etwas wie ein Kompliment an mich?“

„Ich sag’s, wie es ist: Du bist mir sympathisch, und wenn du weg bist, verkommt doch der Laden zum reinen Kinderzirkus. Außerdem habe ich wirklich keine Lust, irgendwann mal bei einem Theaterstück mitzuwirken.“

„Schade“, reagierte Wilhelm lächelnd, „wenn ich wieder mal den Othello spiele, kann ich mir dich sehr gut als meine geliebte Ehefrau Desdemona vorstellen. Ich werde dich dann allerdings umbringen, bevor ich mir selbst das Leben nehme.“

„Nichts für mich, da backe ich doch lieber die kleinen Brötchen als Wahrsagerin."

„Das bringt mich auf eine Idee", meinte Wilhelm: „Du könntest doch mal in meine Zukunft blicken."

Sofia lehnte sofort entschieden ab: „Mach ich nicht! Dazu kenne ich dich schon zu genau."

„Was soll das denn heißen?"

„Die Kunst des Wahrsagens besteht darin, zunächst einmal in die Leute hineinzuhören und ihren Charakter zu erfassen: Und wenn du dann noch ihre Wünsche erahnst, kannst du sie in der Regel zufriedenstellen und sie glauben wirklich an deine seherische Gabe. Aber manchmal erahne ich auch das Scheitern oder das Unglück. Darüber spreche ich nur ausnahmsweise. Und was ich dir zu sagen hätte, würde dir mit Sicherheit nicht gefallen."

Wilhelm entfuhr zunächst ein nachdenkliches Brummen, dann nahm er seinen Mut zusammen und fragte vorsichtig tastend: „Und wenn ich dir jetzt einen Antrag mache, verändert sich dann etwas an deiner Ahnung?"

Sofia lachte lauthals: „Das wäre eine bedeutend leichtere Übung für mich, weil ich dann mit im Spiel bin! Aber ums kurz zu sagen: Wir zwei beide haben schlechte Karten, sowohl gemeinsam als auch alleine!"

*****

Der Bericht, der am Montagmorgen im *Selber Tagblatt* erschien, war mit „Licht und Schatten auf dem Goldberg!" betitelt. Detailliert listete Rüter die verschiedenen Nummern auf. Ohne große Emotionen einzubringen, lobte er zum Teil hervorragende Leistungen, sparte aber auch nicht mit Kritik, die natürlich vor allem die Ausstattung des Unternehmens und auch die Auftritte der „Schwarzen Frau“ und des Cowboys betraf. Es folgten besinnliche Worte über einen Direktor und seine Pläne: „Theaterdirektor will er sein, aber noch weiß er nicht, was und wo er spielen soll. Zirkusdirektor wird er wohl sein müssen, um über die Runden zu kommen, aber dazu fehlt ihm ein richtiger Zirkus. Ein *Theatron* im klassischen Sinn haben wir nicht erlebt, aber uns bleibt die Hoffnung, dass er noch ein Stück auf die Bühne bringt, das die Menschen begeistert.“

Mord

Werner hatte schon in früheren Jahren so seine Erfahrungen mit dem Aufeinandertreffen von Wandertruppen und einheimischer Bevölkerung gemacht: Wenn da Fremde auftauchten, die nicht dem Bild ordentlicher Bürger entsprachen und zum Teil anderen Ethnien angehörten, dann war dem Vorurteil Tür und Tor geöffnet. Dass fahrendes Volk alles mitgehen ließ, was ihm unter die Finger kam, war beispielsweise so eine gängige Meinung.

Schon am Montagmorgen hatte Werner diesbezüglich eine knifflige Entscheidung zu treffen: Wie waren die Anzeigen zu behandeln, die man ihm vorlegte? Am Reuthberg war ein Rammler und in Stopfersfurth eine Gans abhandengekommen. Glaubte man den Anzeigenden, so wurden die Tiere gestohlen. Und sie hatten auch schon einen Verdacht: Man habe zuvor „fremdes Volk" herumlungern sehen.

Werner beriet sich mit seinem Vertreter, Inspektor Müller. Beiden schien es wenig wahrscheinlich, dass Leute, die auf dem Goldberg lagerten, doch einen ziemlich langen Weg zurückgelegt haben könnten, um schmackhafte Braten auf den Tisch zu zaubern.

„Und dann die sehr genaue Personenbeschreibung!", frotzelte der Inspektor. „Das kommt mir alles etwas komisch vor."

„In der Tat!“, stimmte Werner zu. „Aber wir müssen ermitteln, also nach Spuren suchen, eben das Übliche.“

„Und was machen wir mit dem Zirkus?“, wollte Müller wissen.

„Für eine Nachsuchung ergeben sich aus meiner Sicht keine Anhaltspunkte. Auch der Oberamtsrichter würde uns mit Sicherheit einen entsprechenden Beschluss verweigern. Aber“, jetzt grinste er, „man könnte sich ja mal umsehen, ob da irgendwelche Spuren zu finden sind. Aber bitte unauffällig, ich denke, Sie haben mich verstanden.“

„Wird erledigt!“

„Und auch die Nase einsetzen!“, verabschiedete ihn Werner lachend.

Kaum hatte der Inspektor den Raum verlassen, da klopfte er schon wieder, um Direktor Striese anzukündigen. Der Mann schien in hohem Maß euphorisiert, denn er ließ sich unaufgefordert auf den Besucherstuhl sinken und sprach anlässlich der Begrüßung auch gleich den Grund seines Hochgefühls an: „Gott zum Gruße, werter Herr Kommissär! Sehen Sie in mir einen glücklichen Menschen: volles Haus, Stürme der Begeisterung – alles, was das Herz des Künstlers begehrt! Und“, es folgte eine Pause, wie sie die Glücksfee vor der Verkündung des Hauptpreises macht, „hier die geforderte Kaution!“ Mit lockerer Hand ließ er ein Kuvert auf dem Schreibtisch des Kommissärs landen. Wohl versprach er sich von seinem Auftritt eine große Wirkung, nämlich Bewunderung und Erstaunen bei seinem Gegenüber.

Es war Hauptwachtmeister Schaller, der diese Hoffnung mit einer aus Strieses Sicht unverschämten Störung zunichtemachte. Er riss die Tür auf und verkündete lauthals: „Mir homm a Leich!“

„Sachte, Schaller, machen Sie bitte eine klare Meldung!“, forderte ihn Werner auf.

Noch heftig vor Aufregung schnaufend, besserte der Schutzmann in etwas sperrigem Hochdeutsch nach: „Auffinden einer weiblichen Leiche beim Heidteich!“

„Geht doch!“, reagierte Werner, um dann seine Anweisungen zu geben: „Müller soll den Wagen bereithalten, er und Sie begleiten mich!“ Dann wandte er sich, schon im Gehen begriffen, an Striese: „Tut mir leid, aber Sie sehen ja, ich muss.“ Dessen kläglicher Widerspruch „Aber ich wollte doch noch …!“ blieb unvollendet, denn er sah sich nun verlassen in der Amtsstube. Dabei hatte er noch ein Anliegen vorzubringen, das ihm sehr am Herzen lag: Da es ihm bisher noch nicht gelungen war, eine Lokalität für eine Theateraufführung aufzutreiben, hoffte er auf den entsprechenden Beistand des Kommissärs.

Heidteich

*****

Am Heidteich angekommen, trafen die drei Polizisten auf den Pächter des Gewässers, der die vermutete Leiche entdeckt hatte und mit dem Fahrrad zur Polizei gefahren war, um Meldung zu erstatten. Werner, der peinlichst darauf bedacht war, möglichst keine Spuren zu vernichten, nahm die leblose Person zunächst alleine in Augenschein. Vor sich auf der Wiese hatte er eine auf dem Rücken liegende Frau von etwa zwanzig Jahren, bekleidet mit schwarzem Rock und gleichfarbiger Bluse. Aus dem Mund war Blut ausgetreten. Weitere Blutspuren im Bereich der Brust wiesen auf Stichverletzungen hin. Nachdem er das Fehlen des Pulses und der Atmung festgestellt hatte, beauftragte er Schaller, Sanitätsrat Dr. Walberer herbeizuholen, denn nur einem Arzt oblag die amtliche Feststellung des Todes. Mit einer sanften Handbewegung schloss er die Augen des Opfers und gab dann Müller die Order, mit dem Wagen zum Amtsgericht zu fahren, um Staatsanwalt Dr. Bleibtreu zu benachrichtigen und möglichst sofort zum Auffindeort der Leiche zu chauffieren. Er war nämlich der vorläufige Herr des Verfahrens, der die nötigen Schritte einzuleiten hatte. Dazu gehörte die Hinzuziehung der Landespolizei, in diesem Fall wohl die Kriminaltechnik aus Hof. Da es sich um ein Kapitalverbrechen handelte, würde Dr. Bleibtreu auch die beim Landgericht Hof angesiedelte Staatsanwaltschaft einbeziehen müssen.

Dr. Walberer war rasch zur Stelle, denn er praktizierte in der naheliegenden Franz-Heinrich-Straße. Der Arzt, bekannt für seine humorigen Sprüche, stellte zunächst einmal fest, dass in Selb doch recht häufig

„gemeuchelt“ werde, „seit wir einen neuen Kommissär haben.“

Die Anspielung auf die Morde, die die Waffenschieber im Frühjahr des Jahres zu verantworten hatten, konterte Werner grinsend: „Damit scheint ja die Täterschaft hinreichend geklärt.“

„Wird sich gleich rausstellen!“, bekam er zur Antwort, dann wandte sich der Mediziner dem Opfer zu. Als die Untersuchung beendet war, griff er in seinen Koffer, holte ein Formular hervor und füllte es aus. „Zunächst mal der Totenschein für Sie“, wandte er sich Werner zu, „aber wie ich Sie kenne, löchern Sie mich gleich mit Ihren Fragen. Um's gleich zu sagen, Sie kommen wohl als Täter nicht in Frage, denn für einen Vergewaltiger halte ich Sie nun wirklich nicht. Und dass dem Opfer jemand an die Wäsche gegangen ist, werden Sie nicht übersehen haben.“ Er deutete auf den weit nach oben geschobenen Rock und die aufgerissene Bluse „Das arme Ding hat es wahrlich nicht verdient, auf diese Weise zu enden.“

„Sie kennen …?“

„Natürlich!“, unterbrach ihn der Arzt. „Lina Mäder, einunddreißig Jahre alt und ledig, sie ist Näherin, und zwar eine sehr fleißige. Sie wohnt bei ihrer Schwester in der Thalstraße. Ich habe sie an der Grenze zum Schwachsinn gesehen. Mir bekannt ist auch, dass sie sich immer wieder mit Männern eingelassen hat, die sie nicht gut behandelt haben.“

„Einunddreißig Jahre!“, wiederholte Werner erstaunt. „Ich habe sie auf zwanzig geschätzt.“

„Auch kein Wunder bei dem hübschen Gesicht und den langen pechschwarzen Haaren!“, entgegnete der

Arzt. „Sie hat mir übrigens gebeichtet, dass sie schwanger ist. Ich habe sie dann gleich an einen Frauenarzt überwiesen.“

Inzwischen fanden sich immer mehr Schaulustige unterhalb des Goldbergs ein. Das Auffinden einer Leiche hatte sich offensichtlich wie ein Lauffeuer in der Stadt verbreitet. „Schrecklich, diese Gaffer!“, entfuhr es Dr. Walberer. „Haben schon vormittags um elf nichts anderes zu tun, als Ihre Ermittlungsarbeit zu stören!“ Natürlich galt diese Feststellung schlampiger Polizeiarbeit, denn Unbefugte waren vom Ort eines Verbrechens unbedingt fernzuhalten. Werner, verärgert über sich selbst, dass er nicht schon längst eingegriffen hatte, ging Schaller grob an: „Jetzt bewegen Sie sich doch endlich mal und halten Sie die Leute auf Abstand, aber flott! Mindestens fünfzig Meter!“

Jetzt war Schaller in seinem Element: Energisch ging er die Schaulustigen an, um sie zu vertreiben, und sparte dabei nicht mit derben Worten: „Verschwind’s, dirts Gschwartel, sinst mach’e enk Boina!“

„Man muss nur mit seinen Leuten vernünftig reden!“, stellte der Arzt mit einem kritischen Unterton fest, um sich dann wieder der Leiche zuzuwenden. Er wies auf drei Einstiche im Brustbereich. „Das geschah auf jeden Fall nicht mit einem Taschenmesser“, stellte er fest. „Dabei wahrscheinlich auch ein tödlicher Stich ins Herz.“

„Mir gibt das Blut am Mund zu denken“, bemerkte Werner, „sieht nicht unbedingt aus wie Blutaustritt nach einer inneren Verletzung!“

„Sehr gut beobachtet“, lobte ihn Dr. Walberer. Er schob die Lippen der Toten leicht auseinander. „Sehen

Sie sich Zähne und Zahnfleisch an, alles mit Blut behaftet. Ich denke", jetzt zeigte er ein Grinsen, wie es beim Erzählen schmutziger Witze zur Anwendung kommt, „die Dame könnte mal ganz kräftig in ein bestimmtes Weichteil gebissen haben." Nachdem er die Hände unter die Lupe genommen hatte, stellte er fest: „Dass sie sich heftig gewehrt hat, zeigen mir auch die lädierten Fingernägel. Da hat der Täter wahrscheinlich ganz schön was abbekommen!"

„Was braucht es jetzt noch die Kriminaltechnik, wenn ein hochqualifizierter Mediziner eh schon alle wichtigen Fragen beantwortet hat!", versuchte sich Werner mit einem Lob.

„Bleiben Sie auf dem Teppich, Verehrtester!", antwortete der Sanitätsrat. „Nicht umsonst hat man mir den wohlklingenden Titel ‚Rat' verliehen. Außerdem haben wir noch nicht über den Zeitpunkt des Todes und das Motiv des Täters gesprochen."

„Vielleicht dürfte zur Abwechslung auch ich wieder mal spekulieren?", meldete sich Werner zu Wort.

„Bitte!"

„Befriedigung der sexuellen Lust mittels einer Vergewaltigung, ob nun versucht oder erfolgt. Abwehr des Opfers und erhebliche Schmerzen beim Täter könnten diesen bewegt haben, so brutal zuzustechen. Zu denken gibt mir allerdings das Fehlen einer Handtasche, was man ja in der Regel mit Raubmord in Verbindung bringt. Aber mit der Mitnahme soll wohl vom eigentlichen Motiv abgelenkt werden."

„Sachte, Werner, dem Täter könnte es ja schlicht und einfach nur um die Beseitigung einer Zeugin gegangen sein!"

„Selbstredend! Nur: Abwehr und Schmerz verstärken eben manchmal das Gewaltpotential. Und nun Sie!"

„Ohne jetzt die Temperatur der Leiche gemessen zu haben, gehe ich bei Einbeziehung der doch recht warmen Nacht und der Ausprägung der Leichenstarre davon aus, dass die Tat zehn bis zwölf Stunden zurückliegt."

Werner blickte auf seine Taschenuhr und meinte: „Exitus also zwischen zehn und zwölf gestern Abend?"

„So in etwa!"

Nachdem sich Dr. Walberer verabschiedet hatte, erschien Staatsanwalt Dr. Bleibtreu am Heidteich. Der Mann, der schon an die sechzig heranreichen mochte, hatte vor erst gut vier Wochen seinen Dienst in Selb angetreten, weil sein Vorgänger Pfleger an das Landgericht Hof berufen worden war. Werner hatte sich schon gefragt, welche Umstände dazu geführt hatten, dass ein in die Jahre gekommener Jurist seine Karriere am Amtsgericht einer Kleinstadt beenden wollte. Bei den ersten Treffen hatte Werner den Eindruck gewonnen, dass Bleibtreu ein freundlicher älterer Herr war, der vor allem seine Ruhe haben wollte. Natürlich hatte er den Austausch mit seinem zukünftigen Schwiegervater gesucht, um Näheres über die Personalie zu erfahren. Aber der Oberamtsrichter hatte sich zugeknöpft gegeben, nur einen kleinen Hinweis, begleitet von einem spitzbübischen Lächeln, ließ er sich entlocken: „Ihr werdet noch alle euren Spaß mit dem haben."

Der Staatsanwalt nahm die Leiche kurz in Augenschein und bat dann Werner um Berichterstattung. „Donnerwetter, Werner, Sie sehen mich erstaunt!", reagierte er auf dessen Ausführungen. „Hervorragende Ermittlungsarbeit!" Er senkte die Stimme und gab sich vertraulich:

„Bitte, lassen Sie das nicht alles die wohl gleich eintreffenden Kriminalisten aus Hof wissen, sonst heißt es wieder, diese Klugscheißer aus Selb glauben schon mal wieder, die Weisheit mit Löffeln gefressen zu haben! Trösten Sie sich mit der Tatsache, den Täter dingfest machen zu dürfen!“

Hört sich doch gut an, dachte Werner, Humor scheint er zu haben.

Die beiden nun anwesenden Kriminaltechniker waren allerdings gar nicht groß an einem Austausch mit Werner interessiert und verwiesen nach ihrer Arbeit an der Leiche auf den Bericht, der in den nächsten Tagen in Selb eingehen werde. Außerdem wurde der Kommissär beauftragt, den Leichnam von einem örtlichen Bestattungsunternehmen nach Hof überführen zu lassen, wo noch die Pathologie in die Untersuchung einbezogen werde.

„Wie gesagt“, stellte Dr. Bleibtreu nach dem Abgang der beiden Kriminalbeamten fest, „landespolizeiliche Überheblichkeit geradezu beispielhaft demonstriert!“

„Kenne ich“, antwortete Werner lachend, „ich war auch mal bei dem Verein!“

*****

Die Polizeiarbeit, die jetzt anlief, stand zunächst unter einem guten Stern: Die Identität des Opfers war bekannt. Es gab Zeugen, die schon am Montagnachmittag aus eigenem Antrieb in der Polizeiwache vorstellig wurden, um bestimmte Angaben über die junge Frau zu machen. Und schnell wurde Werner fündig: Lina Mäder war am Wochenende immer mal wieder auf dem Goldberg gesichtet worden, und zwar auch in der Nähe der Zirkusarena. Sogar einen Anfangsverdacht bezüglich der Täterschaft ließen die Aussagen zu: Die Mäder war von zwei Zeugen im Gespräch mit dem „Neecher“ beobachtet worden, und zwar vor und nach der sonntäglichen Abendvorstellung. Eine Frau behauptete sogar, sie habe die beiden noch am Sonntagabend beim Pussieren beobachtet und man wisse ja schließlich, fügte sie vielsagend an, dass „des Louder“ nichts ausgelassen habe.

Das ist doch was!, dachte Werner und nahm sich vor, den Mann möglichst schnell zu befragen. Noch ahnte er nicht, was die Aussagen, die sich rasend schnell in der Stadt verbreiteten, anrichten würden.

Noch am Abend suchte er das Gespräch mit dem Messerwerfer, um ihn mit dem Mord und der Beobachtung der Zeugin zu konfrontieren. Er war überrascht, als ihn der Mann, der sich als Wilhelm Maharero vorstellte, in fließendem Deutsch antwortete. Schaller hatte nämlich in seinem Bericht seine Existenz unterschlagen und nur darauf hingewiesen, dass er den Direktor nicht angetroffen habe.

Auf Anhieb war Werner der Artist sympathisch, denn er hatte ein offenes Gesicht und begegnete dem Polizisten freundlich entspannt, auch dann noch, als er schon ahnte, als Verdächtigter vernommen zu werden. Maharero räumte sofort ein, diese Frau habe mehrmals seine Nähe gesucht. Aber er habe ihr am Sonntagabend „klipp und klar“ erklärt, dass er nicht an einer näheren Bekanntschaft interessiert sei. Und zu einer weiteren Begegnung sei es nicht gekommen.

Wo er denn den Abend und die Nacht verbracht habe, wollte Werner wissen.

„Nach dem Gespräch mit der Frau am Ende der Vorstellung, das war dort drüben“, er deutete in Richtung Arena, „hier am Lagerfeuer und so gegen zwölf habe ich mich in meinem Zelt zum Schlafen gelegt.“

Werner war ein Polizist, der sich streng an die Gesetze hielt. In diesem Fall lag ein Verdacht nahe, aber es gab nichts Greifbares, das ihm die Handhabe gegeben hätte, den Mann in Haft zu nehmen. Er musste also mit offenen Karten spielen: „Herr Maharero, wir wissen, dass der Täter deutliche Spuren der Abwehr davongetragen hat. Ich kann Sie im Moment noch nicht zwingen, sich zu entblößen, um Ihre Unschuld zu beweisen. Aber das könnte sich ändern, wenn …“

Maharero unterbrach ihn lachend: „Ich biete zwar keine Entkleidungsschau an, aber für Sie ziehe ich mich gerne aus. Nur“, er blickte auf die neugierigen Beobachter, die sich den Auftritt des Polizisten nicht entgehen lassen wollten und offensichtlich schon von der Verhaftung des Täters ausgingen, „wenn ich das vor all diesen Leuten veranstalte, rücken am Ende wir beide in ein falsches Licht.“

„Sehe ich auch so, aber wo …?“

Sein Gegenüber deutete auf einen der Wagen. „Der beinhaltet in Teilen unseren Zirkus“, sagte er, „und ist jetzt leer. Dort können Sie mich besichtigen.“ Die Prozedur ging schnell über die Bühne. Aber eine Überraschung für den Artisten bot sie doch: Als er in Unterhose vor Werner stand, beharrte der auf völliger Entkleidung, indem er grinsend darauf hinwies, dass das Opfer sich auch an seinem „edelsten Stück vergangen“ haben könnte.

„Verdacht zunächst mal ausgeräumt!“, stellte Werner beim Verlassen des Wagens fest. „Aber es kann sein, dass ich Sie bei Gelegenheit noch einmal belästigen muss.“

„Was wollte der von dir?“, fragte ihn Sofia, als sich der Polizist entfernt hatte.

„In der Nacht ist hier in der Nähe eine Frau umgebracht worden und einige Leute wollen sie zuvor in meiner Nähe gesehen haben und da hat er bei mir nach Spuren gesucht.“

„Aha, also deshalb der Gang in den Wagen!“, stellte die Wahrsagerin lachend fest.

„Ich habe die Frau nicht umgebracht und das hat er dann wohl eingesehen.“

„Aber du hattest was mit ihr! Und sie ist auch in dein Zelt geschlüpft, habe ich selbst gesehen!“

„Ja, verdammt noch mal! Sie wollte was mit mir haben und ich habe ihr das ausgeredet, und zwar in dem Zelt! Außerdem habe ich dir schon mal gesagt, dass ich mir die Frauen aussuche, mit denen ich etwas anfange.“

„Und dieser dämliche Polizist hat sich damit begnügt, dich auf irgendwelche Verletzungen zu untersuchen?“

„So und nicht anders war das!“, reagierte Wilhelm gereizt.

Sofia blickte ihn nachdenklich an. „Ich ahne“, jetzt verfiel sie in den Ton, mit dem sie ihr seherisches Talent zum Ausdruck brachte, „dass die Sache für dich noch nicht ausgestanden ist. Man wird dich von verschiedenen Seiten her gründlich in die Mangel nehmen, denn du bist nun mal der ideale Täter.“

„Dann ist der Polizist auch ein Wahrsager!“, entgegnete Wilhelm belustigt. „Er hat mir am Ende nichts anderes gesagt.“

„Dann hörst du jetzt, was zu tun ist: Du brauchst ein hieb- und stichfestes Alibi. Und das bekommst du von mir: Wir waren nach der Vorstellung zusammen und haben uns gegen Mitternacht in dein Zelt zurückgezogen.“

„Aber …“

„Keine Widerworte! So machen wir das!“

„Warum tust du das für mich?“

„Weil's für uns das Beste ist!“

*****

Der Dienstag begann für Werner mit der Lektüre des *Selber Tagblattes*, wobei ihm natürlich schnell Rüters Artikel über den Mord in den Blick kam. Mal sehen, was er sich da abgequetscht hat, dachte Werner und vertiefte sich in den Text:

Grausame Bluttat in Selb

Selb. Am gestrigen Vormittag trafen die Männer der Selber Schutzmannschaft am Heidteich auf den Leichnam der 31-jährigen Lina M. Die junge Frau wurde das Opfer einer grausamen Bluttat. Ein noch unbekannter Täter fügte ihr mehrere Stiche mit einem Messer in den Brustbereich zu, von denen einer mitten ins Herz traf und zum sofortigen Tode führte. Die Nachforschungen des Selber Tagblatts ergaben, dass es sich bei dem Opfer um eine Näherin handelt, die sich großer Beliebtheit

ihrer Kolleginnen und ihres Arbeitgebers erfreute. Man wird sich die Frage stellen müssen, was in einem Menschen vorgeht, der zu einer solchen Grausamkeit fähig ist, die einem noch jungen Leben ein jähes Ende bereitet hat. Es ist zu hoffen, dass die Selber Polizeikräfte den Täter rasch der verdienten Strafe zuführen. Kommissär Werner von der Selber Schutzmannschaft lässt uns wissen, dass für ihn Meldungen über Sichtungen und Kontakte der Frau besonders in den Nachmittags- und Abendstunden des Vortags von größter Bedeutung sind. Informanten wird von polizeilicher Seite größtmögliche Diskretion zugesichert.
Wir berichten weiter! fr

Der Kommissär schmunzelte: Typisch Rüter! – ein bisschen Wahrheit und viel Dichtung! Die Feststellung war insofern berechtigt, als Werner im Pressegespräch mit Rüter nur von drei Stichen in den Brustbereich gesprochen hatte und der Redakteur sich die Lobeshymne auf das Opfer mit größter Wahrscheinlichkeit aus den Fingern gesogen hatte, um der Tragik des Geschehens mehr Gewicht zu verleihen. Aber Rüters Aufruf, sich bei der Polizei zu melden, entsprach seiner Erwartung und war auch erfolgreich, denn wenig später überreichte ihm sein Vertreter Müller ein Verzeichnis der Zeugen, die auffällige Beobachtungen gemacht hatten.

„Und? Ergiebig?“, wollte Werner wissen.

„Alle sind sich sicher, dass der Schwarze die Mäder umgebracht hat. Hier“, er deutete auf die Liste, „der Herr Schneider will die beiden am Abend vor dem Mord gegen halb zehn beim Gang in Richtung Heidteich gesehen haben. Und meine Namensvetterin, die Frau Müller, hat angeblich schon eine halbe Stunde früher auf dem Goldberg Schreie vom Heidteich her vernommen."

„Und wahrscheinlich nichts unternommen!", spekulierte der Kommissär.

„Richtig! Könnte sich ja um ein Kind gehandelt haben, dem man eine Tracht Prügel verabreicht hat, meinte sie bei der Befragung."

Werner lehnte sich entspannt auf seinem Stuhl zurück und wandte sich lächelnd an Müller: „Vergessen Sie die Beobachtungen, die sich auf Herrn Maharero beziehen, so heißt unser schwarzer Cowboy nämlich."

„Warum das?", wunderte sich Müller.

„Weil er es nicht gewesen sein kann! Nicht die geringste Spur einer Verletzung bei ihm! Das habe ich selbst bei einer gründlichen Inaugenscheinnahme festgestellt."

„Und?", Müller blickte ratlos auf seine Liste, dann setzte er an: „Was soll ich …?"

„Papierkorb! Weg damit!", unterbrach ihn Werner.

Wieder alleine in seinem Büro, kam ihm ein Fall aus seiner Zeit in Nürnberg in den Sinn: Er war mit seinen Kollegen auf der Suche nach einem zunächst unbekannten Kindermörder, aber gewisse Kreise glaubten den Mann schon zu kennen, obwohl er ein hieb- und stichfestes Alibi hatte, und wollten ihn der gerechten Strafe zuführen, indem sie schon dabei waren, ihn am nächsten Baum aufzuhängen. Das Ganze nur deshalb, weil er Pole war und in schlechtem Deutsch ein Kind nach dem Weg gefragt hatte.

Ihn überfiel eine Ahnung: Könnten auch hier in Selb Massenhysterie und Vorurteil eine giftige Verbindung eingehen? Schwer zu sagen! Eher nicht, denn die Leute hier sind eher friedlich. Aber! Der Schritt zur Lynch-Justiz ist schnell getan, wenn die nötigen Hetzer zur Stelle sind. Verdammt, ich muss da irgendetwas machen, denn da könnte sich was zusammenbrauen, schoss es ihm durch den Kopf. Aber was? Sein Blick fiel auf die Zeitung und er klatschte sich mit der flachen Hand an die Stirn. Warum bin ich nicht gleich draufgekommen: Rüter! Er stürmte in den Wachraum und wies Müller an, den Redakteur auf dem schnellsten Weg herbeizuholen.

Eine Viertelstunde später saßen die beiden zusammen und Werner sprach von den Ermittlungen in dem Mordfall und von seiner Ahnung, die inzwischen zu einer ernsthaften Befürchtung angewachsen war. Das nun einsetzende Grinsen des Freundes kannte er von der Vergangenheit her zur Genüge. „Sag's mir doch, wenn du in der Klemme steckst!", sollte es wohl signalisieren. Ohne den Gedanken sprachlich noch mit weiterem Selbstlob auszufüllen, kam er zu seinem Plan: „Mit einem Artikel, der sich gewaschen hat", würde er an die Vernunft der Selber Bevölkerung appellieren, „um so die Dinge wieder ins Lot zu bringen."

Kaum hatte sich Rüter verabschiedet, wurde schon der nächste Besucher angekündigt: Professor von der Heide. Von der Presse her bekannt war Werner gerade einmal, dass der Mann vor Jahren ein Dekor für *Rosenthal* entworfen und sich dann der Politik zugewandt hatte. Sein Wunsch, einen Sitz im Land- oder sogar Reichstag zu ergattern, führte ihn zunächst zu den „Königstreuen", dann zur „Großdeutschen Volksbewegung". Zuletzt hatte er sich der Ortsgruppe der Nationalsozialisten angeschlossen.

Ihm gegenüber stand nun eine große, wuchtige Gestalt im zerbeulten Leinenanzug. Im ersten Moment sah sich Werner an Wilhelm Busch erinnert, was wohl an dem fülligen, schon ergrauten Haupthaar und dem mächtigen Rauschebart lag. Und dieser Mann will bei den Nationalsozialisten Karriere machen!, dachte der Kommissär. Hat dem noch niemand gesagt, dass der Führer militärische Knappheit im Bereich des Kopfes bevorzugt. Schnell bemerkte er auch, dass der Vergleich mit Busch gewaltig hinkte, denn der Mann hatte den Blick eines Inquisitors, dem bekanntlich jeder Humor abgeht. Das Pathos dagegen gelang ihm recht gut: Mit ausgebreiteten Armen ging er auf Werner zu und entbot ihm mit dröhnendem Bass sein „Gott zum Gruße, Herr Kommissär! Es ist mir eine Ehre, von Ihnen empfangen zu werden". Der Geste, ihm den Platz zuzuweisen, bedurfte es gar nicht mehr, denn von der Heide hatte schon mit elegantem Schwung den Stuhl des Besuchers besetzt.

„Was führt Sie zu mir, Herr Professor?", wollte Werner wissen.

Wieder waren beide Arme im Spiel, als er verbal ausholte: „Ach Gott, was soll ich sagen. Ich denke eben, dass Menschen, die die Geschicke dieser Stadt lenken, sich doch immer mal wieder abstimmen sollten, denn das einfache Volk bedarf einer Führung, die, was die moralisch-sittliche Grundordnung angeht, aus einem Guss besteht. Verzeihen Sie den Ausdruck, aber ich kann einfach nicht verleugnen, dass ich der bildenden Kunst verbunden bin. Vielleicht wissen Sie, dass ich bei *Rosenthal* ..."

„Verzeihen Sie, Herr Professor!", unterbrach Werner. „Ganz entschieden bin ich Ihrer Meinung, aber", er hob bedauernd die Hände, „die Umstände sprechen im

Moment allerdings gegen einen solchen Austausch. Wie Sie vielleicht wissen, haben wir einen Mord aufzuklären.“ Er erhob sich, um dem Besucher den Abgang nahezulegen. Aber der dachte gar nicht daran, seinen Sitzplatz aufzugeben.

„Auch diese schreckliche Tat ist ein Grund meines Kommens“, legte er ungerührt dar. „Das Fremde hat Einzug gehalten in unserer Stadt, darunter ein Afrikaner und eine Zigeunerin, wie ich mich selbst anlässlich dieser so genannten Premiere überzeugen konnte. Und jetzt ist ein Mord geschehen und es steht wohl außer Zweifel, wo der Täter zu suchen ist. Es sind honorige Bürger, die sich nun fragen, warum von Ihrer Seite nicht die nötigen Schritte unternommen werden. Und ich sehe mich als …“

„Die nötigen Schritte wurden unternommen!“, unterbrach Werner gereizt. „Und zwar unter Beachtung der entsprechenden gesetzlichen Vorgaben.“ Ihm war klar, dass sich ein von der Heide mit diesen Hinweisen nicht besänftigen ließ. Und in der Tat spulte der Mann seine rechtslastigen Vorstellungen von Recht und Gerechtigkeit ab. Für Werners Geschmack bemühte er viel zu häufig den Begriff Volk, er sprach von seiner Seele, seinem Zorn und Willen und seinem instinktiven Gefühl für Recht und Wahrheit, womit letztlich auch der Widerstand gegen staatliches Handeln legitimiert sei.

Dem Mann muss Einhalt geboten werden!, dachte sich Werner. Er machte jetzt allerdings nicht den Fehler, ihn emotional anzugehen oder gar mit großem Getöse vor die Tür zu setzen. Ruhig, aber nachdrücklich legte er seine Position dar: „Wenn Sie mit diesem letzten Satz andeuten wollen, dass Sie und Ihre Anhänger aktiv in meine Ermittlungen eingreifen wollen, um den Rechtsfrieden wieder herzustellen, muss ich Sie ganz entschieden warnen, denn ich bin den geltenden Gesetzen verpflichtet. Außerdem liegt das Gewaltmonopol beim Staat, dessen Vertreter ich bin. Sie und Ihre Anhänger können sich gerne als Zeugen in die Aufklärung des Verbrechens einbringen." Jetzt erhob er sich zum zweiten Mal. Um den Mann endgültig loszuwerden, schob er noch eine Drohung nach: „Mehr geht mit mir nicht!"

Von der Heide erhob sich nachdenklich lächelnd. Wider Erwarten war er auf einen Polizisten getroffen, der nicht die Vorstellungen seiner Bewegung teilte. Aber wie so viele Überzeugungstäter war er der Meinung, dass er den Mann irgendwann und irgendwie doch auf den rechten Weg bringen würde. „Es war mir eine Ehre, mit Ihnen die Klinge zu kreuzen", verabschiedete er sich freundlich, obwohl er schon darüber nachdachte, wie der Kommissär unter Druck zu setzen sei.

Nachdem er den Professor endgültig vor die Tür gesetzt hatte, wandte sich Werner dem Telefon zu und wählte die Nummer des *Selber Tagblatts*:

„Rüter, Redaktion Tagblatt!"

„Carl am Apparat. Hast du den Artikel schon fertig? – Passt! Du musst da unbedingt noch reinschreiben, dass jeder, der sich zu Aktionen gegen diesen Zirkus hinreißen lässt, mit ernsten Konsequenzen zu rechnen hat. – Das erkläre ich dir bei nächster Gelegenheit. Erst mal danke ich dir!"

Es sollte nicht lange dauern, bis schon der nächste Bittsteller aufkreuzte: Direktor Striese, den offensichtlich sein schauspielerisches Talent verlassen hatte, flehte den Kommissär an, sein Unternehmen vor dem Mob zu schützen. „Man pöbelt uns an, beschuldigt uns als

Mörderpack und vergreift sich an unserer Arena!“, lamentierte er, den Tränen nahe. „Wie und wo sollen wir jetzt noch spielen? Ich bitte Sie, Herr Kommissär, schützen Sie uns!“

Jetzt empfand Werner sogar Mitleid mit dem Mann, denn es war nicht zu übersehen, dass er große Angst hatte. Und der Auftritt des Professors ließ ihn ahnen, dass seine Klage durchaus berechtigt sein konnte. Um ihn zu beruhigen, gab er ihm ein Versprechen: „Ich schick mal einen meiner Beamten auf den Goldberg und dann wollen wir einmal sehen, ob sich da noch jemand traut, Rabatz zu machen! Einverstanden?“

Die sehr blumige und tränenreiche Danksagung zeigte, dass Striese eine große Last von der Seele gefallen war.

*****

„Wohin ich auch gehe, in jedem Geschäft gibt es nur ein Thema“, eröffnete Hanna ihrem Verlobten beim Abendessen in ihrer Wohnung. „Man ist sich ziemlich sicher, dass dieser schwarze Cowboy die Mäder umgebracht hat.“

„Die öffentliche Meinung hat gesprochen!“, entgegnete Carl sarkastisch. „Obwohl es keinen einzigen Beweis für seine Schuld gibt! Was im Moment in dieser Stadt abläuft, verstehe, wer will! Die Leute vom Zirkus werden doch tatsächlich bedroht! Ich kann nur hoffen, dass dazu morgen von Rüter ein paar passende Worte im *Tagblatt* gesprochen werden!“

„Da geht doch niemand mehr hin“, gab Hanna zu bedenken, „und ein Theaterstück der Truppe ist unter diesen

Bedingungen auch schwer vorstellbar. Und am Ende tritt das ein, was wir schließlich vermeiden wollten, nämlich das Ende dieses Unternehmens. Was hältst du davon, wenn ich mal mit der Rieke rede?“, fuhr sie fort. „Im *Edion* könnten die doch auftreten, sei es mit einem kleinen Theaterstück oder mit diesen niedlichen Clowns. Die Besucher kommen ohnehin zu großen Teilen aus Asch und interessieren sich nicht für den Selber Tratsch.“

„Guter Gedanke!“, reagierte Carl. „Ich für meinen Teil werde mich gleich mal auf den Goldberg begeben, um nach dem Rechten zu sehen. Ich habe da am Vormittag schon jemanden hingeschickt, und wenn ich nun gleich persönlich aufkreuze, sollten wir dort oben erst mal Ruhe haben.“

*****

Es traf sich gut, dass sein Vertreter Müller die Nachtschicht anführte. Mit dem Dienstwagen steuerten die beiden den Goldberg an. Mit Erstaunen stellte Werner fest, dass die Arena schon abgebaut war und man die fahrbaren Untersätze zu einer Art Wagenburg arrangiert hatte. Das haben die nicht ohne Grund gemacht, dachte er, der Striese hat mir also nichts vorgemacht. Im Moment war das Unternehmen keiner ernsthaften Bedrohung ausgesetzt. Bei ihrer Ankunft waren allerdings ein paar Gestalten auszumachen, die sich den Anschein neugieriger Betrachter gaben und verschwanden, als sie der Polizei ansichtig wurden.

Vielleicht richtet sich doch alles wieder zum Guten!, hoffte Werner, wenn dann noch morgen der Rüter in seiner Zeitung die richtigen Worte findet, sollte sich auch der vom Professor beschworene Volkszorn wieder beruhigt haben.

„Sorgen Sie dafür, dass nach der Sperrstunde noch mal jemand von der Nachtschicht vorbeischaut!“, wandte er sich an Müller. „Nach erheblichem Biergenuss steigt bekanntlich auch der Mut der Feiglinge ins Unermessliche!“

„Wäre ja noch schöner, wenn Hinz und Kunz sich mal so einfach in Selbstjustiz üben“, kommentierte sein Vertreter die Angriffe auf den Zirkus.

Verkalkuliert

Beim Frühstück machte sich Werner über den Artikel seines Freundes her. Zufrieden konnte er eigentlich nur mit der Botschaft sein, dass gewaltsames Vorgehen gegen den vermuteten Täter und sein Umfeld seitens der Bevölkerung von der Polizei hart sanktioniert werde. Ansonsten ärgerte er sich über Rüter, der mit seinem „Manifest gegen Ausgrenzung und Gewalt“ wieder mal den Literaten herauskehrte und sogar Schiller bemühte, um auf wahre Menschlichkeit zu verweisen. Schon hatte er im Kopf, was er dem Freund an den Kopf knallen würde: Was werden deine Leser mit Schillers Forderung anfangen, man solle sich dem Fremden mit kindlicher Unbefangenheit nähern? Dir müsste doch eigentlich klar sein, dass sich von der Heide und Konsorten kaputtlachen angesichts solcher Ausflüge ins Philosophische. Mein lieber Friedrich, schreibe gefälligst als schlichter Redakteur für die Menschen in dieser Stadt, und zwar so, dass sie dich alle verstehen!

Verärgert trat er seinen Dienst in der Polizeiwache an. Was auf ihn zukam, sollte seinen Gemütszustand keineswegs verbessern. Auf seinem Schreibtisch lag der Bericht der Kriminaltechnik sowie das Untersuchungsergebnis der Pathologie. Zunächst kam die von Dr. Walberer angesprochene Schwangerschaft zur Sprache: Ein voll ausgebildeter und lebensfähiger Fötus verweise auf die zwölfte oder dreizehnte Woche. Das, was er dann zu lesen bekam, war wahrlich starker Tobak für den erfahrenen Kriminalisten: Von einer Vergewaltigung, sogar von einer versuchten, sei keineswegs auszugehen. Das viele Blut im Mund sei mit einem kräftigen Biss in die eigene Zunge zu erklären, wahrscheinlich ausgelöst von dem Versuch, sie zu würgen, worauf verschiedene Male im Halsbereich hinwiesen. Außerdem seien keine Blut- oder Hautanhaftungen unter den Fingernägeln gefunden worden. Aber die Frau habe sich kräftig gewehrt, was allein einige beschädigte Fingernägel gezeigt hätten. Schließlich kamen auch die drei Stiche in den Brustbereich zur Sprache, wobei einer direkt das Herz getroffen und zum schnellen Tod geführt habe. Die Verläufe der Stichkanäle verwiesen darauf, dass es sich bei dem Täter um einen Linkshänder gehandelt haben müsse.

Da haben wir beide uns ganz kräftig verkalkuliert! Und auch nicht genau genug hingeschaut, dachte Werner, kann passieren, schließlich standen uns nicht die Mittel zur Verfügung, die bei den Fachleuten zur Anwendung kommen. Mit einer gewissen Verzögerung durchfuhr ihn allerdings ein Gedanke, der ihm schwer zu schaffen machte: Du Trottel hast tatsächlich einem Verdächtigen die Unschuld attestiert, weil du Beweise gesucht hast, die es gar nicht geben konnte. Ein typischer Anfängerfehler! Wie stehe ich jetzt da? Mit großer Geste hast du Müller empfohlen, Hinweise von Zeugen im Papierkorb verschwinden zu lassen. Und nun musst du ihm erklären, dass du dich geirrt hast!

Und es kam noch schlimmer für ihn: Angesichts der scheinbar sicheren Erkenntnis hatte er einen Aspekt völlig übersehen, der auch im Bericht angedeutet war:

Es war nämlich die Rede von einem „stabilen Messer mit breiter Klinge“. Da hättest du doch gleich draufkommen müssen, dachte er: Der Maharero ist Messerwerfer. In der Vorstellung hat er, wohl mit Rücksicht auf die Kinder, mit leichten Waffen hantiert, aber man wird doch davon ausgehen müssen, dass er auch mit stabilen Wurfwerkzeugen ausgestattet ist.

Ohne zunächst mit seinem Vertreter zu reden, machte er sich zu Fuß auf den Weg zum Goldberg, um Versäumtes nachzuholen beziehungsweise gemachte Fehler zu korrigieren. Die Wagenburg im Blick, bekam er zunächst weder ihre Bewohner noch ungebetene Besucher zu sehen.

Liegt wohl am Wetter, dachte Werner, denn der Himmel war bedeckt und es setzte leichter Nieselregen ein. Aus einem der Wagen stieg über eine Art Ofenrohr eine ziemlich dichte Rauchwolke empor. Da scheint man das Mittagessen vorzubereiten, dachte sich der Kommissär. Er näherte sich dem Wagen und klopfte an die Tür, die dann allerdings nur einen Spalt breit geöffnet wurde, und zwar von Striese, der, wohl Vorsicht und Angst geschuldet, den schnellen Rückzug vorbereiten wollte. Als er Werners ansichtig wurde, stellten sich bei ihm Glücksgefühle ein, die sogleich demonstriert werden wollten: „Herr Kommissär, Sie glauben gar nicht, welche Freude Sie mir mit Ihrem Besuch machen! Sie sind unser Retter. Haben doch die Belästigungen, denen wir ausgesetzt waren, dank Ihrer Schutzmaßnahmen stark nachgelassen. Kommen Sie doch herein, meine gesamte Familie will Ihnen den herzlichsten Dank aussprechen.“

Es war wohl vor allem die deftige Geruchsmischung, die aus dem Wagen drang und Werner davon abhielt, die

Einladung anzunehmen. Denn das, was er in die Nase bekam, war eine Mischung von Düften, die ihn an Schweiß, muffige Kleidungsstücke und eine eher säuerliche Suppe denken ließen. „Verzeihen Sie, aber ich möchte nicht stören“, wehrte er ab, „ich bin dienstlich hier und möchte mit Herrn Maharero sprechen.“

„Wilhelm, du wirst gewünscht!“ Der laute Ruf Strieses in Richtung des kleinen grünen Zeltes, das neben dem Lastkraftwagen aufgebaut war, veranlasste den Messerwerfer, ins Freie zu kriechen. Er wirkte verschlafen und rieb sich zunächst die Augen, hatte aber dann schnell das freundliche Grinsen im Gesicht, das ihn für Werner schon beim ersten Zusammentreffen sympathisch wirken ließ. Der erfahrene Kriminalist ließ sich von solchen Eindrücken nicht beeinflussen, denn er hatte die Erfahrung gemacht, dass sich auch abgebrühte Verbrecher als liebenswerte Menschen präsentieren konnten.

„Zur Stelle, Herr Kommissär!“, meldete der Artist in militärischer Grundstellung.

„Nur noch ein paar Fragen!“, eröffnete ihm Werner und fügte im Blick auf Striese nachdrücklich hinzu: „Aber unter vier Augen!“

„Selbstverständlich!“, murmelte der Gemeinte und zog sich schmollend in den Wagen zurück. Zu gerne hätte er gewusst, was der Kommissär mit dem Artisten zu bereden hatte.

„Also, Herr Maharero, bei meinem letzten Besuch habe ich darauf hingewiesen, dass es unter Umständen noch Fragen zu dem Mordfall geben könnte.“

„Ich stehe zu Ihrer Verfügung. Aber begeben wir uns doch unter diesen Regenschutz“, schlug er vor und deutete auf die Plane, die etwas seitlich zwischen drei

Baumstämmen gespannt war. „Sie legen doch sicherlich Wert auf ein Gespräch im Trockenen?"

Werner stimmte dankbar zu und stellte seine erste Frage: „Wo haben Sie die Nacht von Sonntag auf Montag zugebracht?"

„Nachdem die letzten Besucher von hier verschwunden sind und sich die Strieses in ihren Wagen zurückgezogen haben, saß ich mit der Wahrsagerin zusammen am Lagerfeuer. Gegen zwölf", er deutete in Richtung Stadtkirche, „ich habe noch die Schläge der Turmuhr gezählt, bin ich in mein Zelt gekrochen. Das kann Ihnen die Sofia bestätigen, die ist nämlich bis in die Morgenstunden am Lagerfeuer sitzen geblieben. Das habe ich bemerkt, als ich mal austreten musste."

Eine so geartete Aussage hatte Werner erwartet, schließlich legten intelligente Täter immer großen Wert auf ein perfektes Alibi. Das Ganze vielleicht doch ein bisschen zu gut vorbereitet, klang fast schon wie auswendig gelernt, dachte er.

„Und Sie haben alleine genächtigt?"

Der Messerwerfer nickte, begleitet von einem treuherzigen Blick.

„Zur nächsten Frage: Besitzen Sie noch einen weiteren Satz Messer, also, um's genau zu sagen, andere als solche, die Sie in der Samstagsvorstellung benützt haben?"

„Natürlich, wenn ich mit Erwachsenen arbeite!"

„Kann ich einmal einen Blick auf diese Messer werfen?"

„Selbstverständlich!" Der Mann kletterte in den Wagen, in dem Material transportiert wurde, und kehrte mit einer kleinen Holzkiste zurück. Er setzte sie auf dem

Boden ab, öffnete den Deckel und überreichte Werner eins der Messer.

Wahrlich, ein stabiles Teil!, dachte sich der Kommissär. Etwa dreißig Zentimeter lang, liegt schwer in der Hand und hat eine breite Klinge, die im letzten Drittel spitz zuläuft. Wahrlich das perfekte Mordinstrument!

Er bemerkte Mahareros besorgten Blick und ein anschließendes Drucksen, „also, ich meine, ist die Frau …?“, das wohl auf die Frage hinauslief, ob die Frau mit einem Messer umgebracht worden sei.

War das so eine Art Trefferwirkung?, ging es dem Kommissär durch den Kopf. Mal sehen, ob ich ihn am Haken habe.

„Über die Frau und die Todesursache reden wir jetzt mal nicht!“, beschied ihm Werner. „Sind Sie einverstanden, wenn ich das Behältnis samt Inhalt der Kriminaltechnik übergebe? Da wird man dann schon herausfinden, ob eins der Messer, sagen wir mal, zweckentfremdet wurde.“

„Selbstverständlich! Ich ahne, wonach man suchen wird. Aber ich sage Ihnen gleich, dass ich mit diesen Waffen täglich übe und sie danach immer sorgfältig reinige und mit Fett einreibe. Sehen Sie“, er deutete auf ein breites Brett, das an einem der Bäume befestigt war, „das ist meine Zielscheibe.“ Tatsächlich fanden sich auf dem Brett die mit Kohle skizzierten Konturen eines Menschen und drum herum Einstichstellen von Messern.

„Kriminalistische Routine!“, kommentierte Werner die Einlassung. „Manchmal lohnt sich das. Deswegen gehen die Dinger trotzdem in die Technik.“ Im Grunde war er enttäuscht von der Wirkung seiner „Messerattacke“, denn er musste sich eingestehen, dass sie ihn kein Stück weitergebracht hatte.

Die Einvernahme war fast abgeschlossen, ihm fehlte nur noch die Bestätigung des Alibis durch die Wahrsagerin. Mit einer Finte gedachte er den Artisten auf die Probe zu stellen: „Das wär's! Dann will ich mich mal mit der Kiste auf die Wache begeben." Er machte Anstalten, sich zu bücken. Das Räuspern Mahareros zeigte ihm, dass der Mann noch etwas zu sagen hatte.

Und tatsächlich wies er ihn auf seinen geplanten Fehler hin: „Müssen Sie nicht noch mein Alibi überprüfen?"

„Oh, danke, fast vergessen! Dann rufen Sie mir mal die Dame!"

Er hatte die Frau, die erst während der Einvernahme Mahareros auf der Wiese aufgetaucht war, immer mal wieder im Blick gehabt, denn sie hatte trotz des Nieselregens damit begonnen, auf der Wiese mit ihren Hunden zu üben. Dabei war ihm aufgefallen, dass die Tiere eine ganze Reihe von Kunststücken auf Lager hatten. Komisch!, dachte Werner. Hätte sie die am Samstag gezeigt, wäre Hanna sicher länger geblieben. Eigentlich wäre zu erwarten gewesen, dass die Künstlerin ein gewisses Interesse für den Besucher gezeigt hätte. Schließlich musste sie davon ausgehen, dass Maharero einer Befragung unterzogen wurde. Zwar hatte Werner immer wieder versucht, Blickkontakt zu ihr aufzunehmen, aber sie schien intensiv in ihre Arbeit vertieft und schenkte ihm keine Beachtung.

„Sofia, kommst du mal!"

Die Künstlerin, wie in der Vorstellung schwarz gewandet, schlenderte herbei und wandte sich sofort Werner zu: „Leider habe ich am Samstag den Geschmack Ihrer Begleiterin verfehlt. Das tut mir leid. Sie haben ja gesehen, dass meine Hunde mehr können, als Männer zu beschämen. Aber leider ist es so, dass das Publikum in diesen Zeiten wenig Wert auf Anstand legt." Sofort legte sie nach: „Nun fragen Sie schon!"

Das selbstbewusste Auftreten und das gepflegte Deutsch der Frau erstaunten Werner. Die ist mit Sicherheit nicht unter fahrendem Volk aufgewachsen, ging es ihm durch den Kopf und er nahm sich vor, bei Gelegenheit die entsprechenden Fragen zu stellen. Zunächst aber wollte er von ihr wissen, wie sie den Abend nach der Sonntagsvorstellung verbracht habe. Ihre Einlassung folgte zunächst den Angaben Mahareros. Nur der Schluss zeigte eine deutliche Abweichung: „Und um zwölf bin ich mit ihm", sie zeigte auf den Messerwerfer, „ins Zelt gekrochen."

„Das hat der Herr aber ganz anders erzählt!", hielt ihr Werner entgegen.

„Ach, der Gute wollte mich nicht beschämen!", eröffnete sie ihm belustigt lächelnd.

„War das so, Herr Maharero?", wollte Werner wissen.

„Verdammt, ja!", brauste der Gemeinte auf. „Man muss nicht alles an die große Glocke hängen!"

„Nun denn", wandte sich Werner an die beiden und griff nach dem Kistchen, „ich bin am Ende. Aber ich denke, man wird sich wieder sehen."

Mit seiner Beute und gemischten Gefühlen strebte er der Wache zu: War er gerade überhaupt der Herr des Verfahrens gewesen oder hatten ihn zwei intelligente Menschen an der Nase herumgeführt? Klar war ihm, dass er in Maharero, wenn er denn der Täter war, einen Meister gefunden hatte, der im Verhör schwer zu knacken war.

Zu denken gab ihm allerdings sein Alibi, das durch die Wahrsagerin quasi eine Aufwertung erfahren hatte. Warum gibt der zunächst nicht zu, dass er mit ihr genächtigt hat?, fragte er sich. Normalerweise verkündet doch der Schürzenjäger solch ein inniges Zusammensein als Erfolg, und zwar mit stolzgeschwellter Brust! Ihn dagegen hat das angebliche Tête-à-tête geradezu unwirsch reagieren lassen. Warum? Was verbindet die beiden? Sind sie überhaupt ein Paar? Fragen über Fragen!, stellte er entnervt fest und schon kamen neue hinzu: Was mache ich jetzt mit diesen vermaledeiten Messern? Wenn ich mit denen in Hof auftauche, zweifeln die doch an meinem Geisteszustand! Blutanhaftungen würden kaum nachweisbar sein, zumal Klingen und Griffe aus einem Guss hergestellt waren und sie offensichtlich sehr gründlich gereinigt und mit einem Fett behandelt worden waren. Blieb noch die Übereinstimmung zwischen Länge der Wunde und Breite der Klinge. Aber: Die Spezialisten würden ihm vorhalten, dass es weit über hundert Messer mit der gleichen Klingenbreite gebe. Es musste also einen anderen Weg geben, Maharero zu überführen! Andererseits durfte er sich keinesfalls auf den Mann kaprizieren, denn er würde auch andere Spuren verfolgen müssen, und zwar solche, die auf weitere Männerbekanntschaften der Mäder verwiesen.

Auf der Wache angekommen, löste er zunächst das Problem seiner vorläufigen Festlegung auf Mahareros Unschuld: Im Gespräch mit Müller gab er sich anfangs zerknirscht, indem er darauf hinwies, dass der Messerwerfer nun doch nicht aus dem Schneider sei. Dann brachte er, mit Stolz unterlegt, seinen Spürsinn ins Spiel: „Mir hat der Kerl keine Ruhe gelassen und ich bin bei der Nachsuche auf diese Kiste gestoßen." Er öffnete das Behältnis und deutete auf die Messer. Das Staunen Müllers war ihm Beweis genug, dass er seine Schludrigkeit mit Erfolg unter den Teppich gekehrt hatte.

*****

Die Einbestellung durch die Stadtoberen war für jeden Kommissär ein Alarmsignal, denn sie verwies in der Regel auf Kritik an seiner Amtsführung. Als Werner am Donnerstagvormittag die Botschaft erreichte, er möge sich sofort bei Bürgermeister Häublein, dem Oberhaupt der Stadt, einfinden, hatte er zunächst den Verdacht, dass sich Professor von der Heide über sein Vorgehen bei den Mordermittlungen beschwert haben könnte. Als er gegen halb elf den kleinen Sitzungssaal des Stadtregiments betrat, traf er neben Häublein auch auf den zweiten Bürgermeister Kießling und Staatsanwalt Dr. Bleibtreu. Sieht fast so aus, als wollten mich die Herren gründlich in die Zange nehmen, dachte er. Seit er Polizist geworden war, hatte er es sich zur Gewohnheit gemacht, bei Einbestellungen durch Vorgesetzte zunächst einmal in deren Gesichter zu blicken, denn sie transportierten häufig eine Tendenz, die ahnen ließ, was ihn erwarten würde. Diesmal war Entwarnung angesagt: Er sah zwar auf ernst dreinblickende Männer, aber es hatte den Anschein, dass sie ihm nicht an den Kragen wollten. Von Häublein und Kießling empfing er sogar Blicke, die Wohlwollen signalisierten. Dr. Bleibtreu dagegen zeigte ein Verhalten, das ihn irritierte: Er schaute missmutig drein und tat so, als gehe ihn das Ganze nichts an.

Nachdem ihm ein Platz zugewiesen worden war, wandte sich Häublein ihm zu: „Sie werden ahnen, was uns drückt. Es ist dieser Zirkus, der sich ja ganz passabel eingeführt hat, aber im Moment kaum noch tragbar ist für diese Stadt, weil ein Mitglied der Truppe im Verdacht steht, eine Frau ermordet zu haben. Uns würde zunächst einmal interessieren, wie Sie die Lage sehen."

„Es gibt einen Tatverdacht", nahm Werner Stellung, „aber von polizeilicher Seite keinen dringenden, der eine Verhaftung nach sich ziehen müsste. Schließlich hat dieser von Ihnen angesprochene Mann ein durchaus solides Alibi. Wenn wir von der Öffentlichkeit sprechen, wehre ich mich gegen den Begriff Verdacht, denn es handelt sich meines Erachtens eher um eine Vorverurteilung, die von bestimmten Kreisen befeuert wird."

„Ich ahne, von wem Sie sprechen", meinte Häublein.

„Sprechen wir Klartext!", meldete sich Kießling zu Wort. „Sie meinen Professor von der Heide!"

„In der Tat", stimmte Werner zu, „der Herr war bei mir schon vorstellig, um mir darzulegen, dass der Wille des Volkes über dem Gewaltmonopol des Staates steht. Auf gut Deutsch: Er fordert Lynchjustiz."

„Kaum zu glauben, was sich dieser Kerl da leistet!", erregte sich Häublein. „Als Moralapostel ist er hier in Selb aufgetreten und hat sich dann selbst in Verruf gebracht, weil er eine Prostituierte besucht hat. Also, um's klar zu sagen", ließ er verlauten, „wir setzen vollstes Vertrauen in Ihre Ermittlungsarbeit und um das, was dieser Politiker von sich gibt, scheren wir uns einen Dreck. Aber: Wir brauchen eine Lösung für dieses Unternehmen, das uns über kurz oder lang finanziell auf die Füße fällt, wenn da kein Geld mehr über irgendwelche Aufführungen reinkommt. Einfach in die Wüste schicken geht nicht, denn die Leute haben ihre Misere ja nicht schuldhaft verursacht."

„Lassen Sie mich betonen", wandte sich Dr. Bleibtreu jetzt eher emotionslos an Werner, „dass es auch von staatsanwaltlicher Seite keine Kritik an Ihren Ermittlungen gibt."

„Das hätten wir ja nun zur Genüge festgestellt", ließ ihn Häublein leicht entnervt wissen, „was wir jetzt brauchen, das sind Lösungen, meine Herren!"

„Ich habe da eine Idee, wie wir vorgehen könnten", verkündete Werner. „Ich denke, man könnte zweigleisig fahren: Erstens, wir bieten dem Herrn Striese einen Ort an, wo er ein klassisches Stück aufführen kann, denn es wird in dieser Stadt noch genug Menschen geben, die sich nicht von Vorurteilen leiten lassen. Zweitens, wir bitten Frau Moser vom *Edion,* der Truppe ihren Saal zur Verfügung zu stellen, damit sie dort einige ihrer Zirkus-Nummern aufführen kann."

Der Kommissär blickte in überraschte Gesichter und erfuhr ein großes Lob von Häublein: „Genial, Werner, da muss man erst mal draufkommen!"

„Ich würde sogar noch einen Schritt weiter gehen", schlug Kießling vor, „wir könnten doch den ganzen Verein mit Sack und Pack in die Nähe des *Edion* verlagern, dann hätten wir die Leute, was ihre Bedrohung auf dem Goldberg angeht, zunächst einmal aus der Schusslinie. Wenn's recht ist, nehme ich gleich mal Kontakt mit Frau Moser auf. Und das mit dem klassischen Stück wird sich auch noch machen lassen!"

„Sie sehen mich erleichtert, meine Herren!“, verkündete das Stadtoberhaupt freudig. „Ich schließe die kurze Sitzung und danke für die Mitarbeit.“

****

Gleich am Nachmittag widmete sich zweiter Bürgermeister Kießling seinem Vorhaben, dem *Theatron Berolina* einen geeigneten Spielort zu verschaffen. Vor einiger Zeit hatte es in Selb noch einen großen Kino- sowie Theatersaal gegeben. Aber leider war das so genannte *Lichtspielhaus* an der Hohenberger Straße am 18. Mai abgebrannt.

Das Lichtspielhaus nach dem Brand am 18. Mai 1927

Zwar war der Wiederaufbau im Gange, aber mit dem Spielbetrieb war nicht vor dem nächsten Jahr zu rechnen. Es gab aber auch andere Möglichkeiten für eine Aufführung, nämlich den großen Saal des *Goldenen Ankers,* der auch als Kino genutzt wurde, dann das *Lutherheim* und das *katholische Jugendheim.* Den *Anker* gedachte Kießling außen vor zu lassen, denn hier musste mit Störern gerechnet werden. So fasste der Bürgermeister mit dem *Jugendheim* zunächst einmal einen Ort der Kirche ins Auge, wo sich sicherlich ein Publikum einfinden würde, das sich wegen seiner christlichen Orientierung weniger empfänglich gegenüber Vorurteilen zeigen sollte. Außerdem verfügte das Haus über eine Bühne – eine geradezu hervorragende Voraussetzung für eine Aufführung.

Da an diesem Tag ohnehin ein Termin mit dem katholischen Pfarrer Kastner anstand, ließ er auch Direktor Striese ins Rathaus rufen, um gemeinsam mit den Herren eine Lösung zu finden.

Als sich der Geistliche mit dem Theaterdirektor konfrontiert sah, zeigte er sofort ein körperliches Unbehagen, das ihn dann auch daran hinderte, dem Mann die Hand zu reichen.

Nachdem ihn Kießling auf das geplante Theaterstück, und zwar Shakespeares „Der Widerspenstigen Zähmung“, und die Nöte der Truppe hingewiesen sowie das *Jugendheim* ins Spiel gebracht hatte, legte der Pfarrer zunächst einmal dar, dass er als Seelsorger natürlich der christlichen Nächstenliebe verpflichtet sei und Vorurteile verabscheue. Aber dann gab er Striese Saures: Ein Stück von Shakespeare, der ja bekanntlich ein Freigeist gewesen sei, habe in einer katholischen Einrichtung nichts zu suchen. Schließlich folgte ein direkter Angriff auf das Unternehmen: „Ein Tingel-Tangel, das sich nicht entblödet, den Menschen auch Wahrsagerei anzudienen, kann, wenn es denn auch Theater anbietet, nur Schmiere der übelsten Art sein.“

„Was höre ich da?“, schmetterte Direktor Striese dem Priester trotzig entgegen. „Schmiere! Da Ihnen offensichtlich nicht bekannt ist, was sich hinter diesem Begriff versteckt, erlaube ich mir, Sie zu belehren: Mit Schmiere bezeichnen staatliche und städtische Bühnen das Wandertheater, eben die Institute, die nicht mit erheblicher Alimentierung zu rechnen haben. Damit blicken die Privilegierten mit Verachtung auf wahres Theater herab, das immer eine Wanderbühne ist und sein wird.“ Jetzt verfiel Striese in einen monotonen Klageton: „Es ist wahr, dass ich meinen Künstlern fast keinen Lohn bezahlen kann, aber dafür leisten sie desto mehr. In dieser Schmiere kocht meine Frau für die ganze Gesellschaft, damit sich meine Sozietäre an Entbehrungen gewöhnen. Meine Wahrsagerin ist sich nicht zu schade, die Kartoffeln zu schälen, und mein Ältester gibt Ihnen einen jugendlichen Helden, wie Sie ihn selten zu sehen bekommen. Und was noch einmal meine Frau anbelangt: Nicht nur, dass sie das Kassenwesen besorgt, den Darstellerinnen die Haare brennt, in der Stadt die Requisiten besorgt und abends die größten Rollen spielt, nein, sie hat trotz dieser Überbürdung im Laufe der Jahre noch Zeit gefunden, mich mit einer Schar lieblicher Kinder zu beschenken und diese mit Geduld und Überzeugung in die Lehren unseres Herrn Jesu Christi einzuweisen.“ Inzwischen hatten sich die Augen Strieses mit Tränen gefüllt, die schon vereinzelt über die Wangen rannen. Aber noch fand er die Kraft, dem Mann der Kirche eine tragische Pointe entgegenzuschleudern: „Sehen Sie, Herr Pfarrer, das wird an einer Schmiere geleistet! Und ich bin ihr Direktor!“

Der Gemeinte fiel angesichts dieser Replik in Schockstarre, mit offenem Mund suchte er nach einer

Antwort und quälte sich schließlich ein verlegenes „Nun ja“ ab.

Kießling grinste still in sich hinein, denn das, was er da gerade gehört hatte, war zwar die Klage eines verzweifelten Menschen, aber es war auch ein glänzend gespielter Monolog, der den Regeln der klassischen Redekunst folgte: emphatische Gegenrede, Klage und schließlich moralische Erhebung über den Kontrahenten. Was nun, Herr Pfarrer?, dachte er sich.

Kastner kämpfte immer noch mit seiner Sprachlosigkeit. Da hatte er quasi einen Menschen mit dem Kirchenbann belegt und dann beschämte ihn der Mann mit der Beschreibung einer Gemeinschaft, die christliche Werte lebte. Wäre da nicht dieser sozialdemokratische Bürgermeister als neutraler Beobachter gewesen, hätte er sicher einige warme Worte der Anerkennung gefunden, um dann doch bei seiner Ablehnung zu bleiben. Aber unter den gegebenen Umständen musste der Bann und die rigorose Ablehnung vom Tisch.

„Angesichts Ihrer Darlegung“, wandte er sich an Striese, „bin ich gerne bereit, mein Urteil, was Ihr Unternehmen angeht, zu revidieren, obwohl es da noch gewisse Vorbehalte gibt. So muss ich darauf verweisen …“

„Die werden sicherlich ausgeräumt!“, unterbrach ihn Kießling. „Ich bin sicher, dass sich der Herr Direktor kooperativ zeigen wird. Nicht wahr, Herr Striese?“ Nachdem dieser freudestrahlend genickt hatte, beendete das stellvertretende Stadtoberhaupt das Gespräch: „Dann hätten wir's! Sie, meine Herren, besprechen die Modalitäten und die Bevölkerung darf sich auf eine gelungene Aufführung im *Jugendheim* freuen.“

Neuanfang

Zweiter Bürgermeister Kießling hatte es tatsächlich geschafft, dem *Theatron Berolina* einen neuen Standort zu verschaffen: Schon am Freitagabend lagerte das Unternehmen auf einer Wiese, die sich dem Biergarten des *Edion* nach Westen hin anschloss. Auch Johanna Winkler und ihre Freundin Rieke Moser waren initiativ geworden: Am Sonntag sollten die Striese-Kinder mit ihrer Clowns-Nummer im großen Saal der Gaststätte auftreten.

„Du bist doch hoffentlich auch der Meinung“, wandte sich die Lehrerin beim sonntäglichen Frühstück an ihren Verlobten, „dass wir da heute Nachmittag ebenfalls auftauchen. Viele Leute werden ja nicht kommen, schließlich blieb kaum Zeit, um groß Werbung zu machen.“

„Natürlich gehen wir hin!“, versicherte ihr Werner. „Schließlich war das deine Idee, die Kinder da auftreten zu lassen. Und wenn uns deine Eltern begleiten“, schlug er vor, „könnten wir uns ja eine Droschke leisten.“

„Laufen wird er wohl nicht wollen, mein lieber Vater“, grinste Hanna, „aber ob er sich an den Kosten für einen Kraftwagen beteiligen wird, wage ich stark zu bezweifeln. Er ist nun mal ein Pfennigfuchser, außerdem ist er der Meinung, dass diese Benzinkutschen grässlich stinken und zudem ein lebensgefährliches Transportmittel sind.“ Mit dem Hinweis auf das gemeinsame Mittagessen bei den Eltern, wo man die Sache ja besprechen könne, war die Frage der Anreise zunächst einmal verschoben.

Schon bei der Vorbereitung des Mahls in der Küche hatte Hanna ihre Mutter für den Ausflug ins *Edion* begeistert. Als das Thema dann nach dem Essen zur Sprache kam, zeigte sich der Richter zunächst abweisend: Das mit dem Ausflug komme ihm dann doch etwas plötzlich. Aber er hätte es wissen müssen: Wenn Mutter und Tochter sich einig waren, hatte er eben schlechte Karten. Mit der Frage „Und wie kommen wir da hin?“ glaubte er noch, die Sache abwenden zu können.

„Ganz einfach, wir nehmen eine Droschke!“, schlug der zukünftige Schwiegersohn vor.

Jetzt meldet sich auch noch der Herr Kommissär mit so einer blöden Schnapsidee!, mochte der Richter denken. Aber sich in dessen Anwesenheit als Knauser und fortschrittsfeindlich zu präsentieren, kam für ihn allerdings nicht in Frage. Mit einem Gesicht, das sichtlichen Widerwillen signalisierte, fügte er sich der Mehrheit. Dass ihm die Fahrt mit der Droschke gegen den Strich ging, machte er mangels triftiger Gründe an der Person des Autovermieters fest: „Dass ich dem Röstel vom *Kaiserhof* für so einen Ausflug eine Menge

Geld in den Rachen schieben soll, liegt mir doch recht schwer auf dem Magen."

Warum er den Besitzer des Hotels am Bahnhof nicht mochte, blieb sein Geheimnis. Vielleicht erschien ihm dessen Eintrag im Adressbuch der Stadt Selb doch etwas zu üppig: „Hotelbesitzer, Fabrikant und Schieferdeckermeister sowie Inhaber einer Autovermietung".

Nicht die Kinder und erst recht nicht der Vater hatten eine Ahnung davon, welche Freude sie der Mutter mit diesem Ausflug machen würden. Sie sah in der Unternehmung eine der wenigen Möglichkeiten, sich und ihre Familie in der Öffentlichkeit zu präsentieren. Gut eine Stunde hatte sie im Schlafzimmer verbracht, um sich auf den Auftritt im *Edion* vorzubereiten. Als sie sich schließlich für ein legeres beigefarbenes Kostüm entschieden hatte, rief sie ihre Tochter hinzu: „Kann ich so gehen?"

„Natürlich!", antwortete Hanna. „Das steht dir hervorragend, und wenn du die Jacke ziemlich weit offen trägst, kommt diese weiß-blau gestreifte Bluse schön zur Geltung und macht dich um Jahre jünger. Dann noch diesen hellen Hut mit dem blauen Tüllband und du siehst perfekt aus." Die letzte Musterung der Tochter erbrachte dann noch eine letzte Ergänzung: „Du könntest doch die wunderbare Perlenkette tragen, die dir Vater zur Hochzeit geschenkt hat. Dann bist du wahrlich eine Dame von Welt."

„Meinst du, ich gefalle ihm?", fragte die Mutter zaghaft, als sie sich nach vollendeter Ankleide in dem großen Spiegel musterte, der in der Innenseite einer der Kleiderschranktüren angebracht war. Gemeint war natürlich ihr Mann. Hanna lachte: „Du kennst ihn doch! Ihm wird's gefallen, aber er wird nicht in Begeisterung ausbrechen." So war es denn auch: Der Richter kämpfte immer noch mit seiner Niederlage und schenkte seiner Frau nur einen flüchtigen Blick. Das Lob blieb dann dem Schwiegersohn, der dabei sein Bestes gab: „Ich muss schon sagen: phänomenal! Die Leute werden dich bewundern."

Frau Winkler hatte die Inszenierung der Ankunft beim *Edion* schon im Kopf: Die Familie würde in Höhe des Biergartens aus dem Automobil steigen und für einen langen Moment mindestens dreißig Augenpaare auf sich ziehen. Das anschließende Getuschel, ob nun von Neid oder Bewunderung bestimmt, war dann das Vorspiel für den Gang durch die Reihen: da ein kurzer Gruß, dort ein kurzes Pläuschchen bei all den Menschen, die quasi zum Adel der Stadt gehörten. Krönender Abschluss des Auftritts könnte dann das höchstpersönliche Erscheinen der Geschäftsführerin sein, die nach dem Wohlergehen und den Wünschen der neu angekommenen Gäste fragen würde.

Der Plan erfüllte sich bis ins letzte Detail und Frau Winkler konnte ihr Glück kaum fassen. Dass ihr Mann nicht so richtig bei der Sache war und seine Freundlichkeiten eher gequält absonderte, nahm sie billigend in Kauf. Schließlich war er in der Stadt bekannt als Langweiler, der die großen Auftritte mied wie der Teufel das Weihwasser. Aber da gab es schließlich zwei Kinder, die wirklich was hermachten und sich willig den Konventionen fügten.

Da der Biergarten sehr gut besucht war und sich kein freier Tisch mehr fand, war die Familie gezwungen, sich anzusetzen. Nachdem Frau Moser ein paar Stühle besorgt hatte, landete man bei dem Verleger des *Selber Tagblattes*,

Herrn Münch, der sich in Begleitung seiner Frau und seines Redakteurs Rüter befand.

„Beruflich anwesend?“, richtete sich Werner an seinen Freund.

„Irgendwie schon, man muss ja pressemäßig darauf hinweisen, dass der Striese hier eine Art Neuanfang wagt, aber über die Clowns habe ich ja schon …“ Er stockte. „Ach, da sind sie ja, die lieben Kleinen!“, stellte er schmunzelnd fest und deutete auf die kleine Prozession, die, von den Zirkuswagen kommend, durch den Biergarten zog. Es waren die Striese-Kinder, die, schon kostümiert, in Begleitung ihrer Eltern dem Hinterausgang des *Edion* zustrebten und dabei laut krakeelend ihre Späßchen machten. Wohl wollten sie die Gäste animieren, sich ihre Aufführung anzusehen.

Rüter blickte auf seine Taschenuhr. „In einer halben Stunde geht’s los. Tut ihr euch das noch mal an?“, fragte er Werner. Sein Freund nickte und wies darauf hin, dass sich die Eltern die kleinen Künstler nicht entgehen lassen wollten. Der Hinweis entsprach allerdings nicht ganz der Wahrheit, denn der Vater hätte gerne auf das Spektakel mit den kleinen Clowns verzichtet. Außerdem hatte er in Herrn Münch einen Gesprächspartner gefunden, mit dem es sich trefflich über die Politik streiten ließ.

Da breitete sich plötzlich an den Tischen in der Nähe des Zirkus Unruhe aus. Einige Gäste hatten sich erhoben und blickten gestikulierend in Richtung der Wagenburg. „Die übliche Schlägerei!“, vermutete Rüter.

Werner erhob sich und tat kund, dass er da mal nach dem Rechten sehen wolle. Als er sich dem Zaun genähert hatte, bemerkte er, dass zwischen den Wagen tatsächlich eine Rangelei im Gange war: Auf dem Boden lag rücklings ein junger Bursche, dessen Gesicht blutverschmiert war. Neben ihm kniete der ihm bekannte Maharero, den offensichtlich einige Männer mit Gewalt davon abhielten, weiter auf den Liegenden einzuschlagen.

Eine neben ihm stehende Frau ließ den Kommissär aufgeregt wissen, dass „dieser schwarze Kerl“ den armen Buben mit Sicherheit umgebracht hätte, wenn da nicht mutige Leute eingegriffen hätten. Werner überwand den Zaun und näherte sich dem Tatort. „Polizei! Was geht hier vor?“, ließ er sich energisch vernehmen. Einer der Männer, der dem am Boden liegenden Burschen zu Hilfe geeilt war, verwies auf Nothilfe und zeigte dabei auf Maharero: „Der häit den Moa derschloog'n.“

Werner war klar, dass er jetzt keine Fehler machen durfte. Schließlich stand er unter der Beobachtung vieler Menschen, darunter ein Oberamtsrichter, der zudem sein zukünftiger Schwiegervater war. Zunächst wies er die Helfer an, Abstand zu nehmen, dann wandte er sich dem Opfer zu. Der junge Mann hatte heftige Schläge ins Gesicht abbekommen, er blutete stark aus der Nase und hatte Schwierigkeiten beim Atmen. Als ihn der Kommissär ansprach: „Können Sie mich hören?“, empfing er nur ein Stöhnen, was darauf verwies, dass er scheinbar nicht bei vollem Bewusstsein war. Sein Entschluss stand fest: Der Mann musste sofort ins Krankenhaus eingeliefert werden. Er sprach einen der Nothelfer an, der ihm vom Äußeren her einen verlässlichen Eindruck machte, und beorderte ihn ins *Edion*: „Sie sorgen dafür, dass erstens die Sanitätskolonne unter der Nummer 227 alarmiert wird. Meldung: Schwer verletzte männliche Person beim *Edion*! Der zweite Anruf geht an die Polizei unter der

Nummer 111. Meldung: Der Kommissär benötigt Verstärkung beim *Edion*. Anfahrt mit Dienstwagen!“ Der Mann wollte sich schon auf den Weg machen, als ihn Werner aufforderte, die Anweisungen zu wiederholen. Mit der Wahl des Boten hatte er den richtigen Riecher gehabt, denn die Wiedergabe erfolgte in militärischer Präzision Wort für Wort und ohne irgendwelche Versprecher. Wenn der nicht gedient hat, fresse ich einen Besen!, dachte sich Werner.

Inzwischen hatte sich eine Frau eingefunden, die sich offensichtlich auf Krankenpflege verstand. Sie brachte das Opfer in eine stabile Seitenlage und kümmerte sich dann um die Verletzungen im Gesicht. Maharero hatte sich inzwischen erhoben und starrte teilnahmslos und mit hängenden Armen auf den Verletzten. Die anwesenden Männer hatten ihn zwar im Auge, aber niemand wagte es, ihn festzusetzen oder ihm gar Fesseln anzulegen. Ob das seiner imposanten Gestalt oder seinem ganz und gar nicht aggressiven Dreinschauen geschuldet war, wagte Werner nicht zu entscheiden. Vielleicht doch ein Wilder, der plötzlich wieder in den Rausch verfallen war, einen Menschen zu töten, ging es ihm durch den Kopf, oder gab es da einen Anlass, etwa eine Beleidigung oder Ähnliches? Er ging auf Maharero zu und nahm ihn einige Meter beiseite.

„Ihnen ist doch klar, dass ich Sie jetzt verhaften muss. Sie haben diesem jungen Mann erhebliche Verletzungen beigebracht, so dass er sofort ärztlicher Hilfe bedarf.“

Er bekam jedoch keine Antwort, der Täter stierte vor sich hin und zuckte nur mit den Schultern.

„Warum sprechen Sie nicht?“, wollte Werner wissen. Auch diese Frage blieb unbeantwortet. Da platzte dem

Kommissär der Kragen: „Verdammt, reden Sie schon! Es muss doch einen Grund für Ihr Verhalten geben!“

„Schon“, kam es jetzt zögerlich, „aber nicht dafür, dass ich den Mann fast erschlagen hätte.“

„Versteh ich nicht! Und wenn Sie nichts Weiteres zu Ihrer Entlastung beizutragen haben, dann nehme ich Sie jetzt vorläufig fest und der Staatsanwalt wird Sie dem Haftrichter zuführen. Ich kann mir vorstellen, dass er Ihnen schwere Köperverletzung, wenn nicht sogar versuchten Mord vorwirft. Ihnen droht also Untersuchungshaft. Ansonsten bleibt mir nur die Pflicht, darauf hinzuweisen, dass Sie sich an einen Anwalt wenden können.“

Maharero ergab sich schweigend seinem Schicksal. Werner hatte nun die kniffelige Aufgabe, sowohl den Täter in Schach zu halten als auch darauf zu achten, dass ihm die Zeugen nicht wegliefen, ohne vorher namentlich erfasst worden zu sein. Seine Hoffnung richtete sich also auf die Verstärkung aus Selb. Dabei spielte ihm sein Zeitgefühl einen bösen Streich: Die gerade mal knapp fünfzehn Minuten, die bis zum Eintreffen der Rettung und der Kollegen vergingen, waren ihm wie eine gefühlte Stunde vorgekommen und er hatte dem Entsatz für seine Trödelei schon die Pest an den Hals gewünscht.

Als der Rettungswagen längst wieder in Richtung Krankenhaus verschwunden war, konnte nun in aller Ruhe die Befragung der Zeugen abgewickelt werden. Auch dabei war für Werner immer wieder wichtig, die Frage zu stellen, ob man denn einen Grund für das aggressive Vorgehen Mahareros wahrgenommen habe. Er sah sich immer mit den gleichen Reaktionen konfrontiert: Schütteln mit dem Kopf, Zucken der Schultern oder die knappe Aussage „Naa, nix“.

Plötzlich stand Hanna neben ihm und ließ ihn wissen, dass sie schon gehört habe, was da passiert sei. „Die Leute haben ja wieder mal alles ganz genau gesehen“, schmunzelte sie, „die armen Kinder mussten schon eine Weile warten, bis sich das Gerede etwas beruhigt hatte.“

„Und? Wie sind sie angekommen?“, wollte Werner wissen.

„Das war ein großer Erfolg für sie. Ich kann mir vorstellen, dass man das noch mehrere Male wiederholen kann.“

„Wird schwer werden nach diesem Vorfall. Der Neuanfang Strieses ist ja nun mal kräftig in die Hose gegangen. Wer glaubt denn jetzt noch daran, dass der Maharero die Frau nicht umgebracht hat?“

„Und wie siehst du das?“

„Frag mich was Leichteres! Dieser Mann stellt mich trotz meiner langen Erfahrungen als Ermittler immer wieder vor neue Rätsel. Alles spricht gegen ihn, aber eine Stimme sagt mir, dass er’s nicht war und er auch gerade nicht grundlos gehandelt hat. Aber wir sprechen heute Abend über die Sache, wenn wir deine Eltern zu Hause abgeliefert haben.“

*****

In diesem anvisierten Gespräch kam dann die Rede auch auf Dr. Kaspari. „Ich denke doch, dass wir diesen Anwalt für die Verteidigung Mahareros gewinnen sollten“, meinte Hanna, „wenn den einer zum Sprechen bringen kann, dann ist es dieser Fuchs.“

„Sicher, auch ich halte große Stücke auf den Mann“, antwortete Carl, „hat er uns doch bei der Aufklärung des

Mordes an Rosa Messer in großartiger Weise unterstützt! Aber du weißt es“, fügte er an, „ich darf keinen Einfluss auf die Auswahl des Anwaltes nehmen.“

„Das lass mal meine Sorge sein!“, ließ ihn Hanna lachend wissen.

*****

Schon am Nachmittag des nächsten Tages erschien der Rechtsanwalt Dr. Kaspari bei Werner. Ihm sei zu Ohren gekommen, stellte er süffisant grinsend fest, dass ein „Mitbürger schwarzer Hautfarbe“ straffällig geworden und in Haft genommen worden sei.

„Noch hat er nicht nach einer anwaltlichen Unterstützung nachgesucht“, ließ ihn der Kommissär wissen.

„Derer er aber dringend bedarf.“

„Was Sie schon wieder alles wissen!“

„Ihnen sollte bekannt sein“, konterte Kaspari lächelnd, „dass es in dieser Stadt Menschen gibt, die sich, ausgestattet mit einem hervorragenden kriminalistischen Spürsinn, geradezu magisch von Verbrechen angezogen fühlen. Dass sie sich dann, das Eigenlob sei gestattet, an den besten Anwalt der Stadt wenden, halte ich für eine ausgezeichnete Idee.“

Wenn der so große Töne spuckt und sich noch über Hanna lustig macht, dachte Werner, dann kann wohl auch ich ihm eine Breitseite verpassen. „Letzteres könnte stimmen“, ging er den Anwalt lachend an, „wenn man den von Ihnen ins Spiel gebrachten Menschen folgt. Aber zum Lob kommt dann leider auch immer die Klage, dass Sie sich vom Äußeren her doch sehr mit Ihren kriminellen Klienten gemein machen.“ Mit dieser letzten

Feststellung hatte sich Werner eine Anspielung auf die Haartracht des Anwalts erlaubt, denn dessen mächtigen Schädel zierten nur noch wenige schwarze Strähnen, die, versehen mit reichlich Pomade, nach hinten gekämmt waren. Außerdem zog sich über die Oberlippe ein schmaler Schnauzer, der wie aufgemalt wirkte. – Eben Attribute, die man gemeinhin mit einem Ganoven in Verbindung bringt.

„Respekt, Herr Kommissär! Die meisten meiner Bekannten denken wie Sie, aber keiner wagt es offen anzusprechen", stellte er schmunzelnd fest. „Das spricht für Ihre Offenheit. Und deshalb verrate ich Ihnen auch, warum ich mich so verunziere: Sie haben den Ganoven bemüht, ich sehe mich dann doch eher in einer gewissen Ähnlichkeit mit dem jüdischen Blutsauger, wie ihn der Karikaturist darstellt. Sie glauben gar nicht, wie einfach es für mich ist, zwischen Freund und Feind zu unterscheiden."

„… was man sich allerdings nur leisten sollte", stellte Werner fest, „wenn man wirklich ein verdammt guter Anwalt ist."

„… und das meine Feinde auch so sehen", vollendete sein Gegenüber, der nun auf einen Polizisten blickte, der dieser Argumentation nicht so recht folgen wollte. „Ich glaube zu sehen, dass Sie mich für verrückt halten", meinte Kaspari, „deshalb komme ich zur ganzen Wahrheit: Als ich, rein körperlich gesehen, noch über ein leidliches Aussehen verfügte, war mein Idol der französische Filmstar Jean Dujardin und ich wollte aussehen wie er. Geblieben ist mir das Menjou-Bärtchen, die schwarze Haarpracht ist leider entschwunden. Sehen Sie also in mir einen Phlegmatiker, der auf Beharren setzt."

„Mit Verlaub“, widersprach Werner breit lächelnd, „diesem Typus scheinen Sie mir nicht zu entsprechen. Eher sehe ich in Ihnen den schlauen Fuchs, der seine Mitmenschen gerne aufs Glatteis führt. Doch genug der Erheiterung!“, fuhr er fort. „Ich führe Sie jetzt zu dem Täter und Sie bringen ihn zum Reden.“

*****

Auf dem Rückweg von der Zelle sprach Werner im Wachraum seinen Vertreter Müller an: „Nun zu Ihren Recherchen im Mordfall Mäder! Gibt es da was Verwertbares?“

Der Kollege, den er damit beauftragt hatte, das Umfeld des Opfers auszuforschen, bemühte seinen Notizblock und verwies zunächst auf eine ganze Reihe von Männern, mit denen sie eine Beziehung unterhalten hatte.

„Erstaunlicher Männerverschleiß!“, reagierte der Kommissär grinsend. „Müssen wir uns die alle vornehmen?“

„Mal sehen“, meinte Müller, „den einen hier“, er deutete auf seinen Zettel, „sollten wir zunächst mal genauer unter die Lupe nehmen. Er wird übereinstimmend als ihr letzter Liebhaber bezeichnet. Name: Adolf Kaiser, wohnhaft im Badershof und beschäftigt als Heizer bei der Firma Heinrich. Vierundzwanzig Jahre alt, unverheiratet. Er wird als unzuverlässiger Arbeiter beschrieben, der zu Jähzorn neigt und gerne Streit sucht, wenn er einen über den Durst getrunken hat. Mit ihm ist die Mäder in den letzten Monaten immer mal wieder in verschiedenen Schankwirtschaften aufgetaucht und es wird berichtet, dass sie sich häufig gestritten haben. Ihre Schwester, bei der sie ja gewohnt hat, hat mir berichtet, dass er sie gelegentlich geschlagen hat und auch entsprechende Spuren bei ihr zu sehen waren."

„Das ist doch was!", reagierte Werner erfreut. „Den Mann sehen wir uns mal genauer an. Laden Sie ihn heute noch vor und sagen Sie mir Bescheid, wenn er hier auftaucht!"

Wenig später erschien der Anwalt wieder in seinem Büro. „Ein interessanter Mann, Ihr Herr Maharero!", eröffnete er das Gespräch. „Erst wollte er nicht reden, aber als ich ihm die Perspektive einer langen Haft eröffnet habe, konnte ich ihm dann doch einiges aus der Nase ziehen: Natürlich hatte er einen Grund, gegen den Mann vorzugehen, denn der hat versucht, sich an Sofia Radu ranzumachen, die auch zu dem Zirkus gehört. Was er dann gemacht hat, beschreibt er als eine Art Kontrollverlust, für den es, wie er sagt, keine Entschuldigung gibt. Aber aus meiner Sicht hatte er doch einen Grund: Entweder liebt er die Frau oder er sieht sich als ihr Beschützer. Dass da eine gefühlsmäßige Bindung besteht, war ihm ganz deutlich anzumerken."

„Eigentlich ein Ehrenmann!", stellte Werner fest. „Sucht nicht nach Ausflüchten und bettelt regelrecht um eine Strafe."

„Ist mir so auch noch nicht untergekommen", meinte Kaspari, um dann seine anwaltliche Strategie zu entwickeln: „Letztlich entscheidet die Dame, wie das Spiel ausgeht. Wenn sie aussagt, dass sie belästigt worden ist, dann kommt der Maharero mit einem blauen Auge davon, vorbehaltlich der Tatsache, dass er seinen Kontrahenten nicht allzu stark beschädigt hat und der unter Umständen auf eine Anzeige verzichtet."

„Möglich, aber vergessen wir nicht den Staatsanwalt, der hat schließlich auch ein Wörtchen mitzureden!"

„Ich bitte Sie, Herr Kommissär, unterschätzen Sie nicht Ihre Möglichkeiten!"

„Schön und gut, aber …" Werner wirkte jetzt ziemlich ratlos. „… ich habe noch ein ganz anderes Problem, das mir schwer auf dem Magen liegt."

„Das wäre?"

„Ihnen ist doch sicherlich bekannt, dass Maharero im Verdacht steht, die Mäder umgebracht zu haben."

Jetzt wurde der Anwalt fuchtig: „Verdammt noch mal, dann weisen Sie ihm das nach. Sie sind doch wahrlich kein Anfänger mehr!"

„Wenn's so einfach wäre! Der Mann hat ein Alibi. Es sind eigentlich nur ein paar Ungereimtheiten, die mir keine Ruhe lassen: Er hantiert beruflich mit Messern, er hatte nachweislich mehrere Kontakte zu der Ermordeten und das Alibi hat nicht er, sondern diese Radu präsentiert. Und wenn ich diesen Ausbruch an Gewalt beim *Edion* betrachte, werde ich das Gefühl nicht los, dass in dem ein Potential schlummern könnte, das, wie soll ich sagen, auch eine Bluttat möglich macht."

„Nachtigall, ick hör dir trapsen!", grinste Kaspari spöttisch. „Ein ursprünglich aus Afrika stammender Mann trägt in sich eine dem Blut geschuldete Wildheit, die zwar gedeckelt erscheint, aber immer wieder hervorbrechen kann. Wollten Sie mir das sagen?"

„Nein!", widersprach Werner energisch. „Ich bin kein Rassist. Aber ich weiß aus beruflicher Erfahrung, dass in jedem Menschen, verborgen im Unterbewussten, Wünsche oder Anlagen vorhanden sein können, von denen er selbst und auch Außenstehende nichts ahnen."

„Geschenkt! So etwas kann vielleicht ein Psychiater ans Tageslicht befördern, wenn eine Tat bewiesen ist. Machen Sie erst mal Ihre Ermittlungsarbeit und halten Sie sich fern von solchen Spekulationen!"

So gescholten, kam sich Werner wie ein ertappter Sünder vor. Du Idiot, dachte er, du präsentierst dich dem Fettsack gegenüber als blutiger Anfänger. Umso mehr erstaunte ihn, dass die Mimik des Anwaltes nicht auf Überheblichkeit verwies, fast schon erschien es Werner, als bedauere er, ihn, den Polizisten, so hart angegangen zu sein. Eigentlich ein netter Kerl, der eine gute Klinge schlägt und Humor hat, ging es ihm durch den Kopf, der will mir ganz sicher nicht ans Bein pinkeln.

„Gut, Lektion verstanden!", grinste er etwas verschämt. „Dann schlage ich vor, Sie regeln die Sache beim *Edion*, wie besprochen, und ich kläre meinen Mord auf."

Papa Gnadenlos

Adolf Kaiser gehörte zu den jungen Menschen, die gerne als „feine Früchtchen“ bezeichnet werden, weil sie Verhaltensweisen an den Tag legen, die nicht als gesellschaftsfähig gelten. Obwohl klein und schmal gewachsen, trat er auf wie ein Preisboxer, für den Angst, aber auch Respekt ein Fremdwort war. Zum Sitzen aufgefordert, lümmelte er sich breitbeinig auf den Stuhl und musterte dann die beiden Polizisten mit einem frechen Grinsen. Ihr beiden Hampelmänner könnt mir gar nichts, mochte er sich denken.

Mit einem Kopfnicken ermunterte Werner seinen Kollegen Müller, mit der Befragung zu beginnen. Der klärte Kaiser zunächst einmal darüber auf, dass er als Zeuge gehört werden solle.

Das sei ihm egal, bekam der Inspektor zu hören.

Die Fragen, die Müller dann stellte, entsprachen der Routine: Er wollte zum Beispiel wissen, ob es eine Beziehung zu der Getöteten gegeben habe und wo er sich zur Tatzeit aufgehalten habe.

Was die Frau anging, so zeigte sich Kaiser völlig empathielos: Er verlor kein bedauerndes Wort über ihren Tod, stellte aber fest, dass ihm die „dumme Kuh“ immerzu nachgelaufen sei, obwohl er kein Interesse an ihr gezeigt habe. Mit stolzgeschwellter Brust verwies er darauf, dass er ein begehrter Mann sei, der über all die

Frauen verfügen könne, die seinem Geschmack entsprächen. Er räumte allerdings ein, dass er sich an dem besagten Sonntag auf dem Goldberg aufgehalten habe, aber der Mäder aus dem Weg gegangen sei.

So kommt der nicht weiter mit dem Burschen!, dachte Werner. Ihm war klar, dass ein Erfolg nur mit einem überraschenden Vorstoß zu erzielen sei. Dazu bedurfte es aber Fakten, über die nur der Täter, aber nicht er selbst verfügte. Da Kaiser als Zeuge gehört und nicht als mutmaßlicher Täter vernommen wurde, konnte er sich also eines schmutzigen Tricks bedienen, zumal kein Protokoll geführt wurde und auch kein Rechtsanwalt anwesend war.

„Herr Kaiser“, wandte er sich an den jungen Mann, „wir gehen davon aus, dass Sie mit Frau Mäder sexuell verkehrt haben.“

Er empfing einen verständnislosen Blick.

Müller reagierte sofort: „… das’d se kachelt houst!“, übersetzte er.

Tatsächlich tappte Kaiser in die Falle. Schließlich wollte sich der selbsternannte Frauenheld nicht nachsagen lassen, er habe da irgendetwas ausgelassen.

„Scho!“, räumte er ein, ohne zu zögern.

Dann zum nächsten Schritt, spekulierte Werner weiter: „Die Frau beichtet Ihnen, dass sie schwanger ist, und zwar von Ihnen.“

Jetzt fand die Gelassenheit des Mannes ihr Ende. Er kochte vor Wut, sein Gesicht rötete sich und er fand deftige Worte: Dieses verfluchte Hurenweib habe ihm hoch und heilig versichert, dass nichts passieren könne, „wenn iich se kachelt ho“.

„Sie wissen, wie es weitergegangen wäre", legte der Kommissär nach: „Vaterschaftsklage, Zahlung von Alimenten und der beschädigte Ruf, sich mit einer geistig behinderten Frau eingelassen zu haben. Das will doch keiner!"

„Naa, niat wierkli!", bestätigte Kaiser, jetzt eher erleichtert, denn er sah sich auf der sicheren Seite, weil die Frau ja nicht mehr lebte. Das „Zum Glück!" verschwieg er, obwohl es ihm anzusehen war.

Warum ist mir das nicht eingefallen?, dachte sich Müller und spendete dem Vorgesetzten einen Blick der Bewunderung, denn nun gab es ein handfestes Motiv, was aus seiner Sicht quasi schon die „halbe Miete" war.

Werner wandelte weiter auf dünnem Eis und ging einen Schritt weiter: „Ich bin überzeugt, dass Sie die frohe Botschaft, Vater zu werden, nur wenige Stunden vor dem Tod Ihrer Geliebten erfahren haben."

Kaiser überlegte und widersprach dann nicht etwa empört, sondern eher korrigierend: „Naa, des wor scho äihera!" Die Informationen, über die der Kommissär offensichtlich verfügte, hatten ihn verblüfft und er bemühte sich jetzt um anerkennendes Verständnis: Er habe sie damals gefragt, ob das mit der Schwangerschaft sicher sei. Ziemlich sicher, habe sie geantwortet und dann tatsächlich gefragt, ob er sie heiraten werde. Diese Frage schien er schon damals als Zumutung empfunden zu haben, denn er verkündete lachend, dass er den „Trampel" niemals geehelicht hätte.

„Aber um den Alimenten zu entgehen, haben Sie die Frau umgebracht", schloss Werner kühl.

Kaiser schien nun zu dämmern, dass ihn der Polizist in eine brenzlige Lage gebracht hatte. Er wurde kreidebleich und seine Hände begannen zu zittern. Während er um Worte rang, rollten Tränen über seine Wangen und er beteuerte schließlich seine Unschuld: „Naa, des … iich wor des niat! Glaam'S mer dees!“

Der erfahrene Ermittler war weit davon entfernt, die Befragung als Erfolg zu sehen. Er fühlte sich gar nicht wohl in seiner Haut, denn er hatte mit gezinkten Karten gespielt. Wohl auch deshalb verzichtete er auf den nächsten Schritt, den jungen Mann zu einem Geständnis zu bewegen, obwohl ihm seine Erfahrung sagte, dass dieser Blender, schon einmal in die Enge getrieben, über kurz oder lang zusammenbrechen würde und die Tat gestand, denn jeder schwache Charakter kommt irgendwann an den Punkt, wo er ständiges Insistieren nicht mehr aushalten kann und seine Ruhe haben will.

„Ich muss Ihnen mitteilen“, wandte er sich an den jungen Mann, „dass Sie ab sofort als Beschuldigter gelten und wir Sie hierbehalten werden. Sie haben das Recht, sofort zu einem Anwalt Kontakt aufzunehmen.“ Dann wandte er sich an Müller: „Abführen!“

Kaiser verstand die Welt nicht mehr, sein Einwand beschränkte sich auf ein staunendes „Ower!“ und dann trottete er neben Müller mit gesenktem Kopf in Richtung Zelle.

Sein Kollege wollte nach seiner Rückkehr nicht einsehen, dass der Vorgesetzte es versäumt hatte, dem Mann ein Geständnis abzuringen: „Warum haben Sie den nicht …?“

„Ich verstehe“, unterbrach Werner den Einwand, „aber was hätten wir gewonnen? Ich sag's Ihnen: ein Geständnis, das er auf Anraten eines Anwalts, der ihm jetzt zusteht, sofort widerrufen würde. Am Ende wird uns noch vorgeworfen, dass wir uns unredlicher Verhörmethoden bedient hätten. Wir haben jetzt ein veritables Motiv, aber uns fehlen noch die Indizien, die letztendlich auch den Haftrichter respektive das Gericht überzeugen."

Müller zeigte sich einsichtig und verwies auf die Konsequenz: „Das heißt dann wohl, dass in den nächsten vierundzwanzig Stunden eine Menge Arbeit auf uns wartet."

Werner nickte: „Richtig! Sämtliche Kleidungsstücke Kaisers müssen auf Abwehrspuren untersucht werden. Da könnte uns zum Beispiel schon ein fehlender Knopf eine große Hilfe sein. Und dann brauchen wir Zeugen, die ihn an diesem Sonntag in den Abendstunden auf dem Goldberg gesehen haben: Ist er der Mäder tatsächlich aus dem Weg gegangen oder hatte er irgendwelche Kontakte zu ihr?"

Wieder alleine in seiner Amtsstube, setzte sich Werner zunächst einmal mit seinem Bauchgefühl auseinander, das jeder erfahrene Ermittler im Lauf der Jahre entwickelt. Dabei entscheiden bei einer Befragung oder einem Verhör oft schon kleinste Details die Frage, ob ein Verdächtigter auch Täter ist. Das können Blicke, Handbewegungen oder auch die Veränderung der Stimmlage sein. Nun war Werner allerdings ein gebranntes Kind: Im Fall Maharero hatte ihn dieses Gefühl letztlich im Stich gelassen, weil der Mann ihm durchaus das Wasser reichen konnte und sich keine Blößen gab. Gut, das kann ich als Ausnahme verbuchen, dachte er, Kaiser dagegen ließ sich lesen wie ein Buch und stolperte frohen Mutes ins Verderben. Eigentlich musste er doch damit rechnen, dass irgendwann der Tatvorwurf zur Sprache kommt, aber er hat zu keinem Zeitpunkt auch nur den geringsten Eindruck erweckt, er habe sich auf diesen Augenblick vorbereitet. Diese Feststellung ließ Werner daran zweifeln, einen Täter vor sich gehabt zu haben.

*****

Am nächsten Vormittag war es an der Zeit, dem Staatsanwalt die aktuellen Ermittlungsergebnisse vorzutragen. Die telefonische Bitte um einen Termin wurde prompt erfüllt und so machte sich Werner auf den Weg zum Büro Dr. Bleibtreus, wo er freundlich empfangen wurde. Der schon in die Jahre gekommene Mann war von schmächtiger Gestalt, den weitgehend kahlen Kopf hatte er mit den lang gewachsenen Resthaaren kaschiert. Wäre Werner gefragt worden, wie denn der neue Staatsanwalt so aussehe, hätte er wahrscheinlich ein bisschen ratlos mit „eher klein und unauffällig“ geantwortet, denn Unscheinbarkeit lässt sich eben nur vage beschreiben.

Dr. Bleibtreu erkundigte sich zunächst nach den Erfahrungen, die Werner bisher in Selb gemacht hatte. Dabei wurde klar, dass er sich intensiv mit dem Werdegang des Kommissärs beschäftigt hatte. Natürlich ging er auch auf die Zerschlagung des Waffenhändlerrings ein und sparte in diesem Zusammenhang nicht mit Lob: „Ich habe in der Presse verfolgt, mit welcher Raffinesse Sie diesen Fall zu einem großen Ermittlungserfolg geführt haben.“

Den bescheiden vorgebrachten Einwand, dazu hätte natürlich auch eine Reihe anderer, sehr engagierter Personen beigetragen, wischte Bleibtreu mit einer Handbewegung beiseite und setzte noch eine Streicheleinheit drauf: „Stellen Sie Ihr Licht nicht unter den Scheffel. Ich will Ihnen mal ein Geheimnis verraten: Nicht zuletzt Ihre Person hat mich dazu bewegt, meine Zelte hier in Selb aufzuschlagen, denn, seien wir mal ehrlich, wo findet man heute noch den Leiter einer Schutzmannschaft, der wirklich sein Fach beherrscht und der Staatsanwaltschaft hervorragend zuarbeitet. Um es an dieser Stelle in aller Deutlichkeit zu sagen: Ich freue mich auf die Zusammenarbeit mit Ihnen."

Vielleicht doch ein bisschen dick aufgetragen, verehrter Herr Doktor, ging es Werner durch den Kopf, wenn ein Mann in Ihrem Alter noch an das Amtsgericht einer Kleinstadt versetzt wird, hat er in der Regel nicht mehr die große Auswahl.

„Nun denn, kommen wir zur Sache!", fuhr Bleibtreu fort. „Sie haben angekündigt, dass es Neuigkeiten in unserem Mordfall gibt."

Er hörte Werners Bericht geduldig zu und machte sich ab und an Notizen. Als der Kommissär geendet hatte, ging er zunächst in sich, indem er die Arme auf der Stuhllehne abstützte, dann die zusammengefalteten Hände vor das Gesicht legte und scheinbar mit der Zunge an den Fingern leckte. „Also", begann er mit einem Lächeln, das er eigentlich die ganze Zeit über im Gesicht hatte, „stellen wir den Maharero erst einmal hintenan und wenden uns dem jungen Mann zu: Ich denke, Sie haben alles richtig gemacht. Aber beim jetzigen Stand halte ich die Beantragung eines Haftbefehls für verfrüht. Zunächst bezweifle ich, dass der Haftrichter zustimmt, weil wir zu wenig in der Hand haben. Und außerdem möchte ich vermeiden, dass der Mann ins Hofer Gefängnis eingeliefert wird."

„Entschuldigen Sie!“, wandte Werner ein. „Dort wird er ohnehin in Untersuchungshaft landen, wenn wir ihn überführt haben.“

Jetzt zeigte sich in Bleibtreus Gesicht eine geradezu jugendliche Verschmitztheit und er stellte fest, der Unterschied sei nur der, dass dann der Mord schon aufgeklärt sei, allerdings von Selber Seite. „Verstehen Sie, das muss absolut wasserdicht sein, wenn der in Hof landet. Stellen Sie sich mal vor, was geschieht, wenn wir da was übersehen haben oder es zum Widerruf des Geständnisses kommt!“

„Mit solchen Unwägbarkeiten müssen wir bei jedem Verfahren rechnen“, entgegnete Werner.

„Sie wollen mich einfach nicht verstehen!“, reagierte der Staatsanwalt ärgerlich. „Wenn da irgendwelche Zweifel auftauchen, zieht doch der Oberstaatsanwalt am Hofer Landgericht den Fall sofort an sich und wir, die eigentlich die Vorarbeit geleistet haben, sind die Gelackmeierten.“

Wer so argumentiert, muss eigentlich ein gestörtes Verhältnis zur übergeordneten Instanz haben, dachte sich Werner, und das könnte davon herrühren, dass man den Mann in den letzten Jahren von einem Amtsgericht an das andere verschoben hat. Jetzt will er offensichtlich zeigen, dass mehr in ihm steckt, als man ihm bisher zugetraut hat. Am Ende macht er sich sogar die Hoffnung, am Landgericht als Vertreter der Anklage auftreten zu dürfen.

Obwohl er mit diesen Gedanken dem Mann die geradezu pathologische Angst des ewigen Versagers unterstellte, kam ihm dessen Vorschlag, vorläufig auf einen Haftbefehl zu verzichten, sehr zu passe, denn noch war er nicht von der Schuld Kaisers überzeugt und es mussten

Schritte eingeleitet werden, um handfeste Beweise zu sichern. Aber dazu fehlte eigentlich die Zeit, weil Kaiser schon am nächsten Tag dem Haftrichter zugeführt werden musste.

Genau diesen Druck hatte Bleibtreu in sein Kalkül einbezogen, denn er schlug vor, Kaiser wieder auf freien Fuß zu lassen. „Dann“, so folgerte er, „haben wir alle Zeit der Welt, dem Mann die Tat absolut sicher nachzuweisen.“

Warum der Staatsanwalt jetzt kein Interesse mehr daran hatte, über Maharero zu sprechen, konnte Werner nur vermuten: Der Mann hatte sich in „seinen Fall“ verbissen und war nicht bereit, einer anderen Spur zu folgen.

****

Noch am gleichen Abend weilten die beiden Verlobten bei Hannas Eltern, um gemeinsam das Abendessen einzunehmen. Anlässlich solcher Treffen achtete der Oberamtsrichter streng darauf, dass aktuelle Fälle und überhaupt Dienstliches nicht zu Gesprächsthemen wurden. Aber an diesem Abend konnte er es sich nicht verkneifen, seinen zukünftigen Schwiegersohn zu fragen, wie er denn mit dem neuen Staatsanwalt zurechtkomme. Die Angelegenheit kam allerdings erst zur Sprache, als Ehefrau und Tochter in der Küche weilten, denn er war nicht bereit, ihnen absolute Verschwiegenheit zuzutrauen.

„Ich kann nicht klagen“, antwortete Werner, der natürlich wusste, dass der aktuelle Fall nicht zur Sprache kommen sollte, „im Moment überrascht er mich mit sehr konstruktiven Gedanken, was ihn allerdings nicht davon abhält, mich auch mit irgendwelchem Kleinkram zu belästigen: So hat er mir in der letzten Woche eine Reihe von Anzeigen vorgelegt, die meine Beamten erstellt hatten, und sich dann beklagt, dass er dabei kein einziges fehlerfreies Schriftstück zu Gesicht bekommen habe. ‚Ist Ihnen das nicht entgangen?‘, hat er mich, verdrießlich dreinblickend, gefragt. Der Mann glaubt doch tatsächlich, dass ich Rechtschreib- und Grammatikfehler in den Anzeigen anstreiche wie ein Lehrer!“, empörte sich Werner, um dann weiter zu berichten: „Ich habe ihm dann erklärt, dass die Leute zum großen Teil aus einfachen Verhältnissen stammen und im Dialekt aufgewachsen sind und es mir wichtiger erscheint, dass der Sachverhalt klar und deutlich zu Tage tritt. Das hat er dann auch eingesehen, aber er war doch irgendwie beleidigt und hat sich geradezu als Schöngeist präsentiert, der oberflächliches Denken und Schreiben nicht ertragen kann.“

Winkler zeigte sich amüsiert und beugte sich nach vorne, als gelte es, ein Geheimnis preiszugeben. „Jetzt erzähle ich dir mal, warum der Mann immer wieder versetzt worden ist und sich am Ende den Spitznamen ‚Papa Gnadenlos‘ eingehandelt hat: Der hat doch tatsächlich in nicht wenigen Verfahren auf erheblich höhere Strafen plädiert, als vom Gesetz her vorgegeben sind. Und er hat sich dabei immer als der sorgende Vater präsentiert, der dem oder der Angeklagten mit harter Hand den rechten Weg weisen will. Damit hat er sich auch einen Teil seines Spitznamens, nämlich ‚Papa‘, eingehandelt.“

„Aber man legt doch auf vorgesetzter Seite großen Wert auf ‚harte Hunde‘“, gab Werner zu bedenken.

„Schon“, räumte Winkler ein, „aber ein Staatsanwalt, der über den Rahmen hinaus plädiert und dann noch, wenn das Urteil milder ausfällt, in Berufung geht, wird irgendwann auch für die zuständigen Oberstaatsanwälte zum Ärgernis. Schließlich überfordert er mit seinen Berufungen die ohnehin überlasteten Gerichte."

„Verstehe ich nicht!", reagierte Werner verblüfft.

„Das versteht eigentlich niemand", gab ihm Winkler zur Antwort, „auch nicht die zuständigen Vorgesetzten, die sein Wirken beurteilen. Und damit ist der Grund für seine häufigen Versetzungen geliefert. Was seine Motive angeht, kann ich nur spekulieren. Und du hast ja schon ein solches angesprochen: Der Mann hat offensichtlich einen Ordnungsfimmel, er sieht sich als Erzieher, der seine Ziele mit gnadenloser Härte erreichen will. Dabei setzt sich doch auch in der Jurisprudenz inzwischen die Einsicht durch, dass vor allem lange Haftstrafen keinen Menschen besser machen."

„Gibt es denn da keine Ehefrau, die mit ihm Tacheles redet und ihm karrieremäßig auf die Sprünge hilft?", wollte Werner wissen.

„Das fragt man sich schon bei solchen Nieten", antwortete Winkler. „Aber mir ist nichts bekannt von einer Frau Doktor Bleibtreu."

*****

„Das Theatron Berolina bringt am Samstag, dem 17. September, im Katholischen Jugendheim das Lustspiel ‚Pension Schöller' zur Aufführung", war im *Selber Tagblatt* zu lesen. Redakteur Rüter lobte die Auswahl: „Man wird sich auf ein Stück freuen dürfen, das mit Sicherheit dem Geschmack des Selber Publikums entspricht, denn in hervorragender Weise verbindet das Lustspiel tiefsinnigen

Humor mit rasanter Situationskomik." Es folgte die obligatorische Inhaltsangabe: „Der Gutsbesitzer Klapproth möchte zu gerne einmal von seinem Neffen Alfred eine Irrenanstalt von innen gezeigt bekommen und echte Irre erleben. Alfreds Freund Ernst Kissling empfiehlt ihm, seinem Onkel doch die Pension Schöller zu zeigen, deren Gäste ziemlich exzentrisch seien. Gutsbesitzer Klapproth, der die Gäste wirklich für Irre hält, amüsiert sich prächtig. Die Situation eskaliert allerdings, als Klapproth, zurückgekehrt auf sein Gut, von diesen vermeintlichen Irren besucht wird."

Beim abendlichen Zusammentreffen der Verlobten brachte Carl zunächst den Zeitungsbericht ins Spiel: „Hast du's gelesen, das mit der Aufführung?"

Er empfing zunächst nur ein Schulterzucken, überhaupt schien Hanna anderes im Sinn zu haben, als über die Aufführung zu reden. Aber sie ging dann doch auf die Frage ein: „Ich hab's registriert und frage mich, wer auf diese Klamotte gekommen ist."

„Du kennst das Stück?", fragte Carl.

„Ja, von Erlangen her, das ist eins dieser seichten Lustspiele, wo's im Wesentlichen darum geht, sich über mehr oder weniger behinderte Menschen lustig zu machen. Schleierhaft ist mir allerdings, wie der Striese das Stück mit seiner kleinen Truppe besetzen will. Wenn ich mich recht erinnere, sind da mindestens zwölf Rollen zu besetzen. Am Ende werden es wieder die Kinder sein, die regelrecht verheizt werden."

Als hätte er auf das Stichwort gewartet, ergriff Carl das Wort: „Apropos Kinder! Bei mir haben sich Leute darüber beschwert, dass Strieses Sprösslinge in der Innenstadt immer wieder mit ihrer Bettelei auffallen. Sie führen dabei einen Papagei mit sich, der sprechen kann und zum Teil auch einigen Schweinkram von sich gibt, wie zum Beispiel ‚du olle Pottsau!‘. Ich werde da mal gleich morgen ein ernstes Wort mit dem Vater reden: Das muss unbedingt ein Ende haben!“

Hanna war jetzt deutlich anzusehen, dass ihr etwas auf der Seele brannte, was sie unbedingt loswerden wollte: „Du wirst ihn auch wegen einer anderen Sache ins Gebet nehmen müssen!“, ging sie ihren Verlobten mit einem trotzigen Unterton an.

„Jetzt rede schon! Was meinst du?“

Mit Tränen in den Augen konfrontierte sie Carl mit einem Verdacht: „Ich gehe davon aus, dass der Kerl seine Kinder misshandelt!“

„Wie kommst du zu dieser Annahme?“

Hanna nahm ein Taschentuch zur Hand, wischte sich über die Augen und schnäuzte sich, dann lieferte sie mit monotoner Stimme ihren Bericht: „Die Ferien sind vorüber und die beiden Jüngsten sitzen doch jetzt bei mir im Unterricht, weil die Familie in Selb gemeldet ist. Wie erwartet, sind beide hochmotiviert und erbringen wirklich hervorragende Leistungen, aber es gibt Anzeichen, dass den Kindern Gewalt widerfährt. Da geht es nicht um die Ohrfeige oder ums Versohlen des Hinterns, was man ja leider den Eltern zugestehen muss. Die ganz Kleine hatte vorgestern stark geschwollene und aufgeplatzte Lippen. Als ich sie mir mal alleine vorgenommen habe, kamen da Striemen auf dem Rücken zum Vorschein, die nur von einer Peitsche stammen können. Ich habe sie gefragt, wer ihr das angetan hat, aber sie wurde bockig und hat eisern geschwiegen. Jetzt bist du dran: Was soll ich machen?“

„Da kommt mir als Polizist nur das Strafgesetzbuch in den Sinn, wo es heißt, dass es Eltern erlaubt ist, ihre Kinder körperlich zu bestrafen. Dennoch sind quälerische, gesundheitsschädliche oder demütigende Züchtigungen verboten. Und jetzt kommt Dehnbares, was es mir schwer macht, dir einen Rat zu erteilen: Es sind immer der konkrete Anlass, das Alter und die körperliche Verfassung des Kindes zu berücksichtigen. Meine Empfehlung: Gespräch mit der Mutter, und wenn das nicht fruchtet, Einschaltung des Jugendamtes! Den Vater ins Gebet zu nehmen, halte ich im Moment nicht für ratsam. Wenn er denn der Täter ist, wird er das rundherum abstreiten. Wie kommst du überhaupt zu dem Schluss, dass er …?"

Hanna unterbrach ihn gereizt: „Carl, ich kenne die Mutter, die tut so etwas nicht!"

„Dann weiß ich auch nicht so recht, was ich da …"

„Ich stelle fest, der Amtsschimmel hat gewiehert und ist ansonsten ratlos!", ging ihn Hanna wütend an. „Carl, du musst mir helfen, und zwar gleich! Verhafte den Mann! Wenn du einen Grund brauchst, greifst du auf meine Anzeige zurück, die ich hier und jetzt in aller Form tätige."

Zu gut kannte Carl seine Hanna: Wenn er jetzt nicht entsprechend handelte, würde ihm seine Verlobte die Hölle heiß machen.

*****

Am nächsten Vormittag machte sich Werner mit dem *Opel* auf den Weg zum *Edion*. Noch war ihm nicht klar, wie er eigentlich vorgehen sollte, denn die Mission war absolutes Neuland für ihn. Als Zeugen standen voraussichtlich nur die Ehefrau und die geschädigten Kinder zur Verfügung. Wenn die schwiegen, blieb ihm eigentlich nichts anderes übrig, als die vermuteten Opfer in Augenschein zu nehmen, und zwar weitgehend unbekleidet. Durfte er das eigentlich? Musste er eventuell einen Arzt hinzuziehen? War da am Ende nicht sogar die Zuständigkeit des Staatsanwaltes zu beachten? – Alles Fragen, für die er keine Antworten fand. Wie sollte er auch? Während seiner gesamten Dienstzeit hatte elterliche Gewalt gegen Kinder nie eine Rolle gespielt. Für Werner ging das eigentlich in Ordnung: Die körperliche Züchtigung des heranwachsenden Nachwuchses war nun mal ein legales und auch anerkanntes Mittel der Erziehung. Noch gut konnte er sich an seine Mutter erinnern, die bevorzugt den Handfeger einsetzte, um ihm den Hintern zu versohlen, wenn er etwas ausgefressen hatte. Geschadet hatte ihm das nicht, im Gegenteil: Die gerechte Strafe entlastete, vergleichbar der Beichte, sein schlechtes Gewissen und für beide Seiten war die Sache erledigt.

Er hatte also durchaus Verständnis für das Recht der Eltern und wollte sich auf keinen Fall als williger Erfüllungsgehilfe seiner Verlobten sehen. Aber die hatte nun mal auf die verbotene Misshandlung von Kindern hingewiesen und da musste er von Amts wegen einschreiten, obwohl das für ihn Neuland war.

Werner fühlte sich also gar nicht wohl in seiner Haut, als er auf den Wohnwagen der Strieses zuging. Sein Plan war denkbar einfach: Er würde den Mann mit dem Vorwurf konfrontieren und dann sehen, wie sich die Dinge entwickelten.

Er klopfte und bat das Familienoberhaupt nach draußen und eröffnete ihm mit freundlicher Zurückhaltung, dass gegen ihn leider eine Anzeige vorliege. Der Wanderkünstler gab sich entnervt und schlüpfte in die Rolle des Sündenbocks, der immer im Verdacht steht, der Dieb zu sein: „Geht's mal wieder um das siebte Gebot?" Mit einer ausladenden Handbewegung wies er auf seinen Fuhrpark und forderte Werner auf: „Machen Sie sich auf die Suche! Finden werden Sie nichts, mal abgesehen von unseren monetären Reserven, die sich gerade mal auf knapp fünfzehn Reichsmark belaufen." Dann brachte er mit großer Geste sein reines Gewissen ins Spiel: „Selig sind, die Verfolgung leiden um der Gerechtigkeit willen, denn ihrer ist das Himmelreich."

Werner war diese Textstelle aus Kienzels „Evangelimann" bekannt und er antwortete schmunzelnd: „Ich will Ihrer Seligsprechung nicht im Weg stehen, aber ich habe gewisse Vorbehalte, wenn Ihre Kinder diese ins Spiel gebrachten Reserven mittels Bettelei mehren. Leider muss ich Sie darauf aufmerksam machen, dass in dieser Stadt diese Form des Gelderwerbs nicht erlaubt ist und im Übrigen Eltern für ihre unmündigen Kinder in die Haftung genommen werden können."

„Ach Gottchen, wegen dieser Lappalie bemühen Sie sich zu mir", gab ihm Striese mild lächelnd zu verstehen, „die lieben Kleinen haben eben Spaß mit ihrem Papagei und wollen damit auch die Menschen dieser Stadt erheitern. Und wenn man ihnen dann einige Pfennige zusteckt – wen soll das stören?"

„Niemand, wenn's beim Zustecken bleibt! Aber", Werners Stimme gewann an Schärfe: „Der Grund meines Kommens ist ein anderer: Sie werden beschuldigt, eines

Ihrer Kinder misshandelt zu haben. Das ist strafbar und ich leite hiermit die Ermittlungen gegen Sie ein. Als Beschuldigter haben Sie das Recht zu schweigen und sich anwaltlicher Hilfe zu versichern."

Jetzt ließ der Direktor ein Feuerwerk der Empörung abbrennen: „Da soll ein Vaterherz schweigen, wenn böse Mächte es verleumden! Auf der Stelle will ich im Boden versinken, wenn ich einem meiner Kinder je ein Härchen gekrümmt habe! Wer ist der verruchte Mensch, der mich an den Pranger stellen und am Ende auf dem Boden sehen will?" Striese war nun in einen Zustand der Erregung getreten, der Schlimmes fürchten ließ: Vom Hals aufwärts zeigten sich rote Flecken im Gesicht, er atmete schwer und griff sich ans Herz.

Verdammt, jetzt kippt der mir noch aus den Latschen!, dachte sich Werner und versuchte zu deeskalieren: „Nun beruhigen Sie sich erst mal, nichts wird so heiß gegessen, wie es den Anschein haben mag. Gehen wir das Ganze mal in Ruhe an: Niemand hat gesagt, dass Sie schweigen sollen. Sie können sich jederzeit zu dem Vorwurf äußern und ich nehme das sofort zu Protokoll. Von wem die Anzeige stammt, darf ich Ihnen allerdings nicht sagen. Aber ich kann Ihnen versichern, dass Sie niemand an den Pranger stellen will."

Während der eher fürsorglichen Anrede hatte er den freien Blick auf den Eingangsbereich des Wagens, dem sein Kontrahent den Rücken zuwandte. Dort bemerkte er jetzt die Ehefrau des Direktors, die, wenn er sich nicht täuschte, höhnisch grinste. Wann genau sie dort aufgetaucht war, konnte er nicht ermessen. Sie trug wie schon bei der Premiere auf dem Goldberg die blau-weiß karierte Kittelschürze und ihr fülliges Haar war mit einem

Kopftuch auf die Weise gebändigt, wie man sie oft bei Waschfrauen findet.

Werner wandte sich der Frau zu: „Ich grüße Sie, Frau Striese! Falls Sie unser Gespräch verfolgt haben, könnten Sie sich ja als Zeugin zur Verfügung stellen und Ihren Ehemann entlasten."

„Ich bin mir nicht sicher, ob ich das will!", antwortete sie lächelnd. „Er", sie blickte auf ihren Mann, „hat ja sehr überzeugend auf seine Unschuld hingewiesen, für meinen Geschmack etwas zu theatralisch, aber, Sie wissen es wahrscheinlich, er sieht sich eigentlich immer auf der Bühne."

„Dann zu Ihnen", richtete er sich an Striese, „möchten Sie Stellung beziehen?" Aber der Mann war jetzt, nachdem seine Frau aufgetaucht war, innerlich von der Bühne abgetreten und hatte keinen Redebedarf mehr. Er schüttelte den Kopf und verschwand im Wagen, wobei er, so sah das Werner, nicht den Eindruck machte, als habe seine Ehefrau dort ein Donnerwetter zu erwarten.

Als Werner seinen Abgang vorbereitete, rief ihm die Frau noch nach: „Grüßen Sie Ihre Lehrerin von mir und sagen Sie ihr, dass ich spätestens morgen mit ihr sprechen werde!"

Seltsam, ging es Werner auf der Heimfahrt durch den Kopf, so verhält sich doch keine Ehefrau, die väterliche Gewalt mit ansehen muss. Verständlich wäre ja noch, dass sie ihren Mann nicht anschwärzt, weil sie unangenehme Konsequenzen für sich und die Kinder befürchtet. Aber wer soll verstehen, dass sie ihn in Gegenwart eines Polizisten ganz entspannt lächerlich macht? Für ihn stand jetzt allerdings fest, dass er mit seinen Ermittlungen nicht so recht weiterkommen würde. Was sollte er schon ausrichten, wenn neben dem bekannten Opfer auch dessen Mutter nicht reden wollte. Die Hoffnung blieb ihm noch: Frau Striese wollte mit Hanna reden.

*****

Schon am nächsten Abend sollte er erfahren, warum sich die Mutter so seltsam verhalten hatte. Was sie Hanna zu berichten hatte, war nichts anderes als die verzweifelte Beichte einer Mutter, die großes Leid auf sich genommen hatte, um ihre Familie zusammenzuhalten. „Schon beim ersten Gespräch mit ihr hatte ich so eine Ahnung, dass mit dem Mann etwas nicht stimmt“, ließ die Lehrerin ihren Verlobten wissen. „Der Kerl hat so etwas wie einen gespaltenen Charakter“, berichtete Hanna, „er kann seiner Frau durchaus Respekt entgegenbringen und liebevoll mit seinen Kindern umgehen. Dann plötzlich, von einer Minute auf die andere, zeigt er ein anderes Gesicht: Er duldet keinen Widerspruch und prügelt ohne ersichtlichen Grund auf die Frau und die Kinder ein. Damit hat er allerdings erst dann angefangen, als es mit dem Unternehmen bergab ging. Frau Striese erklärt sich dieses Verhalten mit seiner Existenzangst.“

„Schön für sie“, gab sich Carl sarkastisch, „mit dem Wissen um den Grund der Entgleisungen lässt sich das Leiden offensichtlich besser erdulden. Das erklärt mir auch ihr gestriges Verhalten, als sie mich mit der Bitte um eine Aussage gnadenlos abblitzen ließ.“

„Nein, mein lieber Carl, du stellst die Frau in ein falsches Licht“, konterte Hanna, „die weiß sich schon zu helfen: Als ihr Mann letzthin die kleine Mia mit einem Riemen bearbeitet hat, rief sie den Maharero zur Hilfe.

Und der hat ihm dann erst mal eine geknallt und ihm schließlich klargemacht, dass er sich, falls es weitere Handgreiflichkeiten gegen Frau und Kinder gebe, im Krankenhaus wiederfinden werde. Unter Tränen, so Frau Striese, hat er dann versprochen, ein besserer Mensch zu werden und nie mehr die Hand gegen sie und die Kinder zu erheben."

„Und was wird aus meinen Ermittlungen?", wollte Carl wissen. „Der Kerl ist doch jetzt praktisch überführt! Das muss ich doch …!"

„Wenn du Zeugen findest!", unterbrach ihn Hanna mit gespieltem Bedauern.

„Was ist mit dir? Schließlich hast du meine Ermittlungen angeleiert und dir hat die Frau ja von den Übergriffen berichtet!"

„Leider stehe auch ich nicht als Zeugin zur Verfügung", fertigte ihn Hanna kühl ab, „und ich behalte mir das Beichtgeheimnis vor."

Der Polizist nahm's mit Humor: „Ich stelle fest, das Fräulein Lehrerin lässt mich im Regen stehen."

*****

Die Ermittlungen im Mordfall Mäder hatte Werner zunächst einmal seinem Stellvertreter Müller überlassen. Der hatte mit anderen Beamten gute Fortschritte erzielt: In der Unterkunft des Verdächtigten hatte man sowohl ein Messer als auch ein Hemd gefunden, dem zwei Knöpfe fehlten und das darüber hinaus Anzeichen gewaltsamen Einwirkens zeigte.

„Auftrag erfüllt!", vermeldete er stolz, als er Werner die Ergebnisse der Nachsuchung präsentierte und darauf hinwies, dass man auch Zeugen gefunden habe, die Kaiser an dem besagten Sonntagabend in Begleitung des Mordopfers gesehen haben wollten.

„Haben Sie den Burschen gleich wieder einkassiert?“, wollte Werner wissen.

„Da wollte ich zunächst Ihr Einverständnis einholen.“

„Hiermit erteilt! Ich spreche gleich mal mit dem Staatsanwalt: Der wird dann die nötigen Schritte wie Bestellung eines Pflichtverteidigers und Vorführung beim Haftrichter einleiten. Es wäre natürlich schön, wenn uns Kaiser vorher noch ein Geständnis liefert.“

Dr. Bleibtreu zeigte sich außerordentlich erfreut über Werners Bericht. Dann eröffnete er ihm ein Anliegen, das ihm sehr am Herzen zu liegen schien: „Ich hoffe, Sie haben nichts dagegen, wenn ich an der anstehenden Vernehmung teilnehme.“

Werner war erstaunt, denn aus seiner Sicht sollten Angeklagter und Anklagevertreter erstmals beim Haftrichter und dann wieder vor Gericht zusammentreffen. Aber es gab schließlich keine Vorschrift, die dem Herrn des Verfahrens die Anwesenheit bei einem Verhör untersagte. „Wenn Sie wünschen, dann machen wir das“, schob er eher zögerlich nach.

Jetzt blickte er in ein Gesicht, das ihn an die nervöse Vorfreude eines eher mittelmäßigen Schützen erinnerte, dem man einen Zwölfender vor die Flinte getrieben hatte, um ihm auch einmal ein Erfolgserlebnis zu verschaffen. „Dann machen Sie das bitte zusammen mit Müller, denn der war es schließlich, der uns diesen Erfolg beschert hat“, ließ er den Staatsanwalt wissen. Er selbst wollte mit diesem verbissenen Jägersmann auf keinen Fall auf die Pirsch gehen.

Wenn er sich nicht täuschte, nahm Bleibtreu die Botschaft des Kommissärs mit Genugtuung auf. Der arme Müller, dachte sich Werner, jetzt wird er sich wohl mit einer Nebenrolle abfinden müssen.

Wie dann die Vernehmung abgelaufen war, berichtete ihm sein Stellvertreter am nächsten Morgen, unmittelbar nach seinem Eintreffen in der Wache: „Kaiser hat eingeräumt, dass er seine ehemalige Geliebte mit drei Messerstichen ermordet hat, weil sie nicht gewillt war, das von ihm gezeugte Kind abzutreiben. Als Tatwaffe hat er das bei ihm sichergestellte Messer identifiziert."

„Und? Wie war's?", wollte Werner wissen.

„Ich sag's mal so: Gefallen hat's mir nicht. Der Bleibtreu hat sich, mal abgesehen von kurzen Pausen, über fünf Stunden lang dermaßen in den Mann verbissen, dass der mir manchmal richtig leidtat."

„Und auf den Gedanken, dass man dem Mann einen Rechtsanwalt zur Seite stellt, ist niemand gekommen?"

„Doch, ich schon, ganz am Anfang! Aber Kaiser hat darauf verzichtet. Und das war dem Bleibtreu ganz recht."

„Dann kann ich nur darauf hoffen, dass sich das jetzt schnell ändert, denn Oberamtsrichter Winkler wird keinen Haftbefehl unterschreiben, wenn bei der Anhörung kein Anwalt zugegen ist." Interessiert war Werner auch daran, ob denn so etwas wie ein Protokoll vorliege.

„Mich hat der Bleibtreu nicht aufgefordert, mitzuschreiben, aber er hat sich immer wieder selbst Notizen gemacht und am Ende hat er ja dann auch ein umfangreich formuliertes Geständnis aus dem Hut gezaubert", ließ ihn Müller wissen.

Was bei der Vernehmung abgelaufen war, konnte der erfahrene Ermittler nur ahnen: Ständiges Insistieren Bleibtreus hatte den Beschuldigten mürbe gemacht. Am Ende war er wohl gar nicht mehr in der Lage gewesen, sich zu wehren, und sein Wunsch, nicht weiter belästigt zu werden, hatte zu einem Geständnis geführt. Natürlich machte er sich jetzt den Vorwurf, nicht selbst bei dem Verhör teilgenommen und stattdessen seinen Vertreter vorgeschoben zu haben. Deshalb hatte er vor, sich Kaiser selbst noch einmal vorzunehmen, allerdings erst dann, wenn ein Verteidiger bestellt war.

Jetzt zeigte Müller Zivilcourage: „Ich weiß ja, dass ich mich bei der Vernehmung viel zu sehr zurückgehalten habe, aber irgendwie drückt mich die Frage, warum Sie mir das überlassen haben."

„Berechtigte Frage!", reagierte Werner. „Natürlich könnte ich jetzt den Vorgesetzten geben, der delegieren kann, tue ich aber nicht, denn ich habe geahnt, wie das ablaufen würde. Insofern muss ich mich bei Ihnen entschuldigen für mein Kneifen."

Den Gang zum Staatsanwalt konnte er sich ersparen, denn den Anklagevertreter drängte es, seinen Erfolg beim Kommissär zu vermelden.

„Na, was sagen Sie jetzt?", triumphierte er.

„Gratulation!", reagierte Werner kühl. „Ich sehe allerdings noch einen Schritt, um das Geständnis wasserdicht zu machen, was Ihnen ja ein echtes Bedürfnis zu sein scheint."

„Das wäre?"

„Nachstellung der Tat! Dabei kommt es mir besonders darauf an, mit welcher Hand der Beschuldigte die Waffe führt. Wie Sie ja dem Bericht der Pathologie entnehmen können, geht man von einem Linkshänder aus."

Jetzt befleißigte sich Bleibtreu eines Lachens, das in akademischen Kreisen zur Anwendung kommt, wenn es nichts zu lachen gibt, aber die Position des Gegners der Lächerlichkeit preisgegeben werden soll: „Ich bitte Sie, mein lieber Herr Werner! Warum diese überflüssige Mühe? Ich gebe Ihnen Brief und Siegel, dass der Haftrichter meinen Antrag auf Untersuchungshaft auch ohne diese doch sehr umstrittene Methode positiv entscheiden wird." Die eher fürsorgliche Hinwendung war im Grunde nur die Fortsetzung der eingeschlagenen Strategie, Werner mundtot zu machen.

Doch der ließ sich nicht einschüchtern: „Ich sehe es als zuständiger Kommissär als meine Pflicht, den Beschuldigten noch einmal zu verhören, und zwar in Gegenwart eines Rechtsbeistandes."

Auf die offene Kampfansage reagierte Bleibtreu mit unverhohlener Wut: „Nichts da! Der Pflichtverteidiger ist von Oberamtsrichter Winkler für zwei Uhr bestellt. Er hat genug Zeit, sich mit dem Täter abzustimmen, um vier Uhr erfolgt die Haftvorführung! Basta! Ich lasse mir doch nicht von Ihnen ins Handwerk pfuschen! Merken Sie sich das eine: Sie sind ein Hilfsorgan der Staatsanwaltschaft!" Mit diesem Satz verpasste er seinem Auftritt einen rhetorischen Höhepunkt, dem mit dem Zuschlagen der Tür ein deutlich hörbares Ausrufezeichen folgte.

Werner steckte die rhetorische Breitseite gelassen weg. Dann eben nicht!, dachte er. Der angebliche Handwerker hat schludrige Arbeit abgeliefert, was ihm jede Zunft übel ankreiden würde. Er fragte sich nun, ob dieser Pfusch nicht trotzdem zum Ziel geführt hatte, was nichts anderes hieß, als den Täter überführt zu haben. Dafür sprachen aus seiner Sicht ein veritables Motiv und starke Indizien.

Jetzt den trotzigen Verlierer zu spielen und gegen den Staatsanwalt zu intrigieren, kam für den korrekten Beamten nicht in Frage: Er würde den Termin der Haftprüfung wahrnehmen und dort seine Rolle als staatsanwaltlicher Erfüllungsgehilfe so ausführen, wie es das Dienstrecht verlangte. Letztendlich blieb ihm der Trost, dass es noch mehrere Hürden zu überwinden galt, um Kaiser zu verurteilen: Da war zunächst einmal ein Anwalt im Spiel, der für den Widerruf des Geständnisses sorgen konnte, dann gab es den Haftrichter, der von der Schuld Kaisers überzeugt werden musste, und am Ende sprach ein Schwurgericht Recht im Namen des Volkes.

*****

Die Haftvorführung fand in einem Besprechungszimmer des Amtsgerichtes statt. Anwesend waren Oberamtsrichter Winkler, der als Haftrichter fungierte, Staatsanwalt Dr. Bleibtreu, Kommissär Werner, Rechtsanwalt Schuster aus Selb und schließlich der Beschuldigte Kaiser.

Winkler spulte zunächst einmal die Formalien ab, wozu auch der Hinweis auf die Rechtslage und die ordnungsgemäße Besetzung des Gremiums gehörte. Dann verlas er Bleibtreus Antrag, der die Unterbringung Kaisers in Untersuchungshaft forderte, weil er seine Geliebte getötet habe. Die Tat sei aus niedrigen Beweggründen erfolgt und daher als Mord zu bewerten. Dann verlas er das von Kaiser unterzeichnete Geständnis. „Wie ich hier sehe“, wandte er sich mit einigem Erstaunen an

Werner, „waren Sie bei der Vernehmung nicht anwesend. Gibt es einen Grund für Ihre Abwesenheit?“

„Die war nicht erforderlich“, antwortete der Kommissär, „weil der Herr Staatsanwalt das Verhör führen wollte und außerdem mein Stellvertreter Müller einbezogen war, den ich übrigens für einen sehr qualifizierten Mitarbeiter halte.“

„Gut!“, reagierte der Richter. „Dann hätten wir das auch.“ Sein Blick zeigte deutliches Befremden ob dieser Regelung, aber ihm war eben auch klar, dass sie rechtens war.

Als er das Geständnis verlesen hatte, wandte er sich an den Beschuldigten und reichte ihm das Schriftstück: „Ist das Ihre Unterschrift?“, wollte er von Kaiser wissen

Der Mann beschränkte sich auf ein „Ha!“.

„Warum haben Sie auf einen Rechtsbeistand verzichtet?“, war die nächste Frage.

„Dean ho i niat braucht, waal iich des niat woar!“

„Aber warum unterschreiben Sie dann ein Geständnis?“

Das Schulterzucken des Beschuldigten veranlasste den Anwalt, das Wort zu ergreifen: „Sie sehen ja, Herr Oberamtsrichter, was man dem Mann angetan hat: Der ist doch noch jetzt nicht in der Lage, klar zu denken, was für mich kein Wunder ist, denn er wurde über fünf Stunden verhört und immer wieder mit der Forderung konfrontiert, endlich zu gestehen. Am Ende hat er dann das unterschrieben, was man ihm in den Mund gelegt hat, um endlich seine Ruhe zu haben. Mit Verlaub, ich sehe das als unzulässige Folter. Ich bitte Sie, Herr Oberamtsrichter, diese Umstände in Ihrem Beschluss zu berücksichtigen. Außerdem behalten wir uns vor, das Geständnis zu widerrufen.“

„Möchten Sie Stellung beziehen, Herr Staatsanwalt?“, wandte sich Winkler an Bleibtreu.

„Es ist inzwischen Mode geworden, harte Vernehmungen als Folter zu bezeichnen“, lächelte Bleibtreu milde, „ich kann nur betonen, dass dem Mann immer wieder Erholungspausen gegönnt waren, er mit Essen und Trinken versorgt wurde und ihm auch Zigaretten angeboten worden sind. Folter sieht anders aus, Herr Anwalt!“

„Herr Kaiser, wie beurteilen Sie die Ausführungen des Staatsanwaltes?“, fragte Winkler.

„Wos soll i dou etz soong, gehm homm’s mer scho wos und g’raucht ho i aa.“

Winkler wandte sich dem Kommissär zu: „Von Ihnen als Vertreter der Polizeibehörde möchte ich nun wissen, wie Sie den Wahrheitsgehalt des Geständnisses beurteilen.“

„Nun, ich habe den Beschuldigten schon einmal vernommen, er hat dabei eingeräumt, dass er ein Verhältnis mit der Mäder hatte und er von einer Schwangerschaft informiert war, diese ihm aber nicht gelegen kam. Um ehrlich zu sein, bin ich damals nicht von seiner Schuld ausgegangen. Aber wir haben ja inzwischen mit großem Erfolg aussagekräftige Beweise zusammengetragen: Ich nenne das Messer, das als Tatwerkzeug in Frage kommt, ein beschädigtes Hemd und Zeugen, die einen Streit der beiden an dem besagten Abend beobachtet haben. Bezieht man dann doch ein schlüssiges Motiv mit ein, so wird man doch von der Täterschaft des Beschuldigten ausgehen müssen.“

Werner war klar, was er mit dieser Stellungnahme angerichtet hatte: Dem Richter blieb doch jetzt nichts anderes übrig, als Kaiser der Untersuchungshaft zuzuführen. So war es dann auch: Winkler unterschrieb den Haftbefehl und beendete die Anhörung.

„Was habe ich Ihnen gesagt?“, wandte sich Bleibtreu beim Verlassen des Raumes an Werner. „Sieg auf der ganzen Linie! Was wollen wir mehr? Da sehen Sie mal“, fuhr er im Ton des väterlichen Freundes fort, „was Sie von einem altgedienten Staatsanwalt noch lernen können!“

Werner musste stark an sich halten, denn er hatte eine Mordswut im Bauch ob dieser weiteren Demütigung. Aber er blieb stumm, machte kehrt und wandte sich der Wache zu. Eigentlich hatte er Feigheit vor dem Feind gezeigt, obwohl ihm ein solches Verhalten eigentlich völlig fremd war. Oft genug hatte er bei der Staatspolizei Konflikte mit Vorgesetzten ausgestanden, weil ihm blinder Gehorsam gegen den Strich ging. Aber nie hatte er dabei Rücksicht auf Befindlichkeiten Dritter nehmen müssen. Und genau jetzt war es eine Person, die er nicht in den anstehenden Konflikt einbeziehen wollte: sein zukünftiger Schwiegervater, Oberamtsrichter Winkler. Wie hätte wohl dieser Mann reagiert, wenn er den zuständigen Staatsanwalt anlässlich der Anhörung bloßgestellt hätte? Wahrscheinlich wäre er sofort von einer Intrige ausgegangen und hätte den Schwiegersohn in spe aus der Familie verbannt und seiner Tochter die Heirat mit ihm verboten. Eine andere Reaktion wäre für den Richter gar nicht in Frage gekommen, denn er sah sich althergebrachten hierarchischen Strukturen verpflichtet. Und das bedeutete für ihn zum Beispiel, dass ein Polizist, der keinen akademischen Abschluss hatte, nie und nimmer das Recht hatte, einem Volljuristen zu widersprechen.

Helfen konnte ihm jetzt eigentlich nur seine Hanna. Sie hatte ihren Vater im Griff und mit ihrer Hilfe sollte es Winkler wohl schaffen, den Richter, natürlich fein dosiert, mit Informationen über das Fehlverhalten Bleibtreus zu versorgen. Natürlich war es dabei von Vorteil, dass Winkler den Mann ohnehin nicht gerade schätzte.

*****

Beim gemeinsamen Abendessen brachte Carl sein Dilemma zur Sprache.

„Ach, du Armer!“, reagierte Hanna. „Du weißt es ja, Vater wird mit dir nicht über die Amtsführung Bleibtreus sprechen wollen. Ich habe mich schon gewundert, dass er sich letztens ziemlich weit aus dem Fenster gelehnt hat, als ihr euch über den Mann unterhalten habt.“

„Wenn ich mich nicht getäuscht habe, warst du da gerade in der Küche!“

„Manchmal spitzt man halt die Ohren, wenn’s bei den Männern konspirativ wird“, ließ ihn Hanna mit einem entwaffnenden Lächeln wissen.

„Kann ich mir gut vorstellen bei deinem Talent, auch ziemlich erfolgreich auf eher verschlungenen Wegen zu agieren“, reagierte Carl lachend, „dann kannst du mir sicher auch helfen, deinen Vater noch einmal auf das Thema Bleibtreu einzustimmen, diesmal aber mit harten Fakten unterfüttert. Aber merke dir das eine: Nicht mal im Traum darf er dabei an das Wort Intrige denken!“

„Wird gemacht!“, vermeldete Hanna militärisch. „Morgen sind wir ohnehin bei den Eltern zum Abendessen eingeladen.“

*****

Den Einladungen zum werktäglichen Abendessen blickte Werner immer mit gemischten Gefühlen entgegen, denn Frau Winkler pflegte an diesen Tagen meistens Selber Spezialitäten aufzutischen, wie zum Beispiel gebackenes Blut, Stockfisch oder Räiblaskraut als Beilage, also Speisen, die er von Mittelfranken her nicht kannte und mit denen er deshalb fremdelte. Allerdings hatte die Hausherrin schon ein Gespür dafür entwickelt, welche Gerichte sie ihrem zukünftigen Schwiegersohn zumuten konnte. An diesem Abend standen eingemachte Heringe auf dem Speiseplan, die er mindestens schon einmal mit großem Appetit verzehrt hatte. Natürlich wusste er, was sich gehörte, und so spendete er der Hausfrau nach dem Mahl ein großes Lob für ihre Kochkünste.

„Ach, nicht der Rede wert“, reagierte sie, bescheiden lächelnd, „was soll man denn bei den Kartoffeln und dem Fisch schon falsch machen? Aber“, fuhr sie fort und hatte jetzt offensichtlich vor, auf ihr Spezialrezept für die Zubereitung der Sahnesoße einzugehen.

„Schon gut, Elfriede!“, bremste sie ihr Ehemann. „Wir wissen alle, dass deine Soße die beste in der ganzen Stadt ist, aber Carl hat sicher nicht vor, das Rezept auszuprobieren.“ Damit hatte der Richter es wieder einmal geschafft, seiner Frau die gute Laune zu verderben. Sichtlich beleidigt begann sie, den Tisch abzuräumen. Auch der böse Blick seiner Tochter sollte ihm eigentlich zeigen, dass er nicht den richtigen Ton gefunden hatte. Aber das schien Winkler nicht zu stören. Werner glaubte sogar zu erkennen, dass er es regelrecht darauf angelegt hatte, die beiden Frauen in die Küche zu verbannen, denn der Hausherr wies in Richtung Salon, um „mal ein ungestörtes Wort unter Männern zu reden“, wie er sich ausdrückte.

Das läuft ja besser als gedacht, ging es Werner durch den Kopf, am Ende ist Hanna gar nicht mehr vonnöten, um mein Problem mit Bleibtreu ins Spiel zu bringen. Was sonst als dieser Haftvorführungstermin könnte ihn zu einer vertraulichen Aussprache bewegen?

Nachdem Winkler zwei Cognacgläser gefüllt und sich eine Zigarre angezündet hatte, kam er ohne Umwege auf die Anhörung zu sprechen: „Mich würde schon einmal interessieren, warum du an dem Verhör nicht teilgenommen hast.“

Werner gab jetzt den eher reservierten Gesprächspartner, dem die ganze Sache zuwider war: „Ich hab's doch gesagt, dass der Bleibtreu das selbst machen wollte. Und ich bin es eben nicht gewohnt, die zweite Geige bei solchen Anlässen zu spielen.“

„Volles Verständnis für deine Haltung! Ich bin auch der Meinung, dass sich ein Staatsanwalt aus Verhören raushalten sollte, denn er ist nun mal nicht als Kriminalist ausgebildet. Das Ganze zeigt uns doch wieder, dass dieser Herr sehr sonderbare Wege geht. Aber am Ende hast du ihm ja kräftig Rückenwind gegeben.“

„Es war eine Einlassung, die meiner Überzeugung entspricht!“ Jetzt konnte er sein Anliegen forcieren, denn der Richter hatte sich schon zu weit von seiner Absicht entfernt, mit ihm nicht über dienstliche Angelegenheiten zu sprechen: „Aber nicht einverstanden bin ich mit der Art und Weise, wie dieses Geständnis zustande gekommen ist.“

„Warum habe ich von diesen Vorwürfen bei der Anhörung kein einziges Wort von dir gehört?“

„Weil ich ein loyaler Beamter bin und zudem ein Anwalt zugegen war, der ja das Verhör thematisiert hat“, reagierte Werner fast schon verzweifelt.

Winkler hatte seine Zigarre im Aschenbecher abgelegt und blickte betroffen drein. „Hätte ich deiner Meinung nach anders entscheiden sollen?“, fragte er unsicher.

„Nein!“, legte sich Werner nachdrücklich fest. „Dir blieb doch gar nichts anderes übrig, als Untersuchungshaft anzuordnen!“ Jetzt wurde er sarkastisch: „Aber trotzdem erhebe ich den Anspruch, verzeih mir den Ausdruck, mich beschissen zu fühlen, weil ...“

„Schon gut!“, unterbrach ihn Winkler und legte ihm die Hand auf den Arm. „Ich weiß, du wolltest einen Eklat vermeiden und mir ein gutes Gewissen verschaffen. Hab ich’s doch geahnt, dass dieser Stümper wieder mal eins seiner seltsamen Spielchen mit uns treiben wollte! Aber ich werde ihm kräftig in die Suppe spucken, davon kannst du ausgehen!“

Werner meldete Bedenken an: „Was ja dann wohl auf mich zurückfallen wird!“

„Keine Angst, das wird dir nicht zum Nachteil gereichen!“, beruhigte ihn sein zukünftiger Schwiegervater.

Gegenoffensive

Auf dem Weg zur Gartenschule, wohin Carl seine Verlobte noch begleitete, wurde er natürlich mit der Frage konfrontiert, wie es denn mit dem Vater gelaufen sei.

„Erstaunlich gut“, antwortete er, „gegen jede Erwartung hat dein Vater das Thema selbst zur Sprache gebracht. Irgendwie muss er geahnt haben, dass da einiges nicht mit rechten Dingen abgelaufen ist. Ich denke, ich muss mir keine Sorgen mehr machen.“

„Freut mich, dass kein Bedarf an konspirativem Einwirken meinerseits war. Aber von dir erwarte ich in Zukunft ein kritisches Wort, wenn der alte Herr mal wieder meiner Mutter einfach das Wort abschneidet.“

„Puh, du verlangst Sachen von mir!“, reagierte Carl. „Sollte ich damit nicht doch lieber warten, bis wir verheiratet sind?“

Die schmunzelnd vorgetragene Replik folgte auf dem Fuß: „Dann sehen wir mal zu, dass das möglichst bald über die Bühne geht, denn ich habe so langsam keine Lust mehr, das keusche Fräulein zu spielen.“

*****

Dr. Bleibtreu versäumte es nicht, die öffentlichkeitswirksame Verkündung seines Erfolgs vorzubereiten. Zu diesem Zweck lud er den Redakteur des *Selber Tagblatts*,

Friedrich Rüter, zu einer Pressekonferenz ins Amtsgericht. Wie sich bei dem Termin dann herausstellte, hatte der Staatsanwalt bereits eine Presseerklärung vorbereitet, die sehr detailliert auf die Beziehung zwischen Kaiser und der Mäder sowie den finalen Mord einging. Rüter zeigte deutliches Befremden angesichts dieser Vorarbeit, „die Ihnen doch wohl schon mal erhebliche Mühen abnimmt“, wie sich Bleibtreu ausdrückte.

„Ich bin es durchaus gewohnt, mich solchen Mühen zu unterziehen. Was von mir in Druck gegeben wird, habe ich grundsätzlich selbst geschrieben!“, ließ der selbstbewusste Redakteur den Staatsanwalt, unterlegt von einer gewissen Schärfe, wissen. „Außerdem bin ich es gewohnt, dass bei solchen Veranstaltungen auch der Vertreter der Polizeibehörde anwesend ist, der den Fall gelöst hat“, schob er nach.

Dr. Bleibtreu sah sich in der Klemme: Er konnte den Redakteur nicht maßregeln wegen dieser aus seiner Sicht unverschämten Bemerkungen, denn er war auf seine Unterstützung angewiesen. Pikiert nahm er sich zunächst mal das Fehlen Werners vor: „Bestimmte Umstände haben es mit sich gebracht, dass ich es war, der das abschließende Verhör übernommen hat, das dann auch zu einem Geständnis geführt hat.“

Rüters „Aha!“ verwies dann schon auf Verwunderung, aber ansonsten schluckte er die Bemerkung und gab sich leger: „Dann schießen Sie mal los und ich stelle Ihnen dann noch ein paar Fragen.“

Als er seinen Notizblock wieder in der Tasche verstaute, blickte er auf Bleibtreus Entwurf und erlaubte sich einen weiteren Fauxpas: „Ihre Ergüsse nehme ich auch mal mit, vielleicht lässt sich ja da was verwerten.“

Bleibtreu kochte vor Wut und nahm sich vor, beim Verleger des Blattes, den er allerdings weder persönlich noch namentlich kannte, über den Redakteur Beschwerde zu führen, der es sich angemaßt hatte, dem örtlichen Staatsanwalt arrogant und respektlos gegenüberzutreten.

Am nächsten Morgen bekamen die Leser des *Selber Tagblatts* ein Rührstück zu lesen, das mit „Tragischer Mord in Selb geklärt" betitelt war. Hatte Bleibtreu sich in seinem Entwurf selbst noch als Hauptperson gesehen, deren Spürsinn die überraschende Wende, nämlich das Geständnis, herbeigeführt hatte, so konzentrierte sich Rüter in seinem Artikel auf das Schicksal einer jungen Frau, die ihr Leben lassen musste, „weil sie den Vater ihres ungeborenen Kindes an seine Verantwortung erinnern wollte". Die besondere Tragik ihres Todes resultierte bei ihm aus ihrer Hoffnung, ein gemeinsamer Zirkusbesuch mit dem Vater werde schließlich zur Versöhnung und letztendlich beide zum Traualtar führen. Dass der Angebetete dann zum Mörder wurde, geriet Rüter zur „Macht des Schicksals", die unerbittlich ihre Schneisen schlägt.

So gesehen und geschrieben, erfüllte seine Geschichte weder die Erwartungen Bleibtreus, noch entsprach sie dem Bild, das sich die Öffentlichkeit von dem Pärchen gemacht hatte: Bleibtreu erging sich in Rachephantasien gegen Rüter, der ihn gerade mal in einem Nebensatz als Informant bezeichnet hatte. Und was die Öffentlichkeit anging, so wusste Hanna Winkler im Gespräch mit ihrem Verlobten zu berichten, man sei allenthalben der Meinung, dass das „Luder" den Männern reihenweise den Kopf verdreht und seinen Tod selbst verschuldet habe. „Irgendwie sehe ich mich an das Mittelalter erinnert“, klagte sie, „wo es immer die Frauen waren, die mit ihrer Fleischeslust unschuldige Männer verführt haben.“

„Du hast ja recht!“, stimmte ihr Carl zu. „Aber ich sehe auch Rüter in der Verantwortung, denn der hat sich mit seinem Artikel gewaltig verhoben, weil er mal wieder nicht mit mir gesprochen hat. Aber so ist er nun mal, der Friedrich! Bei seiner Schreiberei will er sich von niemandem reinreden lassen! Warum schreibt er nicht, was Sache ist: Zwei unreife Menschen treffen aufeinander und bewegen sich, immer unter Beobachtung der Öffentlichkeit, in Richtung Abgrund. Warum hat er seinen Lesern nicht den Spiegel vorgehalten und getitelt ‚Alle haben es gewusst, aber niemand hat gehandelt‘?“

„Das hast du schön gesagt!“, beschied ihm Hanna lächelnd. „Hätte auch von mir kommen können!“ Jetzt eher nachdenklich stellte sie die Frage. „Bist du nicht auch der Meinung, dass jetzt erst mal der Druck von Strieses Truppe weg ist?“

„Das hoffe ich doch stark!“

„Da fällt mir noch was ein: Was hat sich denn anlässlich der Schlägerei beim *Edion* ergeben?“

Carl lachte: „Das Schlitzohr Kaspari hat ganze Arbeit geleistet: Das Opfer hat auf eine Anzeige verzichtet, nachdem die Radu ausgesagt hat, dass ihr der Kerl an die Wäsche wollte. Und da der Mann nur leicht verletzt worden ist, musste ich den Fall nicht von Amts wegen zur Anzeige bringen. Aber du bringst mich da auf einen Gedanken: Jetzt, da der Maharero aus dem Schneider ist, könnte der Kaspari doch den Kaiser vertreten, denn der Anwalt, der ihm jetzt beisteht, ist sein Geld nicht wert. Könntest du da nicht mal …?“

******

Auf Hanna war Verlass: Schon am Montag der nächsten Woche wurde Dr. Kaspari im Hofer Gefängnis vorstellig und bat um ein Gespräch mit dem Untersuchungshäftling Kaiser, was ihm dann auch gewährt wurde. Man führte ihn in eine Art Zelle, wo Rechtsanwälte und Polizisten mit den Gefangenen in Kontakt treten konnten, denn das Mobiliar bestand nur aus einem Tisch und zwei Stühlen. Nach einer kurzen Wartezeit wurde Kaiser von einem griesgrämig dreinblickenden Schließer in den Raum geführt, der ihn zu seinem Stuhl eher schubste als führte. Erst als er den Befehl „Hinsetzen“ geschnarrt hatte, durfte Kaiser Platz nehmen.

Kaspari blickte nun auf einen jungen Mann, der ein Bild des Jammers vermittelte. Aus dem bleichen Gesicht blickten tiefliegende Augen, die von blau schimmernden Rändern umgeben waren. Sein Äußeres verstärkte den Eindruck des Elends: Der Häftling trug zwar Zivilkleidung, aber man hatte ihm die Hosenträger abgenommen, so dass er das Beinkleid mit den Händen am Körper halten musste. Zudem war ihm eine Fußfessel angelegt worden, die nur Trippelschritte zuließ und deren Kettenglieder für ein helles Klirren sorgten, das Kaspari an eine Hinrichtung erinnerte, bei der er die traurige Pflicht hatte, einen Delinquenten auf seinem letzten Gang zu begleiten. Aus seiner Sicht war diese Vorsichtsmaßnahme reine Schikane angesichts eines schmal dimensionierten Jünglings, dem nichts als Angst im Gesicht stand.

„Kann man das Ding nicht abmachen?“, wandte er sich an den Schließer.

„Vorschrift“, bellte der ihn, böse dreinblickend, an und verkündete, dass er sich nun nach draußen begeben und die Türe verschließen werde.

„Und wenn ich …?“, hob Kaspari an.

„Do werd Ihna scho wos eifall’n“, unterbrach ihn der Beamte mit einem hämischen Grinsen.

Kaiser harrte verschüchtert der Dinge, die auf ihn zukommen würden. Wie gebannt starrte er auf seine Hände, die er gefaltet hatte, wohl um ihr Zittern zu verbergen. Als ihm Kaspari die eher rhetorische Frage stellte, wie es ihm gehe, beschränkte er sich auf ein ratloses Schulterzucken, ohne dabei den Kopf zu heben.

„Herr Kaiser, ich heiße Kaspari und bin Anwalt“, fuhr der Besucher fort, „ich möchte Ihre Verteidigung übernehmen. Wenn Sie damit einverstanden sind, unterschreiben Sie bitte diese Vollmacht!“ Er schob ihm das Formular zu, das ihm die anwaltliche Vertretung des Untersuchungsgefangenen ermöglichte. Kaiser ergriff mit zittriger Hand den bereitgelegten Stift und versah das Schriftstück dort, wo Kaspari mit dem Zeigefinger hingedeutet hatte, mit einem unleserlichen Gekritzel. Der Text schien ihn nicht zu interessieren. Er hätte wohl jedes Schriftstück, das ihm vorgelegt worden wäre, mit seiner Unterschrift versehen.

Der Rechtsanwalt hatte so seine Erfahrungen mit Untersuchungsgefangenen gemacht: Bestehen konnten Gefangene im Knast nur, wenn sie über eine gewisse mentale Stabilität verfügten. Mangelte es ihnen an Selbstbewusstsein und wie im Fall Kaiser an körperlicher Stärke, wurden sie schnell Opfer von aggressiv auftretenden Mithäftlingen. Wenn sich dann auch noch das Wachpersonal auf die Seite der Stärkeren schlug, konnte der Aufenthalt in der Anstalt schnell zur Hölle auf Erden werden. Und Kaspari hegte den dringenden Verdacht, dass Kaiser auch bei den für ihn zuständigen Wärtern schlechte Karten hatte.

Er nahm sich nun vor, zunächst einmal Näheres über die Lage Kaisers zu erfahren. Das geriet ihm zu einem mühsamen Unterfangen, denn der Kandidat beschränkte sich auf ein drucksendes Gestammel, das, von Gesten der Ratlosigkeit begleitet, Fakten offenbarte, die erst einmal der Deutung Kasparis bedurften.

Es war offensichtlich so, dass Kaiser als Mörder einer jungen Frau, die ein Kind unter dem Herzen trug, bei den Mitgefangenen und auch den Wärtern als ein Täter galt, der in der „Hackordnung" der Anstalt auf einer sehr niedrigen Stufe rangierte. Unter ihm konnten eigentlich nur noch Kindermörder oder Kinderschänder stehen. Offensichtlich hatte man ihm auch des Öfteren gesagt, er solle sich doch lieber aufhängen, bevor man ihn um einen Kopf kürzer machen werde. Aus diversen Andeutungen erschloss Kaspari auch, dass Kaiser verschiedentlich Opfer körperlicher und zum Teil sexualisierter Gewalt geworden war. Kein Wunder, dachte der Anwalt, wenn den die Angst gelähmt hat und er keinem Menschen mehr traut. Kaspari kam nun zu der Frage, die er jedem Angeklagten stellen musste:

„Sind Sie schuldig im Sinne der Anklage?"

Kaiser zeigte Fortschritte im kommunikativen Bereich, indem er kurz den Kopf anhob und einen vollständigen Satz formulierte: „Des verstäih i niat."

„Dann frage ich Sie direkt: Haben Sie die Frau Mäder getötet?"

Jetzt traf ihn ein unsicherer Blick, der sowohl auf Misstrauen als auch auf Hoffnung verweisen konnte. Kaiser überlegte offenbar: Da hatte ihn doch tatsächlich jemand gefragt, ob er überhaupt Täter war, obwohl ihn doch bisher alle, angefangen beim Staatsanwalt, dem Pflichtverteidiger bis hin zu den Mitgefangenen und Wärtern, als Schuldigen sahen.

„Ich warte auf eine Antwort“, ließ sich Kaspari verlauten.

Kaiser zögerte und entschied sich dann dafür, die Tat zu bestreiten: „Na, iich wor des niat!“, legte er sich fest.

Jetzt überraschte ihn die Reaktion des Anwalts: Ohne eine Miene zu verziehen, zog der aus seiner Aktentasche ein Schriftstück und legte es ihm vor. „Wenn Sie hier“, wieder deutete er mit dem Zeigefinger, „unterschreiben, widerrufen Sie das getätigte Geständnis. Ich werde damit bei Staatsanwalt Dr. Bleibtreu vorstellig und verlange Akteneinsicht.“

Als der Widerruf in der Tasche verstaut war, bereitete er seinen Abgang vor: „Wir sehen uns in einigen Tagen wieder und ich werde Ihnen Genaueres sagen. Bevor ich’s vergesse: Kein Wort über den Widerruf, weder an Mitgefangene noch Wärter! Das könnte Ihnen zusätzlichen Ärger ersparen!“ Dann klopfte er an die Tür.

Kaspari ließ einen Gefangenen zurück, den er sichtlich beeindruckt hatte, allein schon deshalb, weil er auf das scheinheilige Getue des Staatsanwaltes und des Pflichtverteidigers verzichtet hatte, man wolle doch nur sein Bestes, indem man, ein Geständnis vorausgesetzt, eine Verurteilung nur wegen Totschlags erreichen könne, womit ein Todesurteil auf jeden Fall auszuschließen sei.

Andererseits war er sich nicht sicher, ob er diesem Mann, der das Aussehen eines Gauners hatte, trauen sollte.

*****

Dr. Bleibtreu zeigte sich amüsiert, als Kaspari bei ihm aufkreuzte und sich als Wahlverteidiger Kaisers vorstellte. Da er noch nicht die Gelegenheit gehabt hatte, mit dem Anwalt anlässlich einer Verhandlung zusammenzutreffen, und auch sonst kaum etwas von ihm gehört hatte, verließ er sich ganz auf seine Einschätzung, die ihm das Erscheinungsbild des Besuchers vermittelte. Und der Fettsack mit dem Aussehen eines Bordellbetreibers konnte nur einer dieser schmierigen Rechtsverdreher sein, der sich anschickte, einen hoffnungslosen Fall zu übernehmen, um den Ruin seiner Kanzlei hinauszuzögern.

„Aber Sie wissen schon, dass Sie den Gerichtssaal als Verlierer verlassen werden?“, fragte er den Anwalt mit aufgeräumter Freundlichkeit.

„Damit muss ich leider rechnen, wenn ich meinem Kollegen Schuster trauen darf, dem Sie erst mal den Schneid abgekauft haben, so dass er nicht mehr bereit ist, mit Ihnen in den Ring zu steigen.“

Bleibtreu empfing das verklausulierte Lob mit einem breiten Grinsen. „Der Mann ist eben Realist“, stellte er dann lachend fest. Was jetzt geschah, war Bleibtreus guter Stimmung geschuldet: Er sicherte Kaspari Akteneinsicht zu und versah den vermeintlichen Stümper mit einem Ratschlag: „Wenn Sie da was erben wollen, bestärken Sie Ihren Klienten, bei seinem Geständnis zu bleiben und aufrichtige Reue zu zeigen. Das könnte mich bewegen, die Anklage wegen Mordes fallenzulassen und Totschlag in Betracht zu ziehen."

Schöner Versuch!, dachte Kaspari, du scheinst hier vom Auftritt vor einem Schwurgericht zu träumen, wo du dann am Ende doch die Todesstrafe fordern wirst. Bevor der Besucher die Glücksgefühle Bleibtreus empfindlich störte, ließ er ihm noch eine Streicheleinheit zukommen: „Man ist immer dankbar, wenn man von einem freundlichen Kollegen eine gewisse Aufmunterung erfährt." Aber dann ging er den Staatsanwalt frontal an: „Sie sollten allerdings wissen, dass ich bereits Rücksprache mit dem Kollegen Schuster geführt und Akteneinsicht genommen habe. Auch hatte ich schon ein Gespräch mit meinem Klienten und habe ihm dabei geraten, sein Geständnis zu widerrufen, was er dann auch getan hat."

„Sind Sie des Wahnsinns, Kaspari!", fuhr ihn Bleibtreu wütend an. „Wissen Sie überhaupt, was …"

„Verzeihen Sie!", unterbrach ihn der Anwalt ungerührt. „Auch ich habe promoviert und bitte das im Rahmen der Anrede geflissentlich zu beachten! Im Weiteren würde ich Sie dann bitten, zunächst noch die Begründung des Widerrufs abzuwarten: Sie haben das Verhör, das zum Geständnis führte, selbst durchgeführt und dabei die Rechte des Beschuldigten aufs Gröbste verletzt. Des Weiteren haben Sie die Nachstellung der Tat, die sich in den meisten Fällen als sehr aufschlussreich erweist, unterlassen. Und schließlich können mich die Indizien, ein beschädigtes Hemd und der Besitz eines Messers, nicht überzeugen."

Bleibtreu war außer sich: Da hatte sich dieser Kerl zunächst lammfromm gegeben, um dann seinen Erfolg in den Dreck zu ziehen. Und nun kam ihm auch noch der Gedanke, dass ihm dieses Scheusal am Ende den Auftritt als Ankläger vor dem Schwurgericht versauen konnte. In ihm kroch eine unbändige Wut hoch und am liebsten wäre er Kaspari an die Gurgel gegangen, aber kreidebleich, wie er war, verharrte er auf seinem Stuhl und presste die bebenden Lippen aufeinander. Das „Raus!", das er dem Besucher eigentlich entgegenschleudern wollte, verließ eher gehaucht seinen Mund.

Kaspari verabschiedete sich mit einem freundlichen Lächeln: „Es war mir ein Vergnügen, Herr Staatsanwalt!"

Pension Schöller

In der großen Pause trat die kleine Mia an Hanna heran. Der Lehrerin schien es, als suche die Kleine ihre körperliche Nähe: Sie ging auf Tuchfühlung, zupfte an ihrer Kittelschürze und blickte ihr dann verschämt in die Augen. Es folgte die etwas zögerlich gestellte Frage: „Du, Fräulein, kannst du mir was versprechen?“

„Da musst du mir schon verraten, was das sein soll!“

„Heute auf die Probe kommen!“

„Spielst du denn da auch mit bei dem Stück, das ihr aufführt?“

Das „Ja“, begleitet von einem mehrmaligen Kopfnicken, klang so, als sei das die selbstverständlichste Sache der Welt.

„Und was spielst du?“

„Ooch, ich glaube, ich bin die Schwester von meinem Bruder in einem Heim für Verrückte.“

„Da würde ich schon mal gerne dabei sein. Aber ich weiß nicht, ob das deine Eltern erlauben.“

„Ach die, denen ist das doch egal! Bitte“, Mia umfasste Hannas Hand, „du musst kommen!“, drängte sie mit einem Blick, der wie ein Hilferuf erschien.

„Gut, wenn dir das so wichtig ist, schau ich mal vorbei. Wann fangt ihr denn an?“

„Wir sollen nach der Schule hinkommen.“

„Dann bin ich ja mal gespannt, wie's bei den Verrückten zugeht", gab ihr Hanna lachend zur Antwort.

Die Pause war zu Ende und die Schüler strebten wieder ihren Klassen zu. Was hatte denn das jetzt zu bedeuten?, ging es der Lehrerin durch den Kopf. Warum bin ich ihr so wichtig? Das muss doch einen Grund haben! Hat am Ende ihr Vater wieder …?

Die Fragen mussten beantwortet werden und bei der Probe konnten sich Antworten ergeben. Sie würde sich also nach dem Mittagessen auf den Weg ins *katholische Jugendheim* machen.

*****

Das Heim war ein idealer Ort für Theateraufführungen: Der Raum fasste gut und gerne über hundert Zuschauer, es gab eine Bühne und es war auch eine Kulisse vorhanden, wie sie bei bäuerlichen Lustspielen zum Einsatz kam, nämlich ein Wohnzimmer mit rustikaler Einrichtung.

Die Probe war schon im vollen Gange, als Hanna den Raum betrat. Auf der Bühne befanden sich Herr Striese und sein ältester Sohn Leander. Die anderen Kinder saßen in der ersten Stuhlreihe als Zuschauer, ihnen hatte sich auch die Wahrsagerin zugesellt. Frau Striese, ein Skriptum vor sich, hatte sich an einem kleinen Tischchen direkt vor der Bühne niedergelassen; wahrscheinlich agierte sie als Souffleuse. Bemerkt wurde Hanna zunächst eigentlich nur von Mia, die sich sofort erhob und auf sie zustürmte und sie mit beiden Armen umschloss, wie das Kinder bei engen Bezugspersonen tun. Wortlos nahm sie ihre Lehrerin an der Hand und wies ihr neben sich einen Platz zu. „Dritte Szene“, flüsterte sie, „Papa ist der Besucher Klapproth und Leander der Kellner.“

Striese lümmelte breitbeinig auf seinem Stuhl und hatte offensichtlich vor, eine Bestellung abzusetzen, denn er schlug mit der Faust auf den Tisch und brüllte laut: „Ober!“ Sein Benehmen sollte wohl auf einen Menschen der unteren Schichten verweisen. Dazu passte auch seine abgetragene Kleidung und vor allem die Tatsache, dass er seinen Schlapphut nicht vom Kopf genommen hatte.

Jetzt folgte der Auftritt Leanders. Das weiße Hemd und die schwarze, bis zu den Knöcheln reichende Schürze wiesen ihn als Kellner aus.

„Was wünschen der Herr?“, fragte er höflich.

„Ein Pilsener, aber flott!“

„Sehr wohl, ein Pinsener!“

„Verdammt! Ein Pilsener, habe ich gesagt!“

„Natürlich, ein Pil…, ein Pinsener!“

Striese fiel jetzt heftig aus der Rolle: „Bist du so blöd oder tust du nur so? Pinsener heißt das!“

Artig und mit gesenktem Kopf entschuldigte sich Leander für seinen Versprecher.

Nun wurde dieses aus dem Sprachfehler des Obers resultierende Spiel noch einmal begonnen und bis zu einer Art Pointe durchgespielt, die darin bestand, dass schließlich auch der Besucher, diesmal wohl aus Jux, auch vom „Pinsener“ sprach. Damit war aber das Spektakel allerdings noch nicht beendet, denn der Gast bestellte die Zeitung. Nun wurde ihm mitgeteilt, dass das Blatt „noch genesen“ werde. Auch hier schloss sich eine für Hannas Dafürhalten ziemlich lange Phase der Kommunikationsstörung an.

Die Szene endete mit einem Wutausbruch des Besuchers und sollte wohl der komische Höhepunkt sein. Klapproth hatte sich nun den Sprachfehler des vermeintlich Bekloppten komplett zu Eigen gemacht und Striese gab sein Bestes, um seine Textsicherheit zu demonstrieren: „Zum Teufen noch man, wozu habt ihr denn die Zeitung, wenn sie immer genesen wird? Und überhaupt, eine ganz niederliche Wirtschaft hier, der Teufen sonn mich honen, wenn ich noch einen Schritt in eure Knapsmühne setze."

Leander hatte sich keinen weiteren Versprecher erlaubt, aber sein Vater war nicht zufrieden: „Leander, du spielst wie ein Stock, völlig emotionslos. Wir machen das Ganze noch mal, aber jetzt mit vollem Einsatz von dir!"

„Ja, Papa, ich gebe mir Mühe."

Armer Junge, dachte sich Hanna, der müsste doch merken, dass sein Sohn sich mit einer solchen Rolle niemals anfreunden wird. Sein Widerwille ist schließlich ganz deutlich zu spüren.

Sie nahm sich vor, ihren Besuch zu beenden, denn das Angebot entsprach ganz und gar nicht ihrem Geschmack. Sie wandte sich an Mia: „Wann bist du denn dran?"

„Weiß ich nicht!"

„Du, ich muss jetzt gehen und noch einiges für morgen vorbereiten. Wenn du mir sagst, wann du spielst, schaue ich noch mal vorbei."

„Ooch schade, bleib doch noch ein bisschen!"

„Morgen sehen wir uns wieder!", beschied ihr Hanna und wandte sich zum Gehen. Frau Striese hatte ihre Anwesenheit wohl gar nicht bemerkt. Aber ein routinierter

Schauspieler wie ihr Mann musste sie von der Bühne aus unter den Zuschauern ausgemacht haben. Warum er jetzt keinerlei Anstalten machte, den Kontakt zu ihr aufzunehmen, konnte sie nur ahnen: Sie hatte neben seiner misshandelten Tochter gesessen, was ihn wohl annehmen ließ, dass sie es war, die ihm den Kommissär auf den Hals gehetzt hatte. Groll oder schlechtes Gewissen?, überlegte Hanna, vielleicht ja sogar beides.

Auf ihre Fragen hatte sie schon mal eine wichtige Antwort bekommen, denn sie hatte gesehen, wie beide Eltern eins ihrer Kinder behandelt hatten, nämlich kalt und abweisend: Der Vater hatte seinen Sohn übel beschimpft und die Mutter nahm ihn nicht in Schutz. Da lag es wohl nahe, dass sich Mia nach Liebe und Geborgenheit sehnte.

*****

Die Vorstellung war hinreichend beworben worden: Das Selber Tagblatt hatte ausführlich über das Stück geschrieben und wenige Tage vor der Aufführung folgte auch noch ein entsprechender Veranstaltungshinweis. Darüber hinaus hatte der Verleger der Zeitung, Herr Münch, auf seine Kosten zwei Dutzend Plakate drucken lassen, die in der Stadt zum Aushang kamen.

Die Frage war jetzt, ob das Selber Publikum bereit war, sich die Darbietung eines Ensembles anzutun, das sich zunächst als ärmlich ausgestatteter Zirkus präsentiert hatte. Zudem hatte es einen Farbigen in seinen Reihen, der im Verdacht gestanden hatte, einen Mord begangen zu haben, und dann auch noch als übler Schläger aufgefallen war.

Zu bedenken war auch, ob ein von der katholischen Kirche geführtes Haus der richtige Ort für eine solche Veranstaltung war. Schließlich war Selb eine vom Protestantismus geprägte Stadt. Eine katholische Kirche gab es erst seit 1889 und ein Jahr später folgte dann eine eigene Pfarrei.

Es waren vor allem katholische Christen aus Böhmen und der Oberpfalz, die sich in der aufstrebenden Industriestadt zu einer gut organisierten Gemeinde zusammengefunden hatten. Zahlreiche kirchennahe Vereine wie ein Gesellenverein, einmännlicher und ein weiblicher Jugendverein, ein Frauen- sowie ein Cäcilienverein* verwiesen auf einen engen Zusammenhalt und ein selbstbewusstes Auftreten der Katholiken. Das führte mitunter auch zu Spannungen zwischen den beiden Kirchen. Allein die Behauptung, dass die Protestanten den Bau einer katholischen Kirche hatten verhindern wollen, störte den konfessionellen Frieden.

Frauenchöre wurden in der katholischen Kirche früher oft als ***Cäcilienchöre** bezeichnet. Die Bezeichnung geht auf die Heilige Cäcilia von Rom zurück, die als Schutzpatronin der Kirchenmusik gilt. In Selb hat sich der Chor wohl als kirchennaher Verein gegründet.

*****

Natürlich war die Lehrerin Johanna Winkler daran interessiert, dass die Veranstaltung, die am 17. September über die Bühne gehen sollte, ein Erfolg für das *Theatron Berolina* wurde. Ein guter Besuch mit entsprechenden Einnahmen war geeignet, das Unternehmen zu konsolidieren, und sollte eigentlich auch den Kindern der Familie Striese zugutekommen, was für die Lehrerin ein ganz entscheidendes Anliegen war.

Als sie ihren Eltern den Vorschlag machte, man könne sich das Stück doch gemeinsam ansehen, machte der Vater ein Gesicht, als habe man ihm ein unsittliches Angebot gemacht. Den Grund dieser Ablehnung konnte Hanna nur erahnen: Auftritte in der Öffentlichkeit waren dem Richter ein Graus. Es konnte aber auch sein, dass der Protestant sich nicht in einer Einrichtung der katholischen Kirche zeigen wollte. Die Mutter, eigentlich immer an gesellschaftlichen Ereignissen interessiert, zeigte die Vorbehalte gegen den Veranstaltungsort ziemlich offen. Sie verwies, allerdings mit einer eher spaßig gemeinten Anmerkung, darauf, dass sie nicht gerade begeistert davon sei, den „Knäirutschern", womit sie die Katholiken meinte, einen Besuch abzustatten.

„Ich sehe schon", kommentierte Hanna schmunzelnd, „dass sich eure Begeisterung in Grenzen hält, aber ich gebe zu bedenken, dass ihr euch mit Carl auch einen solchen Knierutscher eingehandelt haben könntet." Die Eltern zeigten sich fassungslos ob dieser Einlassung.

„Aber doch nicht wirklich!", stöhnte die Mutter entnervt.

„Aber vielleicht!", meinte Hanna lachend, um dann auch noch ein bisschen zu schwindeln: „Stellt euch mal vor, wir sind jetzt schon ein paar Monate zusammen, aber wer nun von uns welcher Konfession angehört, war für uns nie ein Thema. Und", jetzt wurde sie ernst, „das soll so bleiben! Und ihr seid doch auch nur sogenannte Gelegenheitschristen, die eher selten in die Kirche gehen. Da frage ich mich doch, warum ihr diese entschiedene Abgrenzung der Konfessionen überhaupt noch verteidigt!"

„Nun lass mal die Kirche im Dorf!", nahm der Richter Stellung, um die Wogen zu glätten. „Du hast ja im

Grunde Recht, aber du musst auch Mutter verstehen, sie ist nun mal in einem protestantischen Umfeld aufgewachsen und da übernimmt man irgendwann auch diesen Hickhack zwischen den Religionsgemeinschaften. Außerdem hat sie das mit den Knierutschern doch gar nicht ernst gemeint."

„Dann stelle ich fest, dass einem gemeinsamen Besuch des *katholischen Jugendheims* nichts im Wege steht!", verkündete Hanna sichtlich zufrieden.

„Es gibt Schlimmeres!", lenkte der Richter lächelnd ein.

Seiner Ehefrau war aber zunächst eine andere Sorge wichtig: „Aber kirchlich geheiratet wird schon?" Die Frage kam eher wie eine verzweifelte Bitte daher.

„Natürlich, Mutter! Und zwar in der evangelischen Stadtkirche. Da haben wir uns schon festgelegt. Eine Lehrerin und ein Kommissär wissen schon, dass es Konventionen gibt, die eingehalten werden wollen. Aber vielleicht schaffen es ja unsere Kinder, sich von diesen Fesseln zu befreien."

Hanna hatte es mit einer Einladung geschafft, konfessionelle Engstirnigkeit in der Familie aufzubrechen und dazu noch en passant ihrer Mutter die Hoffnung zu bereiten, einem Glück als Großmutter entgegenzusehen.

*****

Die Vorstellung sollte um acht Uhr beginnen. Eine gute halbe Stunde vorher machten sich die Winklers samt ihrer Tochter und dem Schwiegersohn in spe auf den Weg in das *katholische Jugendheim*. Zunächst betraten sie den Flur, der zum großen Saal führte. Rechter Hand befand sich das *Stüberl*, ein kleines Wirtshaus, und auf der anderen Seite die Aborte und das Pissoir. Schließlich trafen sie auf ein Tischchen, an dem die Wahrsagerin und Frau Striese die Karten verkauften, zu je zwei Mark für Erwachsene, fünfzig Pfennige für Kinder, Rentner, Kriegsinvaliden und Arbeitslose.

Nachdem sie den Saal betreten hatten, verschaffte sich Hanna zunächst einmal einen Überblick, denn sie war schon gespannt darauf, wer sich hier einfinden würde. Sieht doch sehr katholisch aus, dachte sie, als ihr Blick auf die erste Reihe fiel, wo sich vier Niederbronner Schwestern niedergelassen hatten. Diese Nonnen waren in der Gemeinde für Sozialdienste wie Kranken-, Altenpflege und Kinderbetreuung zuständig: Zu erkennen waren sie an ihrem schwarzen Habit mit blauer Schürze und ihrer Kopfbedeckung, die aus einem schwarzen Schleier bestand, der ausgehend von einem weißen Stirnband über die Haare bis zu den Hüften reichte. Hanna hatte auch einige ihr bekannte Frauen im Blick, die dem katholischen Kirchenchor angehörten.

Das Wirtshaus war auch vom Saal her zu erreichen. Durch die offene Tür drang lautes Stimmengewirr, das darauf verwies, dass sich dort schon zahlreiche Besucher aufhielten, die sich bei einem Bier auf die Veranstaltung einstimmten.

Es ging jetzt auf dreiviertel acht zu und Hanna überfiel die Sorge, dass sich die Selber Protestanten dem Ort verweigern würden. Ähnliche Gedanken schienen auch ihre Eltern zu bewegen, denn sie blickten auf der Suche nach bekannten Gesichtern irritiert in die Runde. Aber dann, etwa zehn vor acht, ging es Schlag auf Schlag, indem auch Selber und Selberinnen auftauchten, denen man wahrlich keine Nähe zur katholischen Kirche vorwerfen konnte: Es begann mit einer Abordnung der sozialdemokratischen Stadträte, die vom zweiten Bürgermeister Kießling angeführt wurde, es folgten das Ehepaar Walberer, dann der Herausgeber des *Selber Tagblatts*, der sich in Begleitung seines Redakteurs Rüter befand. Auch ihr Kollege Guttau von der Gartenschule und Mitglieder des Kollegiums aus der Luitpoldschule sowie verschiedene andere Bekannte der Winklers fanden sich ein.

Jetzt hellte sich vor allem die Miene von Frau Winkler auf, denn sie hatte nun die Gelegenheit, sich als selbstbewusste Patriarchin zu präsentieren, die, der Kunst verbunden, auch bereit war, konfessionelle Engstirnigkeit zu überwinden. So war sie es, die kurz vor acht Uhr gegenüber ihrer momentanen Gesprächspartnerin, Frau Walberer, mit Bedauern feststellte: „Schon wirklich schade, dass sich hier kein einziger evangelischer Pfarrer oder sonst wer von der Kirche sehen lässt."

Wie im richtigen Theater mahnte das Erklingen einer Glocke die Zuschauer, ihre Plätze einzunehmen. Familie Winkler hatte sich in der dritten Reihe niedergelassen. Der Saal war jetzt bis auf wenige freie Stühle besetzt. Es mochten gut und gerne etwas mehr als hundert Menschen im Saal anwesend sein. Pünktlich um acht ging der Vorhang auf.

Hanna bemerkte sehr bald, dass Striese das Stück einer Überarbeitung unterzogen haben musste, denn er bot eine Kurzfassung, was wohl dem Mangel an Personal geschuldet war. Außerdem fiel ihr auf, dass der Direktor dem Stück eine Deutung gegeben hatte, die der Text eigentlich nicht hergab: So wurde aus dem Gutsbesitzer Klapproth, von dem eigentlich ein situiertes Auftreten zu erwarten war, ein pöbelnder Spießbürger, der sich aufführte wie die Axt im Wald. Er warf seiner Frau vor, ihn betrogen zu haben, und bedrohte sie mit dem Tod. Als sich seine kleine Tochter, gespielt von Mia, zu Wort meldete und dann ankündigte, sie müsse „pieseln“, reagierte der Vater mit einer brachialen Gewaltandrohung: „Ein deutsches Mädchen will einfach mal pieseln! Ich fass es nicht! Der Mensch ist kein Tier! Es wird net pieselt! Nicht bei mir! Aus dir spricht der innere Schweinehund. Da heißt es hart bleiben. Aus diesem Grund müssen wir dich an den Stuhl binden. Maul halten und hinsetzen!“

Was Striese bewegt hatte, seine Rolle so anzulegen, als wolle er die vermeintlich Irren mit eigenem Wahnsinn überbieten, konnte sich Hanna zunächst nicht erklären. Als Angst und Schrecken verbreitender Klapproth traf Striese allerdings nicht den Geschmack des Publikums, dem dieser schwarze Humor eher fremd war.

Die Szene, die Hanna bereits von der Probe her kannte, war dann bestens geeignet, das Publikum in überbordende Heiterkeit zu versetzen. Leander hatte sich die Kritik seines Vaters zu Herzen genommen und den Sprachfehler so überzeugend verinnerlicht, dass der Auftritt der beiden mehrmals mit Szenenapplaus bedacht wurde.

Für Hanna war das allerdings nur derber Klamauk und es gab sicher auch andere Zuschauende, die das nicht anders sahen. Andererseits musste sie sich eingestehen, dass es Striese auch gelang, mit seinem Stück einen gewissen Tiefgang zu erreichen. Das gelang mit der Rolle der Schriftstellerin, die, glänzend gespielt von der Wahrsagerin, jegliches Handeln auf der Bühne kritisch hinterfragte, um es dann einem Roman zuzuordnen, der allerdings noch geschrieben werden musste, und zwar für die *Gartenlaube**.

Schnell entwickelt sich zwischen Klapproth und der Dame eine Beziehung, die durchaus das Attribut „amourös“ verdient. Er, der plötzlich gar nicht mehr weiß, ob er überhaupt verheiratet ist, weckt mit der Geschichte seiner freudlosen Jugend und der Suche nach einer „edlen Frauennatur“ das Interesse der Dichterin und sie kündigt an: „Ihr Leben ergibt schon mal allein drei bis vier Kapitel in dem Roman“. Als sie sich dann selbst als handelnde Person in das geplante Werk einbringt und vorschlägt, sie könne ja in einem Kapitel die Rolle der ersehnten Frau einnehmen, deutet das Klapproth als Antrag.

***Die Gartenlaube**, gegründet 1853 in Leipzig, war ein Vorläufer moderner Illustrierten. Die Zeitschrift war das erste große erfolgreiche Massenblatt, das in seinen Hochzeiten bis zu fünf Millionen Menschen erreichte.

Die Passage, die dann folgte, war allerdings nicht einer katholischen Einrichtung angemessen: Klapproth fällt mit einem Brunftschrei über die Dame her und will ihr an die Wäsche. Da half es ihm dann auch nicht weiter, dass sich die Schriftstellerin mit einem spitzen Schrei der sexualisierten Annäherung entzog, denn das Publikum sah Sitte und Anstand verletzt und verharrte in peinlichem Schweigen.

Hanna eröffnete besonders diese Passage eine Sicht auf Striese, die sich ahnungsweise schon angedeutet hatte, aber jetzt zur Gewissheit wurde: Der Mann hat sich gerade und auch schon in den Szenen vorher selbst gespielt und seine Gewaltphantasien im Spiel ausgelebt. Jetzt konnte sie auch davon ausgehen, dass er wahrlich nicht der liebende Familienvater war, der Ehefrau und Kindern innig zugetan war. Mit Spannung blickte sie einem Gespräch mit Carl über die Aufführung entgegen: War auch er zu diesem Schluss gekommen?

Nahm man den Schlussapplaus als Maßstab für die Akzeptanz des Stückes beim Publikum, so war dann doch festzustellen, dass Striese einen Erfolg eingefahren hatte. Besonders Mia, die sich vor allem durch ihr stummes Spiel die Sympathien der Zuschauer erworben hatte, ihr großer Bruder, der den Ober mit dem Sprachfehler gespielt hatte, und die Wahrsagerin bekamen den größten Beifall und die meisten Vorhänge. Striese kam etwas schlechter weg, was wohl an der unsittlichen Attacke auf die Schriftstellerin lag. Selbst schuld, dachte Hanna, wenn ein Profi nicht bedenkt, vor welchem Publikum er auftritt!

Von der Heides Fehltritt

So hatte sich der feine Herr die Kontaktaufnahme nicht vorgestellt: Eigentlich hatte er damit gerechnet, dass man ihm die Wahrsagerin in einem Nebenzimmer des *Edion* zuführen würde. Aber nun stand er wie ein Bittsteller auf diesem verkommenen Lagerplatz der Zirkustruppe und war mit drei Personen konfrontiert, weil sein Objekt der Begierde den Modus Operandi bestimmen wollte. Ein ihm fremder älterer Mann, der Messerwerfer und schließlich die Wahrsagerin lümmelten auf einem Baumstamm, ohne seinem Herannahen Aufmerksamkeit zu schenken. Die beiden Artisten waren ihm vom Besuch der Zirkuspremiere her bekannt. Und damals hatte er beschlossen, dieser ausnehmend schönen Zigeunerin irgendwie näherzukommen.

Noch schwankte er, ob er diesen für ihn eher peinlichen Auftritt nicht lieber sofort abbrechen sollte; schließlich hatte er doch mit einer gewissen Ehrerbietung gegenüber seiner Person gerechnet. Aber das Gespräch mit dieser geheimnisvollen Schönheit war ihm dann doch so wichtig, dass er die Begegnung fortführen wollte.

Mit einem Räuspern leitete er seine Vorstellung ein: „Gestatten, Professor von der Heide mein Name." Nun sprach er die Wahrsagerin direkt an: „Man hat mir im *Edion* gesagt, dass Sie die Sitzung hier durchführen werden. Nun weiß ich nicht so recht“, er blickte zunächst unsicher auf die beiden Männer, dann in die Runde, „ob wir hier …?“

„Wo sonst?“, unterbrach ihn die Radu schnippisch. Mit einem Wink bedeutete sie ihren Gefährten, sich zu entfernen. „So, nun können wir!“ Sie deutete auf den Platz neben sich. Das war nun wieder so eine Zumutung für den Besucher, denn ihm missfiel diese rustikale Nähe. Schließlich war er ein Mann von Welt, der gepflegte Umgangsformen bevorzugte. Lieber hätte er einen Tisch zwischen sich und der Wahrsagerin gehabt, um eine gewisse Distanz zu betonen und seine imposante Gestalt und seine intellektuelle Überlegenheit besser zur Wirkung zu bringen. Doch er fügte sich und ließ sich schwerfällig nieder, achtete dabei aber darauf, dass er der Radu nicht zu nahe kam. Die hatte schon längst beschlossen, dem Besucher mit offenem Visier gegenüberzutreten, also auf die Marotte zu verzichten, mit ungarischem Akzent zu sprechen. „Was führt Sie zu mir?“, wandte sie sich an den Professor.

Jetzt erst einmal im Gespräch, war von der Heides Kalkül, würde er die Dame schon mit seinem Intellekt beeindrucken. Mit geschliffenem Deutsch machte er ihr ein Kompliment: „Lassen Sie mich zunächst mein Erstaunen zum Ausdruck bringen, dass Sie ein hervorragendes Deutsch sprechen. Mir hat man gesagt, Sie seien Ungarin.“ Dann ging er auf die Frage ein: „Sie sollten wissen, dass ich jedem Aberglauben mit größter Skepsis gegenüberstehe, so auch dem so genannten Zweiten Gesicht, das man Ihnen ja zuschreibt. Andererseits stimme ich aber auch der Aussage des Dichters zu, dass es Dinge zwischen Himmel und Erde gibt, von denen sich unsere Schulweisheit nicht träumen lässt. Schließlich kurz und bündig: Ich benötige Ihren Rat."

„Auch in Ungarn spricht man nicht selten ein hervorragendes Deutsch", fertigte die Radu den Besucher zunächst einmal trocken ab, um ihn dann kritisch anzugehen: „Ich teile Ihre Skepsis, stelle aber fest, dass ich nur ein Gesicht habe und eigentlich nur gesundem Menschenverstand vertraue." Es folgte der Appell: „Kommen wir zur Sache!"

„Nun, ich habe mich einer jungen politischen Bewegung angeschlossen und in mir ist der Entschluss gereift, der Volksgemeinschaft zu dienen, indem ich mich zunächst als Abgeordneter auf Landesebene für unsere Ideale einsetze. Nun spüre ich vor Ort einen gewissen Widerstand gegen dieses Ziel. Und ich möchte nun von Ihnen wissen, ob es sich lohnt, den Kampf aufzunehmen, und ob ich am Ende obsiegen werde."

Von der Heide empfing einen Blick, der ihm durch Mark und Bein ging, er fühlte, dass die Frau tief in sein Inneres blickte und dabei war, ihn zu durchschauen. Die Antwort gab ihm Recht: „Zunächst die Binsenwahrheit: Der Kampf für Ihr Ziel, Sie wollen dienen, lohnt sich immer. Nun stelle ich aber fest, dass Sie ein gebildeter Mensch sind, der die Anpassung hasst wie der Teufel das Weihwasser, und durchaus in der Lage sind, die Frage selbst zu beantworten. Es muss also einen weiteren Grund für Ihr Kommen geben."

Auf der Stirn des ertappten Schwindlers bildeten sich Schweißperlen – ein Zustand, der überhaupt nicht zu intellektueller Überlegenheit passte. Er ärgerte sich über sich selbst. Wie kannst du dir nur so eine Blöße geben!?, dachte er und beschloss, sich der neuen Lage anzupassen: Zunächst wischte er sich unauffällig über die Stirn, um das Ergebnis seiner Betroffenheit zu kaschieren. Dann heuchelte er mit einem gequälten Lächeln Verlegenheit: „Sie haben mich durchschaut!“ Er wollte jetzt unbedingt das Heft wieder in die Hand bekommen. Dazu musste er sich allerdings zunächst einmal erheben, um die Frau mit der Pose des Volksredners zu beeindrucken. Breitbeinig dastehend hob er an: „Sie sollten wissen, dass ich mich in erster Linie als rastloser Kämpfer für die moralische Gesundung des Volkskörpers sehe und …“

Sophia Radu fiel ihm ins Wort und war dabei, ebenfalls aufzustehen: „… und Sie sehen mich als lohnendes Objekt für Ihr Bemühen, weil Sie vermuten, dass ich als Zigeunerin käuflich und damit eine Gefahr für Ihr Volk bin.“

„Nein! Und noch einmal nein!“, schmetterte ihr der Professor entgegen. „Ich will Ihnen helfen!“

„Wobei?“

„Nun ja, Sie sind attraktiv und gebildet. Sie müssen diesem verkommenen Tingeltangel entfliehen! Um es auf den Punkt zu bringen: Ich will Sie aus Ihrer Misere befreien und zu dem machen, was Sie eigentlich verdient haben.“ Er war nun mit sich selbst zufrieden, denn er hatte seine Botschaft an die ersehnte Frau gebracht und war sich sicher, dass sie ihn erhören würde.

Nun erlaubte sich die Angebetete ein grausames Spiel mit dem Freier: Sie rief laut. „Wilhelm, du wirst gebraucht!“ Der Gerufene erschien mit fragendem Gesicht auf der Bildfläche und wurde sogleich von seiner Zukünftigen mit einer Botschaft überrascht: „Wilhelm, mit uns wird’s nichts, der Herr da“, sie deutete auf den

Adeligen, „nimmt mich mit auf sein Schloss. Ob er mich heiraten will, was ich sehr hoffe, hat er mir noch nicht gesagt, aber er kann mich mit Sicherheit zu einer deutschen Frau machen."

Maharero schien zunächst wie vom Donner gerührt, mit offenem Mund starrte er auf seine Sofia. Aber zu oft schon hatte ihn seine Zukünftige mit ihrem Sarkasmus in die Irre geführt und er durchschaute ihr Spiel, indem er jetzt sofort seine Rolle übernahm: „Nur über meine Leiche!", tönte er laut drohend. Dann richtete er sich an von der Heide: „Ich schlage vor, wir duellieren uns. Ihnen bleibt die Wahl der Waffe!"

Noch im festen Glauben an eine erfolgreiche Werbung, reagierte der Professor mit Häme: „Dass ich nicht lache! Was maßen Sie sich eigentlich an? Sie sind doch gar nicht satisfaktionsfähig!"

Doch wenig später musste er feststellen, dass sein Werben umsonst war, denn die Frau seiner Träume ging auf ihren Wilhelm zu und schmiegte sich an seine Brust. Von der Heide erfasste eine unbändige Wut und er verließ, übelste Drohungen ausstoßend, das Gelände des verkommenen Tingeltangels.

Hätte von der Heide bemerkt, dass sich sein Abgang gewissermaßen öffentlichkeitswirksam vollzog, wäre er wohl bedeutend geräuschloser entschwunden. Als er auf den Lagerplatz der Truppe zugesteuert war, hatte er weder auf der Straße noch in dem angrenzenden Biergarten des *Edion* irgendwelche Passanten respektive Besucher wahrgenommen. Das konnte ihm nur recht sein, denn seine ablehnende Position gegenüber fahrendem Volk war der Öffentlichkeit hinreichend bekannt. Aber als er den Ort seiner Niederlage verließ, war der

Außenbereich mit zwei Selber Bürgern besetzt, die sich zu einer Brotzeit eingefunden hatten. Und damit nahm das Verhängnis, nämlich „'s Maulzerreiß'n", seinen Lauf. Was da von der Heide genau von sich gegeben hatte, konnte am nächsten Tag an den Selber Stammtischen nicht mehr genau verifiziert werden. Aber die doch erheblich variierende Liste der Zuschreibungen hatte es in sich: Worte wie „Ratten und Schmeißfliegen" und „Ausrotten mit Stumpf und Stiel" wurden kolportiert und fanden natürlich auch Zugang zur städtischen Schutzmannschaft, deren Aufgabe es schließlich war, die Ohren für den öffentlichen Diskurs offenzuhalten.

*****

Die Meldungen über den Auftritt des Professors landeten peu à peu bei Inspektor Müller, der sich schließlich veranlasst sah, seinem Vorgesetzten, Kommissär Werner, Meldung zu machen: „Da scheint sich was zusammenzubrauen gegen den von der Heide, er soll gestern beim *Edion* den Zirkusleuten mit Tod und Vernichtung gedroht haben."

„Von wem haben Sie das?"

„Das haben unsere Leute bei ihren Streifengängen aufgeschnappt, vielleicht auch im Wirtshaus", fügte Müller schmunzelnd hinzu.

„Der Mann war ja schon einmal bei mir", gab Werner zur Antwort, „um mir vorzuschreiben, wie ich meine Ermittlungen zu führen habe. Das war allerdings nach dem Mord. Aber jetzt hat ihm der Bleibtreu ja einen Täter präsentiert. Da möchte ich schon gerne wissen, was diesen Spinner jetzt umtreibt." Dann gab er Müller die

Anweisung: „Sichern Sie sich den Dienstwagen! Nach der Mittagspause besuchen wir den Zirkus!“

Bei ihrer Ankunft in der Nähe des *Edion* setzte leichter Regen ein und Werner beschloss, die Befragung im Wirtshaus durchzuführen. Er bat Frau Moser, ihm ein Nebenzimmer zur Verfügung zu stellen, und Müller gab er den Auftrag, die Radu und den Maharero herbeizuholen. Die Zeit des Wartens nützte er zu einem kurzen Gespräch mit der Geschäftsführerin. „Wissen Sie“, er deutete auf den Lagerplatz, „was gestern da drüben abgelaufen ist?“

Die Dame verwies zunächst nur darauf, dass zwei Gäste beim Bezahlen von einem „üblen Auftritt“ von der Heides gesprochen hätten. Aber dann konnte sie mit einer interessanten Botschaft aufwarten: „Eigentlich wollte sich der feine Herr ja mit der Radu hier in diesem Raum treffen, um ihre Dienste als Wahrsagerin in Anspruch zu nehmen. Aber ich denke, der Schmutzfuß hatte anderes im Sinn.“

„Jetzt machen Sie mich aber neugierig!“, reagierte Werner.

„Es wundert mich aber doch ein bisschen“, meinte Frau Moser lachend, „dass Sie nicht wissen, was dieser geile Bock so treibt: Der ist scharf auf junge Frauen, die er mit seinen Blicken regelrecht verzehrt. Aber er ist nun mal kein Don Juan und tut sich schwer mit dem Flirten. Selbst ich, nicht mehr gerade die Jüngste, durfte eine Zeitlang sein stummes Schmachten erfahren. Und in seiner Not ist er vor einiger Zeit sogar einmal mit einer Animierdame von hier nach oben mit aufs Zimmer gegangen. Die Geschichte können Sie sich ja noch einmal von Ihrer Verlobten erzählen lassen. Sie weiß in der Sache bestens Bescheid.“

„Habe ich damals auch wahrgenommen!“, antwortete Werner, „aber sehr interessant, was Sie da noch erzählen! Dabei ist der Herr doch bekannt für seine hohen moralischen Ansprüche!“

Nun betraten die beiden Artisten, begleitet von Müller, den Raum. Von Werner aufgefordert, doch einmal zu berichten, wie die Begegnung mit Professor von der Heide am gestrigen Tag abgelaufen sei, schilderte die Radu das Geschehen eher mit einem lachenden Auge. Dabei bezeichnete sie den Mann als einen armen Wicht, „der sich aufbläht wie ein Ochsenfrosch, um das weibliche Geschlecht zu beeindrucken“.

„Aber der soll Sie und Ihren Begleiter ernstlich bedroht haben!“, gab Werner zu bedenken.

„Ja, schon! Er hat uns einiges an den Kopf geworfen“, meinte Maharero, „aber Sie sollten wissen, dass wir den Herrn doch ziemlich vergackeiert haben.“

„Scheint mir so, als würden Sie auf eine Anzeige verzichten“, spekulierte der Kommissär.

Die beiden tauschten stumme Blicke aus und die Radu gab die Antwort: „So ist es! Ich will das auch begründen: Was uns dieser Trottel da an den Kopf geworfen hat, teilen in diesem Land viele Menschen, ich würde fast sagen: zu viele! Und eine Anzeige gegen den einen bringt da gar nichts.“

„Ihre Sicht der Dinge!“, stellte Werner fest. „Aber ich behalte mir Schritte gegen diesen Hetzer vor. Und dazu will ich jetzt gerne wissen, welche Worte da gefallen sind.“ Er blickte auf Müller: „Notieren Sie!“

Nun wurde Werner mit dem Argument konfrontiert, dass man sich eigentlich schon abgewandt habe, als der

Professor das Gelände verließ. Folglich bestehe die Gefahr, dass man sich verhört haben könnte.

„Glaub ich zwar nicht, muss ich aber akzeptieren." Mit dem Hinweis, er danke für die Auskünfte, entließ er das Paar.

„Angst vor den Konsequenzen?", spekulierte Müller.

„Glaub ich eher nicht", meinte sein Vorgesetzter, „die haben den Kerl doch nach eigener Aussage gnadenlos blamiert. Das macht man nicht, wenn man Angst vor dem hat! Vermutlich gilt das, was die Radu gesagt hat: Eine Anzeige bringt nichts. Aber trotzdem", jetzt zeigte sich der Kommissär entschlossen, „werde ich dem feinen Herrn Professor mal kräftig auf die Füße treten. Dazu brauchen wir aber die Namen der Zeugen von Frau Moser. Schauen wir mal, wo die sich rumtreibt!"

*****

„Ich soll dir die besten Grüße von Rieke Moser ausrichten."

„Oh, danke! Was hast du denn im *Edion* gemacht?"

„Der Herr von der Heide hat sich bei den Zirkusleuten aufgeführt wie die Axt im Walde; da waren unter anderem auch Beleidigungen und Drohungen im Spiel. Und sie meinte, du könntest mir einiges über den Mann erzählen."

Hanna antwortete lachend: „Da hat der Herr Saubermann wohl mal wieder den Sittenwächter gespielt!"

„Nicht ganz, er hat der Radu Avancen gemacht!"

„Kann ich mir gut vorstellen, diese Schönheit passt offensichtlich ganz gut in sein Beuteschema. Seine Masche scheint es zu sein, gefallene Frauen aus ihrer

Misere zu erretten. Ist dir damals bei der Premiere der Truppe nicht aufgefallen, dass er die Frau mehrmals mit seinem Fotoapparat anvisiert hat?“

„Ich habe ihn sehr wohl wahrgenommen“, sagte Werner, „aber dann ganz bewusst nicht mehr hingesehen, denn ein Blickkontakt war das Letzte, was ich wollte. Der Kerl ist mir ganz und gar nicht geheuer.“

„Noch vor deiner Zeit in Selb ist er mit einem Animiermädchen aufs Zimmer gegangen“, fuhr Hanna fort, „dort hat er ihr zunächst ins Gewissen geredet, wurde dann aber schwach und hat sich … na ja, ich sag jetzt mal, bedienen lassen. Nebenbei: Dir ist das Mädchen bekannt, du hast den Mord an ihr aufgeklärt. Und du hattest auch ihr Tagebuch vor Augen!“

„Rosa Messer? Oh, jetzt erinnere ich mich wieder! Ich habe mich damals schon gewundert, wie gut du da eingeweiht warst“, fügte Werner lachend an.

„Hat sich halt so ergeben!“, verkündete Hanna mit Unschuldsmiene, um ihren Carl nach kurzem Überlegen zu fragen, ob er denn gedenke, gegen von der Heide vorzugehen.

„Die Radu und der Maharero haben auf eine Anzeige verzichtet, aber ich werde mir den Herrn schon mal vornehmen und ihm sagen, dass man Menschen, auch wenn sie einem verachtenswert erscheinen, nicht den Tod androht.“

„Meinen Segen hast du“, antwortete Hanna, „aber du weißt, dass du dir damit Feinde machst in dieser Stadt.“

„Damit muss und kann ich leben!“, war Werners Resümee.

*****

„Vornehmen“ wollte er sich den Herrn oder ihm „kräftig auf die Füße treten“. Leichter gesagt als getan! – Diese Einsicht stellte sich schon da ein, als Werner einen gangbaren Weg ins Auge fasste: Einem Besuch bei dem Herrn konnte der Beigeschmack des Bittstellers anhaften und für eine Einbestellung gab es eigentlich keinen Grund.

Es war dann von der Heide selbst, der ihn von einer Entscheidung enthob, denn der Mann erschien am nächsten Vormittag in der Polizeiwache und lieferte dort einen Auftritt der besonderen Art: Ohne sich an die Regel zu halten, in der Wache zunächst einmal seinen Namen und sein Anliegen zu nennen, strebte er der Amtsstube Werners zu. Der junge Wachtmeister Maurer versuchte zwar noch, ihn aufzuhalten, wurde aber einfach zur Seite geschoben. „Meine Sache obliegt der Zuständigkeit des Kommissärs“, fertigte er den Beamten wütend ab.

Werner, von dem Lärm auf dem Gang aufmerksam geworden, öffnete die Tür und sah sich von der Heide gegenüber, der schwer atmend und stark schwitzend in einem Zustand höchster Erregung zu sein schien. Hinter ihm nahm der Kommissär Maurer wahr, der hilflos mit den Armen ruderte und damit wohl sein Bedauern zeigen wollte, dass er sich von dem Besucher hatte überrumpeln lassen.

Als sich die beiden Herren schließlich in Werners Büro gegenübersaßen, wollte Werner dem Professor erst einmal diesen überfallartigen Auftritt vorhalten. „Ich muss Sie doch sehr bitten, in Zukunft ...!“, begann er, aber schon fuhr ihm der Wüterich über den Mund, indem er von einer „ungeheuren Sauerei“ sprach, die „sofort und mit letzter Konsequenz“ zu unterbinden sei.

Werner ließ sich nicht aus der Ruhe bringen und belehrte den Besucher höflich, aber bestimmt: „Zunächst möchte ich Sie darauf hinweisen, dass Sie sich wie jeder Bürger ordnungsgemäß im Wachraum anzumelden haben!“

„Wo kommen wir denn hin, wenn sich die Eliten an kleinkarierte Vorschriften halten sollen“, brauste der Professor auf, „obwohl Dämme brechen und die Existenz eines verdienten Bürgers vernichtet werden soll!?“

„Ich bitte Sie doch, diese Bedrohung näher zu erläutern“, forderte Werner.

Wieder blieb die Anklage eher im Vagen: „In dieser Stadt kursieren Gerüchte, gestreut von üblem Gesindel, die meine Reputation auf das Ärgste beschädigen.“

Nun beschloss der Kommissär, selbst konkreter zu werden. „Kann es sein, dass Sie Ihr Auftreten beim *Theatron Berolina* ansprechen?“, fragte er.

Von der Heide schnellte hoch und fuhr ihn an: „Was? Sie wissen …! Und haben nichts gegen dieses Gesindel unternommen?!“

Werner lehnte sich zurück, denn das vor Zorn gerötete Gesicht des Besuchers war ihm doch ziemlich nahe gekommen. „Ich bitte Sie, doch wieder Platz zu nehmen!“, forderte er den Besucher höflich auf. „Dann werde ich Ihnen antworten.“ Schnaubend ließ sich sein Gegenüber zurück auf den Stuhl sinken.

„Mein Handlungsbedarf wird sich erweisen“, legte sich Werner fest, „wenn Sie mir Ihre Sicht der Dinge unterbreitet haben.“

„Man wirft mir vor, fahrendem Volk mit sofortiger Exekution gedroht zu haben.“

„Haben Sie denn vorher irgendwelche Beleidigungen respektive Bedrohungen verlauten lassen?“, insistierte der Polizist.

„Ach Gott! Ich war wütend, weil mein Angebot, eine junge Frau aus ihrer Misere zu befreien, mit einer unflätigen Geste abgelehnt wurde. Und da droht man schon mal mit Konsequenzen.“

„Und Sie gehen davon aus, dass diese Frau und ihr Begleiter gewisse Gerüchte gestreut haben.“

„So ist es.“

„... eben nicht!“, entgegnete Werner scharf: „Es waren zwei ehrenwerte Selber Bürger, die Ihren Abgang beobachtet und genau gehört haben, dass Sie die Leute beleidigt und bedroht haben.“

„Wer sind diese Schurken?“, wollte von der Heide in einem Ton wissen, der eindeutig auf Rachegelüste verwies.

„Das werde ich Ihnen nicht sagen“, antwortete der Kommissär, „denn bisher ist noch keine Anzeige gegen Sie eingegangen, weder von den beiden Zeugen noch von den Zirkusleuten. Und ich gehe davon aus, dass das so bleiben wird. Insofern sehe ich für meine Behörde keinen Handlungsbedarf.“

„Aber es ist Ihre Pflicht“, beharrte von der Heide nachdrücklich, „mich vor übler Verleumdung zu schützen.“

„Nun bitte aber ich Sie, mich von dieser Pflicht zu entbinden, denn am Ende könnten Sie vor dem Richter landen, falls sich herausstellt, dass Sie die Zirkusleute wirklich mit dem Tod bedroht haben. Und dabei könnte Ihnen auch die Herabwürdigung der Zeugen als ‚Schurken‘ gewaltig auf die Füße fallen. Mein Rat lautet:

Entschuldigen Sie sich bei der Radu und dem Maharero für eine unbedachte Äußerung, die einer gewissen Erregung geschuldet war."

„Kommt nicht in Frage!", legte sich von der Heide entschieden fest. Es war ihm deutlich anzusehen, dass es in ihm brodelte. Aber nach einer Weile wandte er sich ziemlich gefasst an den Kommissär: „Ich sehe meine Hoffnung in Sie enttäuscht, denn Sie sind auf dem besten Weg, sich an einer Haltung zu orientieren, die Sie ‚ehrenwert' nennen und die nichts anderes als die Bolschewisierung des deutschen Volkes im Auge hat. Sie können davon ausgehen, dass Sie nach dem Sieg unserer Bewegung zur Rechenschaft gezogen werden."

„Ich bitte Sie in aller Form, diesen Raum zu verlassen", reagierte Werner kühl und erhob sich. Gemessenen Schrittes und ohne ihn mit einem Blick zu würdigen, verließ Professor von der Heide das Büro. Armes Deutschland, ging es dem Beamten durch den Kopf, wenn diese braunen Krawallbrüder an die Macht kommen!

Bierbichlers wundersame Wandlung

Es gibt wohl nur einen Beruf, der von der Tradition her Männern vorbehalten ist und ziemlich hohe Anforderungen an den Bewerber stellt, obwohl er weder ein Diplom noch eine Gesellenprüfung voraussetzt: Da sind zunächst einmal der muskulöse Körperbau und eine explosive Schlagkraft zu nennen, verbunden mit der Beherrschung einer Kampfsporttechnik. Von Vorteil sind auch solide kaufmännische Kenntnisse. Darüber hinaus muss der Kandidat völlig empathielos und bereit sein, seine Ziele mit gnadenloser Brutalität durchzusetzen. Auch schauspielerisches Talent ist unbedingt vonnöten, denn zumindest kurz- oder mittelfristig muss der Kandidat in der Lage sein, charmant und einfühlsam gegenüber Frauen aufzutreten. Gemeint ist der Lude, ein Begriff, der aus der Gaunersprache kommt und den Zuhälter meint, der zur Prostitution gehört wie die Faust aufs Auge.

Und Sofia Radu war in der Lage, gleich mehrere solcher Typen zu beschreiben. Aufgewachsen war die Romni im rumänischen Sibiu (deutsch: Herrmannstadt) als Tochter einer alleinstehenden Köchin, die im Dienst einer reichen Familie stand, die sich dem Deutschtum zugehörig fühlte. Sofia hatte das Glück, mit den Kindern der Herrschaft aufzuwachsen und wie die von einer Privatlehrerin unterrichtet zu werden. Die Wirren des

Weltkrieges beendeten diese behütete Kindheit: Die Mutter verlor ihre Arbeit und erkrankte schwer. Ihre Tochter war nun mit zwölf Jahren gezwungen, für den Unterhalt der beiden zu sorgen. Das versuchte sie mit Betteln und verschiedenen Hilfsarbeiten. Mit sechzehn hatte sie eine feste Anstellung in einem Café erlangt.

Und damit begann ihr Weg ins Unglück: Ein gutaussehender Gast des Etablissements, der leicht zehn Jahre älter war als sie und in anscheinend gesicherten finanziellen Verhältnissen lebte, verliebte sich unsterblich in das hübsche Mädchen und machte sie zu seiner Geliebten. Nach einer kurzen Phase des gemeinsamen Glücks zeigte er sein wahres Gesicht und führte sie wohlhabenden älteren Männern zu, um für die Schäferstündchen horrende Summen zu kassieren – kein Wunder, denn Sofia war ausgesprochen schön und verfügte über sehr gute Umgangsformen. Warum der Lude Sofia nach Prag verkaufte, kann nur geahnt werden: Die Radu erbrachte ihm eine exorbitante Ablösesumme, außerdem machte sie ihm immer wieder Schwierigkeiten, indem sie sich bestimmten Kunden verweigerte. Dieses zickige Verhalten bereitete ihr in der Folge zunehmend Schwierigkeiten und war so etwas wie der Ritt auf der Rasierklinge, denn Zuhälter zögerten nicht lange, wenn es um die Bestrafung ihrer Pferdchen ging: Die wurden manchmal windelweich geprügelt, wenn sie nicht spurten. Sofia waren auch Kolleginnen bekannt, die man vor allem im Gesicht so gezeichnet hatte, dass sie für die Prostitution nicht mehr zu gebrauchen waren. Noch schützte sie ihre Schönheit und damit ihr Marktwert vor einer solchen drakonischen Strafe, aber ihr war bewusst, dass dieser Zustand nicht von Dauer sein würde.

Es war also kein Wunder, dass sie ständig nach der Möglichkeit suchte, dem Gewerbe zu entfliehen – kein einfaches Unterfangen, denn sie würde sich von Knall auf Fall ohne gültige Papiere völlig allein gestellt auf der Welt finden.

Dass sie beim *Theatron Berolina* landen würde, hatte sie ihrer Angewohnheit zu verdanken, regelmäßig heimlich die Tageszeitung zu lesen, die in dem Regensburger Vergnügungstempel auslag, wo sie als Amüsierdame und Tänzerin beschäftigt war. In dem Blatt stieß sie auf einen Artikel über das Unternehmen. Da war zu lesen, dass die Direktion plane, über Tirschenreuth und Marktredwitz schließlich nach Rudolstadt zu reisen, um dort ins Winterquartier zu gehen. Es war auch die Rede von einem zirzensischen Angebot. Und so beschloss sie, den Absprung zu wagen. Von ihrer Mutter hatte sie die Wahrsagerei erlernt und außerdem besaß sie seit einiger Zeit zwei Hunde, die sie spaßeshalber dressierte. Was war also besser geeignet für den Neuanfang als ein Zirkus, wo sie wohl niemand nach ihren Papieren fragte? Aber einfach in das gastierende Unternehmen zu fliehen, war keine Option für sie. Ihr Zuhälter, der nicht auf den Kopf gefallen war, würde sie schneller ausfindig machen und zurückholen, als ihr lieb war. Als das *Theatron* schon wieder weitergezogen war, wartete sie ein paar Tage und setzte sich dann in den Zug nach Tirschenreuth, wo sie mit Direktor Striese Kontakt aufnahm.

Nun muss man wissen, dass ein Zuhälter eine flüchtige Prostituierte nicht mal einfach so abschreibt, schließlich ist sie ja so etwas wie ein Wertgegenstand. Und Sofia stand für gut und gerne fünfzehnhundert Reichsmark zu Buche.

*****

Das Regensburger *Odeon,* ein bisschen vergleichbar mit dem Wildenauer *Edion* in seinen Glanzzeiten, firmierte offiziell als Varietétheater. Dort betrieb man aber auch quasi unter der Hand das „älteste Gewerbe der Welt", das eigentlich in der Hochburg der Katholiken streng geächtet war. Der Betreiber des Etablissements, ein gewisser Nepomuk Niedermeier, sah sich als Eigentümer der Frauen, die bei ihm der versteckten Prostitution nachgingen.

Der smarte Hänfling war allerdings kein typischer Zuhälter, denn dazu fehlten ihm die körperlichen Mittel, die man benötigt, um vor allem Konkurrenten zu beeindrucken oder gegebenenfalls niederzustrecken. Aber für diesen Zweck standen ihm zwei furchtlose Muskelpakete zur Verfügung.

Als er den Abgang der Sofia Radu bemerkt hatte, beauftragte er diese Männer, die Frau zurückzuholen. Aber gehirnlos, wie sie waren, hatten sie auch nach gut einer Woche der Suche noch nicht die geringste Ahnung vom Verbleib der Frau.

Jetzt wandte sich Niedermeier an einen ihm bekannten Privatdetektiv, dessen Spürsinn ihm vor längerer Zeit schon mehrmals eine große Hilfe gewesen war. „Warum nicht gleich?", würde ihn dieser Mann vielleicht fragen. – „Weil mich deine Honorare in den Ruin treiben", könnte er antworten.

Josef Bierbichler, ein ehemaliger Polizist, dem der Alkoholkonsum den Beruf gekostet hatte, mochte schon auf die sechzig zugehen. Sein Spitzname, „de' Toud", sagte einiges über sein Aussehen: Er war spindeldürr, sein Gesicht wirkte müde und eingefallen. Ungepflegt wie die grauen Kopfhaare und der mächtige Schnauzer war auch die Kleidung des Mannes, die dringend einer Reinigung und diverser Reparaturen bedurfte. Der Mann, dem man nachsagte, er sehe „verboten“ aus, verfügte verständlicherweise nur über einen sehr kleinen Kundenkreis und hatte schon lange keinen großen Fisch mehr an Land gezogen.

Aber Niedermeier war sein Genie bekannt, wenn es darum ging, verschwundene Menschen aufzustöbern, denn mit schnoddriger Gelassenheit bediente er sich dabei seiner polizeilichen Vergangenheit, um an Informationen zu kommen, die für den Normalbürger nicht erreichbar waren.

Als sich die beiden Herren in Niedermeiers Büro gegenübersaßen, verlangte der Schnüffler, griesgrämig dreinblickend, zunächst ein Bild der Gesuchten. Als er es in den Händen hielt, fragte er: „Zigeunerin?“

Sein Gegenüber nickte und hob an: „Sie heißt …“

„Interessiert mich nicht, denn jetzt heißt sie schon längst anders. Sag mir lieber, wie sie spricht! Mit tschechischem, ungarischem Akzent oder …?“

„Die spricht besser Hochdeutsch als wir beide zusammen“, unterbrach ihn Niedermeier.

„Also keine Durchschnittsware?“

„Eher schlau und durchtrieben!“

„Dann wird’s teuer für dich“, schloss der Detektiv und überlegte: Der Auftrag konnte ihm eine stattliche Summe einbringen, er konnte einen Teil seiner Schulden abtragen und sich vielleicht sogar ein neues Gewand zulegen. Es folgte seine Frage: „Kann’s sein, dass sie mit dem Zirkus abgehauen ist, der hier vor drei Wochen mit Pauken und Trompeten durchgefallen ist?“

„Glaub ich nicht“, antwortete der Auftraggeber lachend, „was soll sie denn dort? Anschaffen? – Dass ich nicht lache!“ Dann wurde er sachlich: „Außerdem ist das Luder erst dann verschwunden, als der Verein schon längst weg war. Nebenbei: Ihren Pass habe ich in Verwahrung.“

„Dann tippe ich auf München, das ist ein guter Platz, um unterzutauchen. Werde ich überprüfen!“, fügte Bierbichler jetzt entschlossen an und schlüpfte dann in die Rolle des telefonierenden Kriminalbeamten, um Niedermeier eine Kostprobe seiner Genialität zu geben: „Hier Fremdenpolizei Regensburg, Kommissär Adler, ich bräuchte da ganz dringend eine Auskunft von Ihnen. So geht das, ganz einfach“, erklärte er mit Stolz unterlegt, „einmal gelernt, für immer behalten! Was muss ich noch wissen über die Frau?“, fuhr er fort. In der Hoffnung auf bessere Zeiten zeigte er sich nun geradezu aufgekratzt.

„Die hat wahrscheinlich zwei Köter bei sich“, bekam er zur Antwort, „die musste ich ihr einfach erlauben.“

Bierbichler erhob sich: „Das Bild nehme ich mit. Du hörst von mir. Gib mir zunächst mal eine Woche! Kommen wir zur Penunze: Hundert gleich auf die Hand und nochmal die gleiche Summe, wenn ich sie gefunden habe!“

„Das letzte Mal warst du mit hundertfünfzig zufrieden!“

„Und jetzt zweihundert und fünfzig für Spesen, die aber gleich auf die Hand! Macht summa summarum hundertfünfzig auf den Tisch des Hauses!“

„Halte ich für reichlich übertrieben!“

„Ich sage nur: erschwerte Arbeitsbedingungen! Wenn’s dir nicht passt, suchst du dir einen anderen!“

Zähneknirschend blätterte Niedermeier die Summe auf den Schreibtisch. Das letzte Wort wollte jedoch er haben: „Für deine Spesen will ich aber die Belege sehen!“

*****

Bierbichler ging sehr professionell vor: Er betrat die Post und meldete ein Telefongespräch mit der Münchner Fremdenpolizei an. Nachdem man ihm eine Kabine zugewiesen hatte und der Kontakt stand, merkte er sehr schnell, dass er gegenüber Niedermeier den Mund doch ein bisschen zu voll genommen hatte: Ganz so einfach, wie er sich die Aktion vorgestellt hatte, verlief sie nämlich nicht: Man verwies ihn auf den Dienstweg und der verlangte ein förmliches Anschreiben, das zum Beispiel eine genaue Beschreibung der Gesuchten und weitere wichtige Informationen enthielt. Da dieser Weg aus verständlichen Gründen für ihn nicht in Frage kam, bereitete er sich auf den nächsten Schritt vor, der für ihn allerdings mit einem großen Aufwand und erheblichen Kosten verbunden war, denn „de' Toud“ war nämlich in Regensburg bekannt wie ein bunter Hund. Und wenn er jetzt in der Bahnhofshalle an einen Schalter trat, war sein Plan schon gescheitert, noch bevor er seine Anfrage beendet hatte, denn eine Polizeimarke macht aus einem Penner noch lange keinen Kriminalbeamten. Vonnöten war also ein Besuch beim Friseur, wo er sich auch sein Markenzeichen, den Schnauzer, entfernen ließ, und der Gang in ein Leihhaus, wo ihm für ein geringes Entgelt ein Anzug für eine Woche überlassen wurde.

So gerüstet, versuchte er sein Glück im Bahnhof und wurde beim ersten Fahrkartenschalter vorstellig. Nach der Vorlage einer gefälschten Polizeimarke zeigte er dem Beamten das Bild von Sofia Radu. Ob der Frau in den letzten drei Wochen ein Billett ausgehändigt worden sei, wollte er dann wissen. Das sofortige „Leider", begleitet von einem Kopfschütteln, war die schlechte Nachricht, aber der Erfolg bestand darin, dass man ihm den Polizisten abgenommen hatte. Beim nächsten Schalter schien der Beamte zunächst ernsthaft seine Erinnerung zu bemühen, indem er lange auf das Bild blickte. Aber dann musterte er Bierbichler mit einem Grinsen, das dem Hochstapler große Sorgen machte: Die Drecksau hat mich durchschaut!, dachte er, gleich greift sie zum Telefon und alarmiert die Bahnpolizei! Zum Glück stand er alleine vor dem Schalter. Er umwickelte die gefälschte Marke in der Hosentasche mit seinem Schnupftuch, ließ es zu Boden fallen und titschte es mit dem Bein in eine Ecke. Da niemand das Manöver bemerkt hatte, blickte er, jetzt wieder entspannt, dem Beamten furchtlos in die Augen. Dann sollen sie mir die Amtsanmaßung erst mal nachweisen!, dachte er. Aber der Fahrkartenverkäufer hatte jetzt ein Lächeln im Gesicht und ließ ihn wissen, es sei doch traurig, dass ein so hübsches Mädchen von der Polizei gesucht werde. Dann rückte er mit der Information raus: „Ich denke, die hat vor einiger Zeit ‚Hof einfach' verlangt. So ein Gesicht vergisst man halt nicht", fügte er verschmitzt hinzu.

„Ich danke Ihnen", beschied ihm der Gauner, „Sie haben uns wirklich sehr geholfen." Noch mit dem Schrecken in den Gliedern, gleich aufzufliegen, machte er sich vom Acker, aber nicht ohne vorher wieder seine Marke an sich genommen zu haben.

Was willst du in Hof?, fragte er das Mädchen, das jetzt vor seinem geistigen Auge erschien. Schon während seiner Dienstzeit hatte er es sich zur Gewohnheit gemacht, mit Personen, nach denen gesucht wurde, Kontakt aufzunehmen. Mit telepathischen Fähigkeiten hatte das bei ihm nichts zu tun, es war eben seine blühende Phantasie, vereint mit Einfühlsamkeit, die ihm diese Nähe ermöglichte und oft genug zum Erfolg geführt hatte. Wie du auf dem Bild dreinschaust, hast du es doch faustdick hinter den Ohren, fuhr er fort. Dass es in Hof eine Bahnpolizei gibt, die Leute, die so aussehen wie du, immer kontrolliert, wirst du dir doch denken können! Du willst mich also verarschen und bist schon früher ausgestiegen! Stimmt's? Leider war es so, dass ihm die imaginierten Personen klare Antworten schuldig blieben. Trotzdem trat er telefonisch in Kontakt mit der Hofer Bahnpolizei, die ihm zwar den Dienstweg ersparte, aber nur das „Leider" im Angebot hatte, was er eigentlich schon erwartet hatte.

Anders als Niedermeier sah er in dem Zirkus das Ziel des Mädchens, denn es schien ihm eine Person zu sein, die das Abenteuer suchte. Und da sind doch auch noch die Hunde!, überlegte er. Klarer geht's doch gar nicht! Wo soll sie denn sonst unterkommen mit den Viechern?

Jetzt war Recherche angesagt: Er besorgte sich die Ausgabe der Tageszeitung, die über das *Theatron Berolina* berichtet hatte. Tirschenreuth, Marktredwitz und Rudolstadt waren da als Ziele des Unternehmens benannt. Er machte eine Überschlagsrechnung mit einer großen Unbekannten: Wie lange verweilt der Verein an einem Ort? Wenn er eine gute Woche einsetzte, landete er eigentlich bei Rudolstadt.

Diesmal betrat er als interessierter Privatmann die Post und ließ sich mit der Stadtverwaltung des Ortes verbinden, wo man ihn mit der Information bediente, das Unternehmen habe um eine Aufenthaltsgenehmigung nachgesucht, sei aber noch nicht erschienen. Blieb also Marktredwitz! Aber von dort erhielt er die Nachricht, die Truppe sei schon vor einer Woche wieder abgereist.

Bierbichler sah sich in der Klemme: Inzwischen bei der Post schon bekannt als telefonierender Dauerkunde, jagte er inzwischen immer noch einem Unternehmen nach, das sich am Ende als Niete erweisen konnte. Mit der Telefoniererei würde er nicht weiterkommen. Jetzt war Schnüffeln am Mann respektive an der Frau angesagt, was nichts anderes hieß, als Menschen zu befragen, mit denen Sofia auf ihrer Flucht zusammengetroffen sein konnte. Und wieder war es die Reichsbahn, die ihm den Erfolg garantieren sollte.

Er verlängerte die Leihfrist für den Anzug um eine weitere Woche, packte ein paar Sachen, die der Körperpflege dienten, in seine abgegriffene Aktentasche, machte sich gegen neun – etwa zu dieser Zeit musste auch Sofia ausgebüxt sein – auf den Weg zum Bahnhof und kaufte sich eine Fahrkarte nach Hof.

Wer Bierbichler jetzt zu Gesicht bekam, stellte erstaunt fest, dass „de' Toud“ sich wieder dem Leben zugewandt hatte. Das lag natürlich auch an Äußerlichkeiten wie Kleidung und Haarpflege, aber besonders sein Gesicht verdeutlichte den Wandel: Die Müdigkeit schien verflogen und die Haut hatte an Farbe und Spannkraft gewonnen, so dass man denken konnte, der Mann habe sich einer Verjüngungskur unterzogen.

Schon bei der ersten Fahrkartenkontrolle begann seine Suche: Er zeigte dem Schaffner das Bild der Gesuchten und fragte, ob er die Frau schon einmal gesehen habe. „Mir nicht bekannt!“, beschied ihm der Beamte, was Bierbichler nicht davon abhielt, auch Mitreisende mit der gleichen Frage zu belästigen. Aber wie eigentlich erwartet, brachten auch diese Versuche keinen Erfolg.

In Wiesau verließ er den Zug. Den Zwischenhalt hatte er mit Bedacht gewählt, denn ihm war bekannt, dass von Wiesau eine Nebenstrecke über Tirschenreuth nach Bärnau führte. Nachdem der Zug, umhüllt von einer mächtigen Rauchfahne, den Bahnhof verlassen hatte, machte er sich an den Mann heran, der auf einem Bahnhof wohl die größte Übersicht hatte, nämlich den Fahrdienstleiter. Gerade hatte er dem Lokführer mit einem Pfiff aus seiner Trillerpfeife und der erhobenen Kelle die Erlaubnis zur Abfahrt gegeben. Nun hatte der beleibte Beamte seine rote Dienstmütze vom Kopf genommen und wischte sich mit dem Taschentuch den Schweiß vom kahlen Schädel. Bierbichler trat an den Mann heran, lüftete seinen Hut und bat die Respektsperson mit ausgesuchter Höflichkeit um eine Auskunft. Dabei präsentierte er das Bild Sofias. Ob ihm die Frau in letzter Zeit einmal im Bereich des Bahnhofs aufgefallen sei, fragte er. Den Einsatz der Polizeimarke verkniff er sich, denn seine Erfahrung am Regensburger Fahrkartenschalter hatte ihn gelehrt, dass die Sache unter Umständen ein böses Ende nehmen konnte.

Über das volle Gesicht des Fahrdienstleiters huschte ein Lächeln und dann traf Bierbichler ein mitleidiger Blick: „Wenn oin sur’a saubers Moidl weglafft, macht mer sich scho Sorng“, stellte er fest und fragte dann:

„Ho i räächt?“ Der Gefragte lächelte gequält, wobei er doch angesichts der durchaus realistischen Einschätzung ins Staunen geriet. „Iich bin blouß de Groußvadder“, erklärte er, um den Verdacht in die richtige Richtung nicht noch zu verstärken. Jetzt holte der Fahrdienstleiter weit aus: Etwa vor drei Wochen sei genau diese Frau, von Regensburg kommend, aus dem Zug gestiegen. Sie wollte weiter nach Tirschenreuth. Mit dem „Zwölfzwanziger“ sei sie dann in die neue Richtung weitergefahren. Schließlich erfuhr Bierbichler, warum Sofia dem Beamten so genau im Gedächtnis geblieben war: Sie habe nämlich eine neue Fahrkarte gebraucht. Da ihr ursprüngliches Ziel eigentlich Hof gewesen sei, habe sie dann auch noch Geld zurückbekommen.

Ob er denn Kenntnis davon habe, ob ein gewisses *Theatron Berolina* noch in Tirschenreuth gastiere, wollte jetzt Bierbichler von dem freundlichen Fahrdienstleiter wissen, denn die in der Zeitung angegebene Reihenfolge der Orte konnte ja verändert worden sein. „Homm'er glei!“, ließ der ihn wissen und wies ihn an, ihm in seinen Dienstraum zu folgen. Dort telefonierte er wohl mit einem Kollegen und ließ dann Bierbichler wissen: „Leider, däi sann scho furt!“

Wohl selten hat sich bei dem Beamten ein Fahrgast so überschwänglich für geleistete Hilfsdienste bedankt wie Bierbichler in diesem Moment. Der Grund war klar: Sein Instinkt hatte ihn auf die richtige Spur geführt: Sofia Radu war auf der Suche nach dem Zirkus und musste sich also jetzt irgendwo in einem Raum zwischen Marktredwitz und Rudolstadt aufhalten, natürlich unter dem Vorbehalt, dass sie auch Unterschlupf in dem Unternehmen gefunden hatte. Bierbichler war sich sicher, dass er dieses seltsame Unternehmen, das gleich dem fliegenden Holländer durch die Lande geisterte, in wenigen Tagen vor Augen haben würde. Und nun hoffte er auch, „des saub're Moidl", das ihn faszinierte und das ihm doch jetzt irgendwie nähergekommen war, endlich kennenzulernen. Frohen Mutes stieg er in den „Einuhrzehner" nach Marktredwitz.

*****

Eigentlich war Direktor Striese mit seinem Unternehmen gerade mal so an einer Pleite vorbeigeschrammt, aber jetzt konnte er sogar optimistisch in die Zukunft blicken: Diverse Auftritte im *Edion*, inzwischen waren auch die Radu und Maharero einbezogen, eine ausverkaufte Vorstellung im *Katholischen Jugendheim* und die Honorare, die die Wahrsagerin zum Teil in die Gemeinschaftskasse abführte, hatten dem Unternehmen die Möglichkeit eröffnet, Reserven zu bilden und weiterzureisen.

Eigentlich! – Hätte es da nicht gewisse Veränderungen in der Familie Striese gegeben: Inzwischen waren die Ehefrau und die Kinder des Direktors in das *Edion* gezogen, wo ihnen die Geschäftsführerin, Frau Moser, ein Zimmer zur Verfügung gestellt hatte und Frau Striese in der Küche und beim Bedienen aushalf. „Mama und Papa haben sich doch immer nur gestritten", hatte die kleine Mia gegenüber ihrer Lehrerin geklagt und damit war Johanna Winkler klar, dass es mit der Ehe der Strieses nicht zum Besten stand.

Auch das Personal des Unternehmens, Sofia und Wilhelm, sah sich von der Krise betroffen. „So langsam habe ich die Schnauze voll von dem Striese, der Mann wird immer unausstehlicher, nachdem ihm seine Frau die Gemeinschaft aufgekündigt hat. Inzwischen hat er sogar mit der Sauferei angefangen und du wirst es nicht glauben, was er sich in der letzten Nacht geleistet hat!“

„Erzähl schon!“, drängte Wilhelm.

„Er kroch im besoffenen Kopf zu mir auf den Lastwagen und wollte mir an die Wäsche.“

„Und das sagst du mir erst jetzt! Dem Kerl poliere ich gleich die Fresse so gründlich, dass er nicht mal mehr im Traum auf solch dumme Gedanken kommt.“

„Sachte, Wilhelm! Er hat ja Rotz und Wasser geheult, als ich ihm ins Gewissen geredet habe, und angekündigt, dass er sich am liebsten aufhängen würde. Das mit der Frau und den Kindern hat ihn eben hart getroffen.“

„Rührend, wie du den in Schutz nimmst! Hast du noch nicht gemerkt, wie der Kerl schon immer mit Frau und Kindern umgegangen ist? Das ist ein übler Schläger, das solltest du eigentlich wissen!“

„Versteh mich nicht falsch!“, konterte Sofia aufgebracht. „Habe ich nicht gesagt, dass ich die Schnauze voll habe von dem Kerl und der ganzen Klitsche? Wir sollten uns jetzt mal gemeinsam überlegen, wie wir unsere Zukunft gestalten wollen. Das mit dem Zirkus wird doch nichts mehr. Und hier an der Grenze will ich wirklich nicht versauern.“

„Ich stelle fest, dass du es jetzt warst, die mir gerade eine Art Heiratsantrag gemacht hat. Ich habe schon mal dergleichen versucht, du hast mich damals jedoch abblitzen lassen. Aber wenn du willst, versuchen wir beide gemeinsam den Absprung und suchen uns ein Engagement in einem richtigen Zirkus.“

Was eine Heirat der beiden anging, so waren die Pflöcke noch nicht eingeschlagen, trotzdem lag ein gemeinsamer Abschied vom *Theatron Berolina* in der Luft. Doch da gab es noch die Vergangenheit Sofias, die sich anschickte, in ihre Zukunft hineinzureden. Mit dieser Gefahr hatte die Romni seit ihrer Flucht eigentlich schon immer gerechnet, aber ihre Erwartung war eigentlich auf den unerwarteten Zugriff fixiert, bei dem der oder die Häscher sie in einen Personenwagen zerren und zurück ins *Odeon* verbringen würden. Insofern sah Sofia die Botschaft, die ihr Rieke Moser übermittelte, keineswegs als Anzeichen drohender Gefahr.

„Du, Sofia", sprach sie die Geschäftsführerin des *Edion* an, „da sitzt gerade ein seltsamer Gast in der Gaststube, der sich von dir einen Blick in seine Zukunft wünscht."

„Warum hast du ihn nicht zu mir geschickt?"

„Hast du mir nicht zugehört? ‚Seltsam' habe ich gesagt! Und deshalb wollte ich dich auf seinen Besuch vorbereiten."

„Warum?"

„Der Kerl, übrigens ein klappriges Männchen, scheint mir ein typischer Schnüffler zu sein. Dem geht, wie ich das sehe, seine Zukunft am Arsch vorbei, ich habe eher den Eindruck, dass der sich für deine Person interessiert. Und noch was", jetzt traf Sofia ein Blick mitfühlender Sorge, „wenn es da etwas gibt, was ich über deine Vergangenheit wissen sollte, sag's mir! Meine Hilfe ist dir sicher."

„Ich danke dir, Rieke. In der Tat gibt es da einiges zu berichten, aber dazu brauchen wir viel Zeit und vielleicht auch ein Glas Wein", reagierte Sofia dankbar lächelnd, dann aber zeigte sie sich entschlossen: „So, und jetzt holst du mir den Mann her!“

„Zu Befehl!“, reagierte Rieke lachend.

Das „klapprige Männchen“, das sich jetzt auf dem Lagerplatz einfand, hatte für Sofia nun wirklich nichts Bedrohliches an sich, eigentlich machte der Besucher den Eindruck, als freue er sich auf den Kontakt mit ihr.

„Seien Sie gegrüßt!“, richtete er sich an die Wahrsagerin, „mein Name ist Bayreuther, ich komme aus Nürnberg und bin auf der Durchreise nach Pilsen, wo Verhandlungen mit einer Brauerei anstehen. Und als ich in Selb von Ihrer Gabe des Hellsehens gehört habe, bin ich zu dem Entschluss gekommen, von Ihnen zu erfahren, was mich in Pilsen erwarten wird.“

Also, ein Franke bist du schon mal nicht, legte sich Sofia fest. Sie hatte sich im Rahmen ihrer beruflichen Standortveränderungen von Rumänien über die Tschechoslowakei und Österreich bis hin in die Oberpfalz ein ziemlich sicheres Gefühl für Sprachen und Dialekte angeeignet. So war ihr zum Beispiel auch über Kunden aus den verschiedensten bayerischen Regionen bekannt, dass die Franken die Konsonanten p, t und k gnadenlos weichklopften, auch wenn sie wie der Besucher ein passables Hochdeutsch sprachen. Und sie hatte festgestellt, dass der Mann nun wahrlich kein Konsonantenschänder war. Es war eher so, dass bei ihm Anklänge an einen bayerischen Dialekt zum Vorschein traten, wie er ja auch in der Oberpfalz und im Sechsämterland gesprochen wurde. Gut, erst mal schön zu wissen, dachte sie, dass du wahrscheinlich nicht der bist, der du sein willst. Dann werde ich dich mal mit ein paar Wahrheiten bedienen!

„Wenn's Ihnen recht ist", ließ sie Bayreuther wissen, „machen wir das gleich hier draußen. Hier sind wir auf jeden Fall ungestört."

„Gerne!"

Sofia verzichtete auf den ungarischen Akzent und konfrontierte den Mann zunächst mit der Annahme, er wolle eigentlich nichts über seine persönlichen Lebensumstände wissen, und dann ging sie ihn scharf an: „Ich denke, Sie heißen weder Bayreuther, noch kommen Sie aus Nürnberg. Auf jeden Fall sind Sie dort nicht aufgewachsen. Ich gehe auch nicht davon aus, dass ein Mann wie Sie irgendetwas mit dem Brauereiwesen zu tun hat. Deshalb kann ich Ihnen rein gar nichts über diese angeblich anstehenden Verhandlungen sagen. Und noch etwas sollten Sie wissen: Die Kunst des Wahrsagens erfordert eigentlich nur gesunden Menschenverstand. Das war's, Herr …?"

Bierbichler war geplättet angesichts dieser Ansagen, verfügte aber über die nötige Disziplin, sich sein Erstaunen nicht ansehen zu lassen. Der innere Konflikt, den er jetzt mit sich selbst ausfocht, war in wenigen Sekunden entschieden:

„… Bierbichler!" Die weitere Demaskierung erledigte der Schnüffler mit einem entspannten Lächeln: „Ich hab's Ihnen wirklich leicht gemacht mit meiner Legende, weil ich einen Fehler gemacht habe, den ein Kriminaler – verzeihen Sie, ich korrigiere: ein ehemaliger – vermeiden sollte, und der lautet: Unterschätze nie deine Gegnerin!"

„Darf ich Ihre Einlassungen als Kompliment verbuchen?", fragte Sofia schmunzelnd.

„Das können Sie, denn Sie haben mich nicht nur durchschaut, sondern auch eine Flucht hingelegt, die mich an meine Grenzen gebracht hat."

„Und jetzt?", wollte Sofia wissen. „Soll ich mit Ihnen nach Regensburg zurückkehren und wieder meiner Tätigkeit im *Odeon* nachgehen?"

„Das wäre mir tüchtig recht!", gab Bierbichler trocken zur Antwort. „Schließlich kann ich mit einem Erfolgshonorar in der Höhe von zweihundert Reichsmark rechnen, auf das ich als unterbeschäftigter Privatermittler kaum verzichten kann. Das werden Sie doch verstehen!"

„Volles Verständnis für Sie! Wo bleibt die Entsprechung für mich?"

Jetzt fuhr sich Bierbichler mit einer Hand über seine Bartstoppeln und schien ernsthaft zu überlegen. „Gute Frage!", begann er entschlossen. „Ich habe nämlich gerade entschieden, dass ich Ihre Rückkehr in dieses Puff nicht befördern sollte."

„Warum?"

„Gehen Sie einfach davon aus, dass ich wie einst Saulus zum Paulus geworden bin."

„Und war dieser plötzliche Wandel mit einer Art Erscheinung verbunden?"

Mit seinem „Jein" schien der ehemalige Polizist eine Erklärung vorzubereiten, die zu einigem Kopfzerbrechen führte, denn er bearbeitete mit der linken Hand sein dichtes graues Haar, als wolle er seine Gehirnzellen aktivieren.

Sofia bemerkte seine Not und sie wies auf die erkaltete Feuerstelle: „Setzen wir uns doch", schlug sie vor, „da lässt sich's leichter plaudern." Bierbichler blickte kritisch auf den Baumstamm, der ihm als Sitzgelegenheit dienen sollte, und quälte sich mühsam in die Hocke, um dann mit seinem Hintern unsanft auf den Stamm zu plumpsen. Der banale Spruch „Man wird halt nicht jünger!“ sollte wohl als Anspielung auf seine steifen Glieder verstanden werden.

Jetzt hatte er den Faden gefunden und legte los: „Eigentlich waren Sie es, die mir erschienen sind, als ich von Ihrer Flucht erfahren und den Auftrag erhalten habe, Sie zurückzuführen. Geholfen hat mir dabei natürlich Ihr Abbild, das mir der Niedermeier in die Hand gedrückt hat. Ich habe sogar mit Ihnen gesprochen und Sie dabei auch gelobt, weil Sie nach meinem Dafürhalten Ihre Flucht sehr umsichtig vorbereitet und durchgeführt haben. Aber leider hatten Sie für mich nur ein hämisches Grinsen übrig.“

„Erscheint mir angemessen“, antwortete Sofia lächelnd, „aber leider sind Sie mir nicht erschienen. Sie sehen also, dass meine hellseherischen Fähigkeiten sehr beschränkt sind. Ich denke, Sie haben es ein gutes Stück weiter gebracht in dieser Kunst.“

Bierbichler hob abwehrend die Hände: „Nein, ganz und gar nicht! Ich mache nur ganz normale Ermittlungsarbeit. Man beschäftigt sich eben mit dem oder der Gesuchten. Und ich wollte Sie einfach ausfindig machen. Den Grund kennen Sie.“

„Ja, das liebe Geld!“, kommentierte Sofia und fragte vorsichtig tastend: „Und jetzt? Wie wollen Sie weiter verfahren?“

Der Besucher zuckte mit den Schultern. „Gute Frage!“, meinte er. „Zwar verzichte ich nur ungerne auf meinen restlichen Judaslohn. Aber“, jetzt traf Sofia ein Blick, der auf tiefe Rührung verwies, „irgendwo und irgendwann auf meiner Reise nach Selb haben Sie in mir etwas ausgelöst, was ich nur schwer beschreiben kann. Mir war plötzlich, als hätten Sie mir die Hand gereicht, um mich aus meinem beschissenen Pennerleben zu befreien und aus mir wieder einen ordentlichen Menschen zu machen. Ich war immerhin mal Polizist und wollte wirklich der Freund und Helfer* sein.“ Er wischte sich mit der Hand über die Augen und gab sich entschlossen: „Aber Schluss mit der Gefühlsduselei! Wenden wir uns der Zukunft zu!“

Den Leitspruch * **„Die Polizei – Dein Freund und Helfer“** etablierte 1926 der preußische Innenminister Grzesinski, der die Devise für die Polizei verbreitete, „ein Freund, Helfer und Kamerad der Bevölkerung zu sein.“

Schweigend umgriff Sofia die Hände Bierbichlers und in ihrem Blick auf ihn lag tiefe Dankbarkeit.

Dem Mann war deutlich anzusehen, dass ihm Gefühlswallungen eigentlich zuwider waren. Wohl deshalb gab er sich jetzt betont sachlich: „Nun zu uns beiden: Die Polizei wird uns wohl keine große Hilfe sein, weil …“

„Da mögen Sie recht haben“, unterbrach Sofia bekümmert, „ich kann keinen Pass vorweisen und mir droht als Prostituierte die Abschiebung aus Deutschland. Ihnen entgeht Ihr Finderlohn und Sie sind möglicherweise sogar wegen der Beteiligung beim Handel mit Frauen dran.“

„So sehe ich das auch“, kommentierte Bierbichler die für beide heikle Lage. „Und ich habe eine weitere Botschaft zu vermelden, die alles noch vertrackter macht: Ich habe nämlich gestern die Meldung nach Regensburg abgesetzt, dass ich Sie hier in Selb aufgestöbert habe. Viel Zeit haben wir also nicht mehr, um uns auf die Greifer vorzubereiten.“

Schräge Vögel

Niedermeier hatte seine beiden Rausschmeißer einbestellt. „So, ihr Blindgänger", ging er sie an, „der Bierbichler hat das geschafft, was ihr vergeigt habt, er hat dieses Miststück am Haken. Und dass ihr's gleich wisst, sein Honorar geht auf eure Kappe. Auf euch wartet nun die Bewährung: Ihr holt mir diese verdammte Nutte zurück nach Regensburg! Verstanden?"

„Machen wir, Chef!", tönten die Männer beflissen, vereint im Chor. Doch dann stellte Egon, zweifellos der Intelligentere von beiden, die entscheidenden W-Fragen: wo sich die Frau zurzeit aufhalte und wie sie zu transportieren sei.

„Also, wo dieses verdammte Kaff liegt, das sich Selb nennt, findet ihr selbst heraus!", blaffte er sie an. Und dann erlaubte er sich ein Späßchen: „Und wie ihr dort hinkommt, ist mir scheißegal!"

Die Männer, die nach wie vor nicht zum Sitzen aufgefordert worden waren, blickten sich betroffen an und es war wieder Egon, der sich einen Einwand erlaubte: „Aber wie soll das gehen? Wenn wir mit dem Zug …"

„Sehr gut mitgedacht", lobte Niedermeier, um dann die nächste Erniedrigung vorzubereiten. „Natürlich geht das nicht mit dem Zug, deshalb nehmt ihr meinen Kraftwagen. Da ihr allerdings zu dämlich seid, einen solchen zu lenken, wird euch mein Chauffeur befördern. Morgen früh um sieben geht's los und spätestens zur gleichen Zeit am Abend seid ihr wieder hier, und zwar mit der Nutte! Versagt ihr erneut, jage ich euch vom Hof!"

*****

Strahlend blauer Himmel hatte Georg Himmer, Wirt des *Goldenen Löwen*, vor sein Lokal gelockt. Er war bester Stimmung, denn das Mittagsgeschäft an diesem Freitag war gut gelaufen und am Abend konnte er mit zahlreichen Gästen rechnen. Schließich waren in den Fabriken die Löhne ausbezahlt worden und so mancher Ehemann entschwand eiligst in sein Wirtshaus, noch bevor sich seine bessere Hälfte der Lohntüte bemächtigen konnte. Bei dieser Gelegenheit konnte er dann auch diverse Bierdeckel gegen Bares entsorgen.

Himmer präsentierte sich gerne vor seinem Gasthaus, hatte er doch dabei die Möglichkeit, Kundenpflege zu betreiben: Da war mal ein kurzer Plausch angesagt oder es galt, die besten Grüße an die Ehefrau oder den Gemahl zu entbieten. Natürlich war dabei immer wichtig, dass jeweils die entsprechenden Titel zur Anwendung kamen – keine leichte Aufgabe, da allein schon bei Beamten, seien sie nun Lehrer oder Polizisten, die korrekte Dienstbezeichnung zu beachten war. So wäre Hauptlehrer Guttau wahrscheinlich ziemlich verschnupft gewesen, wenn man ihn nur mit „Herr Lehrer" angesprochen hätte. Auch die jeweiligen Ehefrauen legten großen Wert darauf, dass sie mit der Amtsbezeichnung ihres Mannes angesprochen wurden.

Im Lokal saßen jetzt nur noch vier Schafkopfer am Stammtisch, die es sich leisten konnten, den lieben Gott am helllichten Tag einen guten Mann sein zu lassen. Himmer ging diese Freizeitbeschäftigung zur unüblichen Zeit eigentlich gegen den Strich, denn er war im Grunde seines Herzens Moralist, der sich in einer besonderen Verantwortung gegenüber seinen Gästen sah. Seinen erzieherischen Auftrag verfolgte er allerdings mit Humor, was alleine daran zu erkennen war, dass sich der Mann, der noch nie einer Raubkatze gegenübergetreten war, als *Löwenbändiger* bezeichnete und diesen Titel auch auf seiner Speisenkarte präsentierte. Den Kartenspielern, die oft genug um hohe Summen spielten, hatte er schon mehrmals empfohlen, sie sollten ihr Geld lieber mit ordentlicher Arbeit verdienen, anstatt Haus und Hof zu verspielen. Aber er war es dann auch, der sich dem grölenden Lachen anschloss, wenn man ihm vorhielt, er sei ja schließlich immer unter den Gewinnern. Wenn so genanntes „Gschwart'l" in seinem Lokal randalierte, kannte Himmer allerdings keine Gnade: Ruhestörer fanden sich sehr schnell auf der Straße, nachdem sie mit Hausverbot bedacht worden waren.

Jetzt, gegen halb zwei, parkte direkt vor ihm ein Personenwagen, was ihn auf verspätete Mittagsgäste hoffen ließ. Die drei Männer, nach Himmers Dafürhalten Fremde, die aus dem Wagen stiegen, waren tatsächlich am Besuch seines Lokals interessiert, denn einer der Herren fragte den Wirt, der an seiner weißen Schürze zu erkennen war, ob es hier etwas zu essen gebe.

„Stets zu Diensten", pries Himmer seine Restauration an, „Sie haben das erste Haus am Platz gewählt! Vorzügliche Speisen, große Auswahl und durchgehend geöffnete Küche!"

Eigentlich ging der Wirt von der Voraussetzung aus, dass Menschen, die über ein Automobil verfügten, den höheren Gesellschaftsschichten angehörten. Aber die drei Männer, die dem Wagen entstiegen waren, ließen ihn an dieser Annahme zweifeln, denn er hatte ziemlich schräge Vögel vor sich: Alle drei waren groß gewachsen und hatten die Statur von Preisboxern. Ihr Äußeres ließ sehr zu wünschen übrig, denn ihre Hosen waren zu kurz und die Jacken zu eng, zudem wirkte die Kleidung schmuddelig und in Teilen reparaturbedürftig. Besonders übel stieß dem Wirt auf, dass sie sich nicht zu benehmen wussten: Als sie die Gaststube betraten, behielten sie ihre Schiebermützen auf dem Kopf und lümmelten sich an einen Tisch, ohne den Schafkopfern einen Gruß zukommen zu lassen. Schon überlegte Himmer, ob er die Gäste unter der Verwendung einer Ausrede wieder hinauskomplimentieren sollte. Aber seine Neugier siegte: Er wollte schon gerne wissen, was diese Fremden nach Selb getrieben hatte. Die Folge war, dass er sich gleich wieder eine Zumutung einfing: Die Männer bestellten jeweils ein kleines Bier und die Auswahl der Speisen übernahm der Wortführer, indem er, ohne auf die Wünsche seiner Genossen einzugehen, „dreimal Knackwürste mit Kraut, aber ohne Brot!“ orderte, ein Gericht, das mit fünfzig Reichspfennigen am unteren Ende der Preisskala zu finden war. Dirts Oaschlöcher!, fluchte Himmer in sich hinein, denn jetzt musste seine Frau wegen gerade mal zwei Reichsmark ihre verdiente Mittagsruhe unterbrechen.

Aber er blieb am Ball: Für ihn stand fest: Wenn die Leute mit einem *Wanderer 10* vorfahren, sich dann aber nicht ordentlich aufführen und ein Gericht für fünfzig Pfennig bestellen, dann stimmt mit denen etwas nicht. Aber es bedurfte von seiner Seite keinerlei Anstrengung, Genaueres über die sonderbaren Gäste zu erfahren. Als er die Knackwürste servierte, sprach ihn der Wortführer an:

„Wo finden wir denn hier am Ort das Amt, wo man Veranstaltungen anmeldet?“

„Das ist bei uns das Polizeiamt, hundert Meter weiter auf der linken Seite“, beschied ihm Himmer.

„Sie müssen nämlich wissen, wir, die *Bravos*, planen hier in Selb einen Auftritt. Und wir sind praktisch das Vorauskommando“, ließ ihn der Wortführer wissen, der von den anderen mit Egon angesprochen wurde.

„Da werden Sie kein Glück haben, denn hier gastiert schon ein Zirkus, der aus dem letzten Loch pfeift“, antwortete der Wirt lachend.

„Ein Zirkus ist für uns kein Problem!“, begann der Mann aufzutrumpfen. „Wir präsentieren die stärksten Männer der Welt, die Ketten sprengen und die schwersten Gewichte heben. Unser Motto lautet ‚Männer, Muskeln, Sensationen‘! Außerdem kann jeder Bürger zehn Mark gewinnen, wenn er bei einem Boxkampf mit einem unserer Kraftsportler eine Runde übersteht.“

„So, so!“, kommentierte Himmer, der sich jetzt hinreichend informiert sah, um

RESTAURATION
zum goldenen Löwen
GEORG HIMMER: Löwenbändiger
Speisen-Karte

dann hinzuzufügen, dass man einfach mal mit dem „Herrn Kommissär“ sprechen solle, „der wird Ihnen dann schon sagen, ob Sie hier auftreten können.“

Nun zeigte Egon allerdings ein starkes Interesse für den Zirkus, was Himmer wieder hellhörig machte. Warum will der wissen, überlegte er, wo die Truppe lagert, wie sie personell aufgestellt ist und ob zu ihr auch eine junge Zigeunerin gehört.

Seine Antwort fiel eher ausweichend aus: „Erst haben die sich auf dem Goldberg niedergelassen, dann sind sie an die Grenze ausquartiert worden. Mehr kann ich Ihnen da beim besten Willen nicht erzählen. Ich habe auch keine Zeit, mich für einen solchen Schnickschnack zu interessieren, denn als Wirt bin ich fast jeden Tag in meinem eigenen Zirkus. Sehen Sie hier“, er tippte auf die Speisenkarte, „da können Sie sehen, was ich zu leisten habe.“

Egon zeigte keinerlei Interesse für den Hinweis auf den *Löwenbändiger*. „Also Grenze, haben Sie gesagt“, fuhr er fort, um dann seinen Gefährten zu signalisieren, das Mahl schnell zu beenden. Aber er fand dann noch die Zeit, von Himmer einen Beleg einzufordern, der, mit Datum, Stempel und dem Vermerk „Für Speis und Trank“ versehen, einen Rechnungsbetrag von 1,80 RM auswies. Dann verließen die Männer das Lokal.

Durch das Fenster konnte der Wirt beobachten, dass Egon vor dem Wirtshaus einen Passanten ansprach. Offensichtlich war der nach dem Weg gefragt worden, denn er deutete in Richtung Osten, wo ja der Zirkus zu finden war.

Eigentlich wollten die ja zur Polizei!, überlegte Himmer. Seltsam! Ob ich mal mit dem Kommissär über diese Vögel sprechen soll? Lieber nicht, entschied er sich, am Ende hält er mich für einen Latscher, der sich nur wichtigmachen will. Aber er nahm sich doch vor, die Ohren offenzuhalten, denn es konnte ja sein, dass diese *Bravos* zum Gesprächsthema in seinem Lokal wurden.

*****

Im Edion war inzwischen so etwas wie ein Kriegsrat einberufen worden, der mit einer Intervention aus Regensburg rechnete, um Sofia „heimzuholen". Beteiligt waren Rieke, Sofia, Willhelm und der geläuterte Bierbichler.

Der Privatdetektiv rechnete mit einem baldigen Eintreffen eines Greifkommandos. „Meine Meldung von deiner Sichtung", er blickte auf Sofia, „liegt ja schon einen Tag zurück. Leider stand ich da noch auf der falschen Seite", stellte er beschämt fest.

„Sollten wir uns nicht unserem Kommissär anvertrauen und um Polizeischutz bitten?", schlug Rieke vor.

„Gefällt mir gar nicht", reagierte Sofia, „ich habe keinen Pass und auch kein Aufenthaltsrecht für Deutschland und du weißt, dass das Abschiebung bedeutet!"

„Und ich will nicht, dass es hier am Ende zu einer Schießerei kommt!", beharrte Rieke.

„Ich glaube nicht, dass die ihre Waffen einsetzen", meinte Bierbichler, „das Risiko gehen sie nicht ein, denn dann hätten sie schnell die Grenzer am Hals."

„Dann schlage ich als Betroffene vor", meldete sich Sofia zu Wort, „wir warten zunächst einmal ab, was da auf uns zukommt."

Die Geschäftsführerin des *Edion* konnte sie nicht überzeugen, sie enthielt sich aber eines Kommentars und nahm sich vor, auf jeden Fall telefonischen Kontakt mit Kommissär Werner aufzunehmen.

Jetzt hatte Wilhelm seinen großen Auftritt. Er wandte sich Sofia zu: „Fürchte dich nicht! Ganz gleich, was da für Gestalten auftauchen, ich werde ihnen das Fell über die Ohren ziehen!"

„Lass das mal uns Frauen machen!", beschied ihm seine Freundin und tätschelte ihm liebevoll die Wange.

*****

In dem *Wanderer 10*, der jetzt dem *Edion* zustrebte, kam es zu einem lebhaften Disput zwischen den Angestellten Niedermeiers. Der neben dem Fahrer sitzende Egon, quasi Leiter der Operation, wies Fritz, den Lenker, an: „Fahr mal langsamer!"

„Warum?"

„Siehst du denn nicht die beiden Wägen da vorne? Das könnte doch der Zirkus sein, wo sich die Nutte versteckt."

„Und? Was machen wir jetzt?"

„Idiot! Ganz einfach: Ausspionieren, lauern und dann schnappen wir uns das Biest!"

Mit dieser grob gestrickten Strategie konnte Heiner, der Dritte im Bund, wenig anfangen: „Geht's nicht genauer?"

„Halt einfach das Maul, du Schlaumeier! Ich hab's doch schon: Wir fahren erst mal weiter, denn die Schlampe kennt den Wagen und ist gewarnt, wenn sie den sieht. Und dann gehst du", er blickte auf Heiner, „zurück und kehrst in dem Wirtshaus ein, an dem wir gerade vorbeigefahren sind. Heißt *Edion*, wenn ich richtig gelesen habe."

„Und was soll ich da?“

„Warum hörst du mir nicht zu? ‚Ausspionieren‘, habe ich gesagt! Frag nach dem Zirkus und seinen Leuten, aber merk dir eins: Fall nicht gleich mit der Tür ins Haus!“

„Warum ich?“

„Weil du neu bist bei uns und dich die Nutte noch nicht kennt, du Trottel!“

Also fuhr man weiter bis zur Grenze. Vor dem *Weidmannsheil* verließ Heiner den Wagen und trottete in Richtung *Edion,* wo er jetzt am frühen Nachmittag der einzige Gast war. Er bestellte ein Bier und war dann schon der Sorge enthoben, wie er mit der Wirtin ins Gespräch kommen konnte, denn sie ließ sich neben ihm nieder, als sie die Halbe servierte. „Zu Fuß unterwegs?“, wollte sie wissen. „Ja, ich komme von Asch und will nach Selb“, antwortete Heiner und hatte jetzt die glorreiche Idee, die bereits im *Goldenen Löwen* geübte Legende von den *Bravos* ins Spiel zu bringen. Als er über die stärksten Männer der Welt und deren Kunststücke fabuliert hatte, nahm er sich vor, Egon davon zu berichten, wie elegant er sich bei der Wirtin in Szene gesetzt hatte. Dann würde der Schnösel endlich mal merken, dass er eigentlich ein heller Kopf war, der es nicht verdiente, immerzu niedergemacht zu werden.

„Warum treten Sie nicht einfach hier bei uns im *Edion* auf?“, schlug ihm die Wirtin vor. „Wir bieten im großen Saal regelmäßig ein Varieté-Programm an und da wären starke Männer mit Sicherheit eine große Attraktion, die sich für beide Seiten lohnen würde.“ Gut sichtbar für den Besucher rieb sie Daumen und Zeigefinger aneinander, um auf den geldwerten Vorteil hinzuweisen.

„Sie sagten ja“, fuhr sie fort, „dass Sie auf öffentlichen Plätzen auftreten und mit freiwilligen Spenden der Zuschauer kalkulieren. Hier bei uns hätten Sie ein Dach über dem Kopf und könnten feste Eintrittspreise verlangen. Wenn wir Handzettel drucken lassen und die sowohl in Asch als auch in Selb verteilen, dann, das garantiere ich Ihnen, haben wir regelmäßig ein volles Haus.“

Rieke Moser, die schon längst die Information empfangen hatte, welche Gefahr Sofia drohte, plagte schon von Anfang an der Verdacht, dass der seltsame Gast ein Späher sein könnte, der auf den Zirkus und damit auf Sofia angesetzt war. Natürlich konnte dieser große und kräftige Mann mit der Figur eines Preisboxers tatsächlich zu den von ihm beschriebenen *Bravos* gehören. Dafür sprachen seine schmuddelige Kleidung und die Tatsache, dass er zu Fuß von Asch nach Selb unterwegs war, denn Künstler, die auf Spenden der Zuschauer hofften, waren immer knapp bei Kasse. Ihr Angebot, das arme Schlucker eigentlich nicht ablehnen konnten, war im Grund nur der Köder, um die gesamte Truppe ins *Edion* zu locken. Dann würde sie schnell herausgefunden haben, ob sie wirklich die *Bravos* oder eben die Häscher aus Regensburg vor sich hatte.

Heiner sah sich in der Zwickmühle, denn jetzt war von ihm zunächst einmal eine Antwort gefordert. Jetzt noch den Zirkus ins Spiel zu bringen, würde bei der Wirtin nicht gut ankommen.

„Hört sich gut an!“, reagierte er, machte dabei aber ein Gesicht, das eher das Gegenteil transportierte. „Da müsste ich erst einmal mit meinen Kollegen sprechen“, meinte er.

„Und wo treiben die sich im Moment rum?“, wollte Frau Moser wissen.

„Ja, ich denke…“, jetzt war sein heller Kopf gefordert, denn es musste entschieden werden, wie sich das Ausspionieren entwickeln würde. „… also die müssten jetzt in Selb sein, um dort die Erlaubnis für einige Auftritte zu erhalten.“

„Gut!“, reagierte die Wirtin zufrieden. „Unterbreiten Sie Ihren Kollegen meinen Vorschlag und dann sehen wir uns wieder hier im *Edion*, vielleicht schon am heutigen Abend. Ich denke doch, dass Sie über einen fahrbaren Untersatz verfügen.“

Jetzt erhöhte sie noch einmal ihren Einsatz, um zumindest dem Gast einen weiteren Besuch schmackhaft zu machen, indem sie ihm einen Blick zuwarf, der ein weibliches Begehren transportierte, und dann fast schmachtend fragte: „Ich darf doch hoffen, dass ich dich … wie heißt du eigentlich?“ – „Heiner!“ – „Oh, welch schöner Name!“, flötete Rieke. „… also, dass wir uns wiedersehen.“

Die Avancen taten ihre Wirkung: Heiner schwelgte in Glückseligkeit, denn er hatte bisher nie die Erfahrung gemacht, dass ihn Frauen begehrten. Und nun zeigte diese reife und sehr attraktive Wirtin ganz offen, dass sie etwas mit ihm haben wollte. Ihm war es schon immer ein Rätsel gewesen, warum ihn das weibliche Geschlecht nie beachtet hatte. Dabei war er groß und kräftig und sah doch eigentlich ganz gut aus. Natürlich konnte er nicht wissen, dass sich selbst die Prostituierten im *Odeon* über ihn lustig machten, weil er mit seiner Schüchternheit den Eindruck erweckte, nicht bis zehn zählen zu können.

Beschwingt nahm er Abschied und verkündete, dass er auf jeden Fall wieder auftauchen werde. Und er fand sogar den Mut, die Wirtin nach ihrem Vornamen zu fragen. Die Antwort „Rieke“ erschien ihm wie die Verheißung auf ein lang ersehntes Liebesabenteuer.

Sein weiterer Fußweg gestaltete sich recht umständlich, denn er hatte Selb als Ziel genannt, musste aber möglichst schnell das *Weidmannsheil* erreichen. Also bewegte er sich zunächst in die angegebene Richtung und schlug dann einen weiten Bogen um das *Edion*, um über Wiesen und Felder beim eigentlichen Treffpunkt zu landen.

Von Egon gefragt, was er denn herausgefunden habe, verließ er sich mangels verwertbarer Informationen auf eigene Vermutungen: In der Tat habe sich neben dem Gasthaus der Zirkus samt der Gesuchten niedergelassen. Aber die Zirkusleute, eh nur zwei oder drei Hungerleider, hätten so gut wie keinen Kontakt zu dem Wirtshaus. Dann kam er voller Stolz auf den Einfall mit den *Bravos* und das Angebot der Wirtin zu sprechen, um dann auch von dieser „Rassefrau“ zu schwärmen, die offensichtlich ein Auge auf ihn geworfen habe.

„Ist die wohl blind oder leidet sie an Geschmacksverirrung“, lästerte Egon, hämisch grinsend, und landete damit einen Lacher bei Fritz.

„Ich habe langsam die Schnauze voll von deinem losen Maul“, empörte sich Heiner, „da reiß ich mir den Arsch auf, damit wir an diese Nutte rankommen, und dir fällt nicht Besseres ein, als so einen Scheiß daherzureden!“

„Hallo, Freundchen, so redest du nicht mit mir!“, verwahrte sich Egon drohend, zeigte sich dann aber doch bereit, dem Angebot näherzutreten: „Wer sagt uns denn, was uns da erwartet? Vielleicht hat deine Rassefrau schon längst die Polente gerufen!“

„Glaub mir, die Geschichte von den *Bravos* hat die Frau narrisch gemacht“, versicherte Heiner, „die will mit uns kräftig Kohle machen!“

„Versuchen sollten wir’s auf jeden Fall“, mischte sich Fritz in den Disput, „wenn die Polizei vor Ort ist, kommt uns die auf jeden Fall in die Quere, auch wenn wir uns da irgendwie anschleichen. Aber was soll’s! Die müssen uns doch erst einmal nachweisen, dass wir uns die Schlampe krallen wollen.“

Den Argumenten des Wagenlenkers konnte sich Egon nicht entziehen. So beschloss das Dreigestirn, den Kraftwagen vor dem *Weidmannsheil* stehen zu lassen, gegen Abend zu Fuß in Richtung *Edion* zu gehen und vorzugeben, man sei mit dem Zug nach Asch gekommen und habe sich im *Weidmannsheil* einquartiert. „Und wenn der Zugriff auf diese Sofia möglich ist, schaffe ich den Wagen herbei“, vollendete Fritz den Plan.

*****

Wenn drei sehr groß gewachsene und kräftige Männer gleichzeitig ein Wirtshaus betreten und dabei die Köpfe einziehen, um denen die Kollision mit dem Türstock zu ersparen, dann sorgt das für staunende Aufmerksamkeit bei den bereits anwesenden Gästen. Sind diese Besucher dann aber unmöglich gemustert, weil sie schon längst aus inzwischen schäbigen Hosen und Jacken herausgewachsen sind, führt das in der Regel zur Belustigung der Betrachter, weil der Gegensatz nicht der Erwartung entspricht und damit komisch wirkt.

Im *Edion* blieb an diesem Abend den bereits anwesenden Gästen das Lachen allerdings im Hals stecken, denn den Männern war eine Brutalität ins Gesicht geschrieben, die Ärger verhieß, wenn man sich über sie lustig machte. Angesichts dieser eher bedrückenden Stimmung sorgte die Freundlichkeit, mit der die Wirtin die Neuankömmlinge begrüßte, dann doch für Ratlosigkeit bei den Besuchern: Woher kennt die Moserin diese seltsamen Gestalten, die mit Sicherheit keinem ehrlichen Gewerbe nachgehen? Sollte da doch was an dem Gerücht stimmen, dass sich im *Edion* nach wie vor das Verbrechen die Klinke in die Hand gibt? So gesehen, versprachen sich die beobachtenden Damen und Herren einen spannenden Verlauf des Abends.

„Mir scheint, Sie sind ein gutes Stück durch den Regen gelaufen“, stellte die Wirtin mit einem kritischen Blick fest, als die Besucher ihre durchnässten Schiebermützen vom Kopf nahmen und mit den Händen über die Jacken wischten, um ihr Trocknen zu beschleunigen.

„Wir haben uns im *Weidmannsheil* einquartiert und sind die paar Meter zu Fuß gelaufen, das bisschen Regen macht doch uns nichts aus!“, gab einer der Männer lachend zur Antwort.

Nachdem Frau Moser den Ankömmlingen einen Tisch zugewiesen hatte, wollte sie die Bestellungen aufnehmen. Wieder war es der Wortführer, der, ohne die anderen zu fragen, „drei Halbe“ bestellte. „Bier macht groß und kräftig!“, verkündete er breit grinsend und präsentierte sich dem Publikum in voller Größe wie ein Preisboxer vor der Jahrmarktsbude. Natürlich löste diese Geste die Beklemmung bei den anderen Gästen, denn der Mann, der zunächst angsteinflößend dreingeblickt hatte, erwies sich jetzt als wahrer Spaßvogel.

„Darf ich Ihnen die *Bravos* vorstellen?“, verkündete die Wirtin dem neugierigen Publikum. „Die stärksten Männer der Welt werden wahrscheinlich demnächst hier im *Edion* auftreten.“ Dann machte sie der Truppe ein Angebot: „Was sagt ihr denn zu einer ordentlichen Brotzeitplatte? Natürlich auf Kosten des Hauses!“, schob sie nach. Dann warf sie dem ihr schon bekannten Heiner einen vertraulichen Blick zu, und zwar so deutlich, dass das auch seine Kollegen bemerken mussten.

Egon, der Wortführer der Dreierbande, überlegte kurz und fast konnte man den Eindruck gewinnen, er zögere etwas, aber dann nahm er die Offerte breit lachend an: „Auch Wurst und Käse tun ihre Wunder beim Sprengen der stärksten Ketten! Natürlich sagen wir da nicht nein!“

Wieder war ihm der Beifall der übrigen Gäste sicher, die das Dreigestirn jetzt aus einer völlig anderen Perspektive wahrnahmen, denn jetzt bot sich ihnen die Gelegenheit, wahrscheinlich berühmte Künstler, von denen ja einer eine richtige Stimmungskanone war, einmal ganz privat in direkter Nähe zu erleben.

„Ich muss sagen, der Heiner verdient unseren Respekt!“, wandte sich jetzt Egon seinen Kollegen zu. „Der scheint mir wirklich eine Eroberung gemacht zu haben! Aber zu der ins Bett wird er heute nicht mehr steigen, denn wir müssen jetzt unser Ding durchziehen! Ich geh gleich mal raus und sichte die Lage.“

Nachdem Rieke Moser das Bier serviert hatte, verschwand sie in der Küche und traf dort auf den wartenden Bierbichler: „Die Kerle sitzen jetzt in der Gaststube“, ließ sie ihn wissen, um ihn dann anzuweisen, mal kurz durch die Tür zu spitzen. „Dann werden wir ja erfahren“, stellte sie fest, „ob die aus Regensburg kommen. Und sollte das der Fall sein, rufe ich den Kommissär an."

„Also doch?", wunderte sich Bierbichler.

„Ich will einfach kein Risiko eingehen", ließ ihn Rieke wissen, „also habe ich den Polizeichef schon vorab informiert. Sie geben dann, wenn wir einen Treffer haben, Sofia und Wilhelm Bescheid!"

In der Gaststube erfüllte Egon inzwischen weiter seine Rolle als Alleinunterhalter, er griff zum Glas, hob es an und posaunte laut: „Prost, Gemeinde, auf das *Edion* und seine Wirtin! Sie lebe …!" Natürlich tat der Trinkspruch seine Wirkung: Alle Gäste hoben freudig ihre Gläser und es ertönte ein dreimaliges inbrünstig gegröltes „Hoch!", gerade als Frau Moser wieder auf der Bildfläche erschien. Der Spaßmacher schien in Hochform zu sein, denn er trank sein Glas in einem Zug leer, rülpste laut, wischte sich den Schaum vom Mund und erhob sich. Den aufkommenden Beifall empfing er mit einem breiten Grinsen und gab dann in seinem heimischen Dialekt einen Spruch zum Besten: „Wer safft wäi a Kouh, soicht aa wäi a Kouh!" Dann wandte er sich dem Ausgang zu.

Noch im Freien nahm er das Lachen und Gekicher der Gäste wahr, die ob seines Auftritts geradezu aus dem Häuschen geraten waren. Zunächst sondierte er die Umgebung des Hauses. Wie schon beim Betreten der Gastwirtschaft nahm er keine verdächtigen Gestalten wahr, die sich am Ende als lauernde Polizisten erweisen konnten. Er war mit dem bisherigen Verlauf der Mission zufrieden, denn es gab nicht den geringsten Anlass, sich Sorgen zu machen, denn die Wirtin, die nicht besonders hell im Kopf zu sein schien, hatte die Geschichte mit den *Bravos* für bare Münze genommen. Und wer auf den dämlichen Heiner ein Auge geworfen hat, so sah das Egon, musste nun mal einen Dachschaden haben. Er fühlte sich also ganz sicher, als er auf der Straße die paar Meter bis zum Zirkus zurücklegte. Inzwischen regnete es heftiger, was ihm eigentlich recht war, denn wer hielt sich jetzt schon gerne im Freien auf. Noch war es hell genug, um zu bemerken, dass aus einem der Wohnwagen Rauch aufstieg. Hier muss die Nutte hausen, dachte er sich.

Nun war guter Rat vonnöten: Eigentlich konnte er jetzt nicht einfach zugreifen, denn zunächst musste Fritz den Personenkraftwagen herbeischaffen und Heiner konnte ihm eine Hilfe beim Einkassieren der Nutte sein. Zu umständlich! Das muss schneller gehen! Sein Entschluss war den widrigen Umständen geschuldet: Das müsste ich doch schaffen!, sagte sich Egon: Rein in den Zirkuswagen, mit vorgehaltener Waffe drohen, den Bewohnern mitsamt der Schlampe eins über die Rübe ziehen, dann ab mit ihr vor bis zur Straße und schließlich die beiden Kollegen aus dem Wirtshaus holen! Dann noch den Wagen herbeischaffen! Das Ganze konnte in fünfzehn Minuten sein Ende gefunden haben.

Mit einem Griff schob er die *Mauser* zurecht, die im Gürtel steckte, dann steuerte er auf die stattliche Kiefer zu, von der aus es nur noch ein paar Schritte bis zum Wagen waren. Hier wollte er zunächst herausfinden, ob er Stimmen vom Inneren wahrnehmen konnte.

Das trockene „Plobb“ hatte ein Messer verursacht, das vor ihm auf Augenhöhe in den Baumstamm eingedrungen war. Egon erstarrte zunächst zur Salzsäule und hob instinktiv die Arme an, denn schnell hatte der ehemalige Frontkämpfer realisiert, dass ihm da jemand, der sein Handwerk verstand, die Tour vermasseln wollte.

„Drei Schritte zurück!“, kam es von hinten. „Dann lass dich mit den Händen an den Baum fallen! Ansonsten keine Bewegung! Das nächste Messer hast du im Hals!“ Die sonore Stimme verwies mit Sicherheit nicht auf einen Hungerleider. Wahrscheinlich ein Artist, der sich auf das Messerwerfen versteht, überlegte Egon.

„Beine auseinander!“ Er war sich sicher, dass der Befehl von einem Mann kam, der ruhig und bedacht handelte. Jetzt wird er mich nach Waffen abtasten, und wenn er die *Mauser* entdeckt hat, bin ich endgültig im Arsch! Jetzt oder nie! Als er eine kräftige Hand auf seinem Rücken spürte, plante er den Gegenangriff: Der Mann muss nun genau hinter mir stehen, und wenn ich es jetzt schaffe, mit einem Bein hoch genug auszuschlagen, könnte ich den genau im Gemächt treffen, was jeden Mann zunächst einmal kampfunfähig macht.

Die Aktion brachte nicht den erhofften Erfolg, sorgte aber aus Egons Sicht für einen veritablen Gleichstand, denn beide Kontrahenten landeten auf dem Boden: Der Angreifer war aus dem Gleichgewicht gekommen, weil er einen Stoß an den Oberschenkel abbekommen hatte, und saß nun auf seinem Allerwertesten, aber ein zweites Messer lag griffbereit neben ihm im Gras. Egon war ebenfalls zu Fall gekommen, hatte aber noch die *Mauser* im Gürtel. Aber es schien ihm nicht ratsam, nach der Waffe zu greifen, denn das Messer konnte zeitgleich zum Einsatz kommen.

Schweigend musterten sich die Männer. Egon hatte zunächst mit der Überraschung zu kämpfen, dass ihm ein schwarzer Mann gegenübersaß, der ein passables Hochdeutsch sprach. Schwarze waren ihm noch vom Krieg her bekannt, wo sie auf Seiten der Franzosen eingesetzt waren und ihnen der Ruf nachging, erbarmungslose Kämpfer zu sein. Entsprechend groß war sein Respekt vor diesem Gegner, der allerdings nichts Wildes im Gesicht hatte, sondern ihm eher amüsiert in die Augen blickte. Er war es auch, der das Wort erhob: „Schätze, deinen Plan, die Sofia zu verschleppen, kannst du dir in den Kamin schreiben. Du weißt es: Wenn du deine Knarre ziehst, die im Gürtel steckt, hast du mein Messer im Hals."

„Und? Wie geht's weiter?", fragte Egon, der schon längst eingesehen hatte, dass er wohl ohne Beute bleiben würde. Für ihn ging es jetzt nur darum, einigermaßen heil aus der Sache herauszukommen.

„Schlage vor, du verdünnisierst dich samt deiner Kumpane", gab ihm Wilhelm entspannt lächelnd zu verstehen, „aber denkt erst gar nicht daran, mit dem Wagen abzuhauen, den ihr wohl beim *Weidmannsheil* abgestellt habt, denn spätestens in fünf Minuten könnt ihr hier mit einem Großaufgebot der Polizei rechnen."

„Ja dann", Egon machte Anstalten, sich zu erheben.

„So geht das nicht!", ließ ihn Willhelm wissen und griff nach seinem Messer. „Erst sichere ich mir deine Waffe, dann kannst du verschwinden."

„Pff, du spinnst wohl!", erregte sich Egon. „Wer garantiert mir, dass ich dir trauen kann? Auf den Handel lass ich mich nicht ein!"

„Gut, dann bleiben wir hier sitzen, bis die Polizei kommt", gab ihm Wilhelm lachend zu verstehen. „Hör mir jetzt gut zu: Du hast mein Ehrenwort, dass ich dich ziehen lasse."

Der Mann, für den das „Ehrenwort" immer nur Fassade war, um andere Menschen zu täuschen, sah ein, dass ihm nichts anderes blieb, als seinem Gegner Vertrauen zu schenken. Zögerlich erhob er sich, ließ sich mit erhobenen Händen die Waffe aus dem Gürtel nehmen, entfernte sich ein paar Schritte und drehte sich dann wieder um, denn so recht mochte er nicht glauben, dass ihm freier Abzug gewährt wurde. Aber Maharero machte keine Anstalten, weder die Pistole noch das Messer einzusetzen. Nun sputete sich Egon, um seine Genossen aus dem Wirtshaus zu holen.

Und nur wenig später konnte man die „stärksten Männer der Welt" auf der Flucht beobachten: Gleich hinter dem Zirkus schlugen sie sich in Richtung Selb in die Felder. Wahrscheinlich hofften sie, sich irgendwie nach Regensburg durchzuschlagen, wo sie ihrem Chef einiges zu erklären hatten.

Von einem Großaufgebot der Selber Polizei konnte man nun wirklich nicht sprechen: Dem *Opel P4* entstiegen gerade mal drei Leute, nämlich Kommissär Werner und zwei Schutzleute. Wilhelm hatte ihr Eintreffen an der Straße erwartet.

„Lage?", wandte sich der Einsatzleiter an den alten Bekannten.

„Die haben sich vom Acker gemacht", antwortete der Gefragte grinsend und deutete in Richtung Selb, „querfeldein! Ihr Automobil steht wahrscheinlich beim *Weidmannsheil*. Ich habe sie mit der Karre kommen sehen."

„Und warum haben Sie die Leute einfach so ziehen lassen?", wollte Werner wissen.

„Weil Sie zu spät gekommen sind und ich ein Blutbad verhindern wollte!"

„Klingt einleuchtend", antwortete der Kommissär, dem allerdings nicht eingehen wollte, dass Verbrecher flüchteten, wenn sie ja wohl mit Schusswaffen ein Blutbad anrichten konnten. Aber Nachkarten war nicht sein Ding: Jetzt noch darauf hinzuweisen, dass man sich nach Frau Mosers Anruf sofort auf den Weg gemacht hatte, würde nur die fällige Fahndung verzögern. Routiniert leitete er die nötigen Maßnahmen ein:

„Wagentyp?" Die Frage ging an Maharero.

„Denke, ein *Wanderer*!"

„Maurer, fahren Sie zum *Weidmannsheil*! Und falls dort ein *Wanderer* steht, dann machen Sie den fahruntüchtig!"

„Und wie?"

„Ihnen wird schon was einfallen! Dann sofort zurück nach hier! Ich steige mit Müller zu und wir fahren zur Wache, um die Großfahndung einzuleiten! Kurze Beschreibung der Männer, Herr Maharero!"

„Alle drei sehr groß, so um die 1,85 und kräftig. Kleidung: Hosen und Jacken zu knapp geschnitten!"

„Danke, das war's! Wir ziehen ab! Die Befragung der Zielperson und der Zeugen in Kürze!"

In der Gaststube hatte der überstürzte Aufbruch der als *Bravos* eingeführten Truppe für kollektive Ratlosigkeit gesorgt: Man wollte einfach nicht verstehen, warum gerade die Stimmungskanone wie ein geprügelter Hund an der Tür erschien und ihre Genossen mit einem gehetzt klingenden „Ab die Post!" aufforderte, den schnellen Rückzug anzutreten.

Die Wirtin tat ihren Gästen allerdings nicht den Gefallen, sie umfassend aufzuklären. Sie beließ es bei dem Hinweis, dass man vielleicht in der Zeitung lesen könne, warum sich die *Bravos* „schnell und unerwartet gegen das *Edion* entschieden" hätten.

*****

Auf den angekündigten Bericht mussten die Besucher des *Edion* dann allerdings drei Tage warten. Werner nahm diesmal seinen Freund Rüter streng ins Gebet und verpflichtete ihn, wirklich nur das zu schreiben, was er ihm vorgeben würde, denn er legte großen Wert darauf, dass weder Sofia Radu noch die anderen Personen, die in den Fall involviert waren, namentlich bekannt wurden. Nicht einmal der Ort des Geschehens sollte in der Zeitung auftauchen. Natürlich war den beiden durchaus bewusst, dass die innerstädtische Gerüchteküche schon für eine variantenreich ausgestaltete Räuberpistole sorgen würde.

Deshalb war Rüters Klage verständlich: „Du glaubst gar nicht, wie mir das Herz blutet! Da hast du einen Reißer für mich, aus dem man locker eine Kriminal-Serie machen kann, und du nötigst mich, einen drögen Fünfzehn-Zeiler zu schreiben. Dafür will ich aber demnächst mal einen richtigen Kracher von dir!“

„Kannst du haben!“, gab Werner lächelnd zur Antwort und wurde dann ernst: „Lass deine Leser ruhig spekulieren! Ich möchte auf jeden Fall verhindern, dass man sich auf die Radu einschießt. Diese junge Frau hat in ihrem bisherigen Leben unendliches Leid erfahren müssen: Sie ist wie eine Sklavin als Prostituierte immer wieder verkauft und von einem Puff in das andere verschoben worden. Dass das ein Ende haben muss, wirst du ja wohl verstehen!“

Rüter nickte und stellte fest: „Du möchtest ihr also ein selbstbestimmtes Leben ermöglichen.“

„So ist es. Aber das wird nicht leicht, denn sie ist nach eigener Aussage mit einem Fremdenpass ausgestattet, wo sie als ‚staatenlos‘ und ‚Romni‘ firmiert. Das Dokument liegt allerdings in Regensburg genau bei dem Mann, der ihre Entführung beauftragt hat. Wenn es den dortigen Behörden in die Hände fällt, droht ihr nach dem bayerischen ‚Gesetz zur Bekämpfung von Zigeunern, Landfahrern und Arbeitsscheuen‘ vom letzten Jahr die Abschiebung. Und ich als Repräsentant der örtlichen Fremdenpolizei müsste für den Vollzug sorgen.“

„Schöne Scheiße!“, kommentierte Rüter.

„Da magst du recht haben!“

„Dann müssen wir einen Ausweg finden!“

„So ist es! Und dein Part steht schon fest: Du tust mit deinem Bericht alles, um sie aus dem Gerede zu halten! Und ich versuche ihr zur deutschen Staatsbürgerschaft zu verhelfen.“

„Ich rieche den Braten!“, stellte Rüter mit einem breiten Lachen fest: „Du wirst sie heiraten, denn ich komme ja als Bewerber nicht in Frage, weil mir meine Aufgabe schon zugeteilt ist.“

„Idiot!“, konterte Werner belustigt. „Hanna wird sich bedanken! Nein, ich habe Sofia nahegelegt, sie möge sich mit dem Maharero verehelichen, der ja deutscher Staatsbürger ist. Schließlich habe ich schon längst den Verdacht, dass zwischen den beiden was am Laufen ist.“

„Solch geniale Ideen stammen ja eigentlich immer von mir, aber na ja, manchmal … Lassen wir das! Dann will ich mal meinen Teil erfüllen. Du sagst mir später, ob das Werk deinen Wünschen entsprochen hat. Bis dahin!“

*****

Gespannt nahm Werner am Montagmorgen das *Selber Tagblatt* zur Hand. Rüter hatte mit „Dreiste Masche“ salopp getitelt. Der Bericht handelte von drei Männern im Alter zwischen dreißig und vierzig Jahren, die in Selb aufgetaucht seien und sich als Artisten mit der Bezeichnung *Bravos* ausgegeben hätten. Ihr eigentlicher Plan sei allerdings gewesen, eine Person zu entführen, um sie gewaltsam nach Regensburg zu verbringen. Ein Bürger habe jedoch ihr Vorhaben verhindert, indem er mutig und entschlossen einen der Täter entwaffnet und damit das Trio in die Flucht geschlagen habe. Da es ihm auch gelungen sei, sofort die Polizei zu alarmieren, mussten die Täter sogar ihren Personenkraftwagen zurücklassen, mit dem sie nach Selb gekommen seien. Die sofort eingeleitete Großfahndung, an der Polizeikräfte aus Rehau, Marktredwitz und Tirschenreuth beteiligt waren, habe allerdings keinen Erfolg erbracht. „Aber wie uns Kommissär Werner, der Leiter der örtlichen Schutzmannschaft, mitteilt“, hieß es am Ende, „wird man der Täter schnell habhaft werden, denn die falschen *Bravos* sind allesamt namentlich bekannt.“

Werner griff gleich nach der Lektüre zum Telefon und gratulierte dem Redakteur: „Sehr gut gemacht, Friedrich! Das wird, wie ich annehme, ein großes Rätselraten auslösen. Aber auf die ‚Person‘ und den ‚mutigen Bürger‘ müssen die Leute erst mal kommen, zumal ja die Gäste, die im Lokal waren, von dem, was sich da beim Zirkus abgespielt hat, nicht das Geringste mitbekommen haben. Noch mal großes Lob, Friedrich!“

Der so Ausgezeichnete zeigte sich eher maulend: „Ich bin wahrlich nicht Redakteur geworden, um so einen Schwachsinn abzuliefern. Sogar mein Chef wirft mir vor, dass ich ‚doch sehr schlampig recherchiert' habe. Deshalb warte ich mit Sehnsucht auf den Knaller, den du mir versprochen hast."

Nach dem Telefonat nahm sich der Kommissär vor, einen der Orte zu besuchen, wo Gerüchte entstehen und variantenreich ausgestaltet werden. Er entschied sich dafür, in der *Hopfenblüte*, die vom zweiten Bürgermeister Kießling geführt wurde, sein Mittagessen einnehmen. Da dann, so gegen halb zwölf, in dem Lokal ziemlich wenig Betrieb war, fand der Wirt die Zeit, sich zu ihm zu gesellen.

Er war gleich beim Thema: „Eine Entführung in Selb und dann folgt ein Zeitungsbericht, der mehr verschweigt, als er sagt. Schon komisch!", wandte er sich an Werner.

„Da hat der Rüter wohl sehr schlampig recherchiert", gab ihm Werner grinsend zur Antwort.

„Ich nehme doch eher an, dass er im Sinne der Polizei sehr verantwortlich gehandelt hat", spekulierte Kießling mit dem Lächeln des Wissenden.

„Auch wieder richtig", gestand ihm Werner, „wir nennen das in Polizeikreisen Opferschutz."

„Und Sie wollen jetzt von mir hören, was sich die Leser so alles zusammengereimt haben?", vermutete der Politiker, der sich eher selten hinter das Licht führen ließ.

„So ist es, Herr Kießling!"

„Nun ja, stand ja erst heute im Blatt", meinte der Wirt, „das Ganze muss wohl noch ein bisschen köcheln, bis daraus eine gute Suppe wird. Aber es zeigen sich schon gewisse Tendenzen. Ich war heute früh im Rathaus und da gab's eigentlich nur ein Thema: Wer ist die ‚Person' und wer der ‚Bürger'?"

„Und wer kommt da jeweils in Frage?", wollte Werner wissen.

„Man kann sich gut vorstellen, dass der Moser …"

„Der Bote vom Amtsgericht?"

„Genau der! Er hat zwar ein Holzbein, aber Mut und Entschlossenheit kann man dem nicht absprechen. Außerdem ist der mit der Wirtin vom *Edion* verheiratet und steht nach Feierabend dort hinter der Theke."

„Hat man den Mann denn schon auf seine Heldentat angesprochen?", fragte Werner.

„Ich nicht, aber es heißt, er genieße die Heldenverehrung."

„Scheint mir auf den zu passen", legte sich Werner amüsiert fest. „Von Moser hört man ja die tollsten Geschichten: Er erzählt jedem seine Witze, auch wenn der sie nicht hören will. Und dabei macht er nicht mal vor meinem zukünftigen Schwiegervater und sonstigen Respektspersonen Halt."

„Und wenn man ihn einfach mal so abwimmelt", steuerte Kießling lachend bei, „dann zeigt er sich beleidigt und entledigt sich seines Holzbeins, um sich mit Krücken für einen Tag als deutlich sichtbares Kriegsopfer zu präsentieren!"

„Dann müsste ja eigentlich ‚die Person' aus dem Bericht seine Frau sein", spekulierte Werner.

„Da hat man sich noch nicht so recht festgelegt, die einen meinen, dass sie's ist, aber andere bringen die Anna Pecher ins Gespräch. Das ist die Küchenhilfe im *Edion* und die soll ein bildhübsches Mädchen sein." Nun traf

Werner der prüfende Blick des Bürgermeisters. „Zufrieden?“, fragte Kießling.

„Bis jetzt eindeutig ja!“, tat der Kommissär nickend kund. „Schauen wir mal, wie sich die Gerüchte entwickeln!“ Nun öffnete er sich dem Mann, der ihn mit Sicherheit schon längst durchschaut hatte: „Ich kann nur hoffen, dass Sie als Wirt Ihre Gäste fleißig in die Irre führen, denn Sie sind ja wohl auch der Meinung, dass Sofia Radu und Wilhelm Maharero des Schutzes bedürfen.“

„Wir sind uns mal wieder einig, Herr Kommissär!“, stellte der Wirt schmunzelnd fest und wandte sich dem Tresen zu, um zwei Schnäpse einzuschenken.

Kasparis Not

Rechtsanwalt Dr. Kaspari hatte den Fall Kaiser vor allem deshalb übernommen, weil ihn Johanna Winkler, mit der er sich sehr gut verstand, darum gebeten hatte. Außerdem hatte ihn die Begegnung mit Staatsanwalt Dr. Bleibtreu zusätzlich motiviert: Für ihn galt es jetzt, diesem arroganten Schnösel, falls er denn in dem fälligen Prozess die Anklage vertrat, seine Grenzen aufzuzeigen.

Seine Hoffnung auf eine für ihn erfolgreiche Verhandlung schien sich zunächst zu erfüllen, denn sein Gegner hatte ein Geständnis in der Hand, das nur auf großen psychischen Druck hin zu Stande gekommen und inzwischen zurückgezogen war. Außerdem waren für ihn die Indizien, ein beschädigtes Hemd, ein Messer und vage Zeugenaussagen, nicht tragfähig genug, um eine Verurteilung zu erreichen.

Aber die Gespräche, die er bisher mit Kaiser geführt hatte, ließen ihn zunehmend verzweifeln, denn der Mann, dem man von Wärter- und Gefangenenseite immer wieder versicherte, er werde am Ende um einen Kopf kürzer gemacht, war inzwischen ein Nervenbündel, mit dem ein vernünftiges Gespräch über den besagten Abend kaum zu führen war. Wollte Kaspari zum Beispiel wissen, welche Wege er gegangen sei oder wann und wie lange er das Opfer begleitet habe, hob er eigentlich nur auf seine Unschuld ab: „Iich wor des niat!“ Außerdem klammerte er sich an eine Bemerkung Kasparis, die beim zweiten

Besuch zur Sprache gekommen war: „Sie sind doch, wie ich bemerkt habe, Rechtshänder, aber mir ist bekannt, dass die Tat von einem Linkshänder verübt worden ist.“ Diese Feststellung schien für Kaiser inzwischen zu einer Art Lebensversicherung geworden zu sein, denn er wurde nicht müde, immer wieder darauf zu verweisen, dass er doch „alles“ mit der rechten Hand unterschrieben habe.

Für Kaspari, der bei jedem Prozess eigentlich immer gerne wissen wollte, ob der Beschuldigte schuldig oder unschuldig im Sinne der Anklage war, rückte deshalb eine Frage zunehmend in den Vordergrund: War Kaiser wirklich Rechtshänder?

Dass sich der mit allen Wassern gewaschene Anwalt nun entschloss, den Rat eines Polizisten einzuholen, erschien ihm zunächst eher befremdlich. Für ihn waren die Gesetzeshüter Erfüllungsgehilfen der Staatsanwaltschaft, die man vor Gericht in die Zange nahm, wenn sie als Zeugen auftauchten. Aber Kommissär Werner schien ihm ein kompetenter Kriminalist zu sein, mit dem man auch über seinen Beruf hinaus vernünftige Gespräche führen konnte. Warum sollte er sich nicht dessen Sachverstand in einer speziellen Frage zu Nutze machen? Nun konnte er als Verteidiger Kaisers nicht ohne Weiteres Kontakt zu dem Polizisten aufnehmen, der in gewisser Weise für die Inhaftierung seines Mandanten verantwortlich war. Die Sache musste also irgendwie auf eine persönliche Ebene und am besten auf ein scheinbar „rein zufälliges Zusammentreffen“ verlagert werden.

Der Anwalt griff zum Telefon, um die Angelegenheit zu regeln. Ohne große Umschweife brachte er sein Anliegen ins Spiel: „Werner, wir müssen sprechen!“

„Aber Sie wissen doch, dass …“, hob der an.

„Interessenkonflikt! Mir hinreichend bekannt!“, unterbrach Kaspari forsch. „Mir geht es um die Expertise eines Kriminalisten, die Sie nicht in die Bredouille bringen wird. Und ich gehe jetzt einfach davon aus, dass Sie mich nicht im Stich lassen werden!“

„Habe ich nicht vor. Also dann: wann, wo und wie?“

„Vorschlag: zufälliges Treffen, noch heute Abend gegen sieben! Sie verlassen das Rathaus über den Hinterausgang, gehen in Richtung *Buberlbrunnen*, und ich komme mit meinem Automobil völlig unerwartet des Weges und biete Ihnen die Mitfahrt an.“

„Reichlich konspirativ!“, kommentierte Werner das geplante Procedere lachend.

„Dann besuche ich Sie eben im Amt!“

„Um Gottes willen! Nur das nicht!“

„Also, wie abgemacht!“

*****

„Dann schießen Sie mal los!“, beschied ihm Werner, als er in den Wagen eingestiegen war.

„Herr Werner, ich möchte mit einer Frage beginnen.“

„Bitte!“

„Sind Sie Rechts- oder Linkshänder?“

Die überraschende Hinführung zum Thema führte nicht zur erwarteten Verblüffung des Kommissärs, denn die Antwort kam wie aus der Pistole geschossen: „Linkshänder!“

„Nun wollte ich in ein erstauntes Gesicht blicken“, gestand Kaspari freimütig, „und jetzt sind Sie es, der mich vor ein Rätsel stellt. Sie haben mir soeben die rechte Hand gegeben, und wie ich schon mehrmals beobachtet habe, schreiben Sie mit derselben. Und nun wollen Sie Linkshänder sein. Das verstehe ich nicht!“

Dass Werner nun eine Tonart anschlug, die fast schon auf missionarischen Eifer schließen ließ, überraschte Kaspari. Wie konnte er auch wissen, dass sein Beifahrer eine Art Beichte ablegen würde.

„Ich erfülle damit nur eine Norm, die von der Gesellschaft vorgegeben ist. Ich habe in der ersten Klasse den Griffel in die Linke genommen und erfuhr dann einen Schlag mit dem Stöckchen auf meine Hand, und zwar nicht nur einmal! Und wie Sie richtig beobachtet haben, schreibe ich jetzt so, wie sich das gehört.“

„Sie wurden also umerzogen?“, versicherte sich Kaspari.

„Wie Sie das nennen wollen, ist mir egal, ich schreibe mit rechts, bin aber Linkshänder geblieben“, eröffnete ihm Werner, um dann Kaspari mit einer für ihn unbekannten Problematik zu konfrontieren: „Dieser erzwungene Wechsel hat bei mir dauerhafte Schäden verursacht: Mir gelingt es bis heute nicht, richtig zu werfen. Ich habe es in der militärischen Ausbildung nie geschafft, mit einer Handgranate die nötige Weite zu erreichen. Die rechte Hand ließ mich gänzlich im Stich und mit der linken war ich etwas besser, blieb aber immer noch weit unter der Norm. Das Problem setzt sich fort beim Benützen von Werkzeugen: Ich weiß oft nicht, welches Werkzeug ich in welche Hand nehmen soll. Um ans Ende zu kommen: Ich bin überzeugt, dass dieser erzwungene Wechsel die Motorik eines Menschen nicht zu seinem Besten verändert. Dieser Meinung ist auch meine Verlobte, die sich als Lehrerin immer noch gezwungen sieht, Kinder anzuweisen, den Griffel in die richtige Hand zu nehmen.“

„Sehr aufschlussreich!“, kommentierte Kaspari die Ausführungen und stellte dann fest: „Sie haben quasi mit einer Punktlandung mein Problem erreicht, nämlich das Verhalten Kaisers: Mit dem Mann lässt sich einfach kein vernünftiges Gespräch über die Gründe führen, die ihn entlasten könnten. Er sagt mir eigentlich nur immer, dass er unschuldig sei und, damit sind wir bei den Händen, als Rechtshänder gar nicht der Täter sein könne. Und dieser Hinweis erscheint mir, geradezu gebetsmühlenhaft vorgetragen, reichlich verdächtig.“

„Jetzt haben Sie mich erwischt!“, stellte Werner, peinlich berührt, fest. „Ich habe den Mann ja befragt, muss aber gestehen, dass ich die Frage, ob er Links- oder Rechtshänder ist, völlig vernachlässigt habe. Aber, wie gesagt“, schob er entschuldigend nach, „das war schließlich noch kein Verhör.“

„Geschenkt, Sie müssen sich nicht rechtfertigen“, reagierte Kaspari, „aber könnte man nicht herausfinden, ob er nicht auch … wie soll ich sagen …?“

„… so ein verkappter Linkshänder ist?“, half ihm Werner auf die Sprünge.

„Genau!“

„Nicht einfach, denn es gibt mit Sicherheit auch Menschen, die diese Umstellung unbeschadet überstanden haben. Aber lassen Sie mich zunächst noch ein paar Worte über meine erste Begegnung mit Kaiser sagen: Der Mann wirkte auf mich völlig entspannt. Da war kein Taktieren zu spüren, er tappte arglos in jede Falle, die ich ihm gestellt habe. Deshalb war ich zunächst einmal geneigt, ihn nicht als Täter zu sehen. Aber zurück zu Ihrer Frage: Wenn er mein Leiden teilt, könnten Sie das unter Umständen herausfinden.“

„Wie?“

„Werfen Sie ihm aus der Distanz ein Päckchen Zigaretten als Mitbringsel zu, lassen Sie Ihre Streichhölzer fallen oder fordern Sie ihn auf, eine bestimmte Skizze zu zeichnen, um jeweils herauszufinden, welche Hand er einsetzt und wie zielorientiert er dabei agiert. Ich denke doch, dass er sich etwas tollpatschig anstellt, wenn er denn mein Leiden teilt.“

„Sie haben mir einen wertvollen Dienst erwiesen, Herr Werner, dafür danke ich Ihnen herzlich.“

„War doch nicht der Rede wert!“

„Bescheidenheit ist hier völlig fehl am Platz“, widersprach Kaspari, „Ihre Ausführungen über ein Problem, das mir bisher völlig fremd war, versetzen mich in die Lage, jeden Staatsanwalt schwindlig zu reden, wenn er die Verwendung einer bestimmten Hand ins Spiel bringt. Und wenn es sein muss, mache ich aus Kaiser einen perfekten Rechtshänder, der nicht einmal weiß, dass er eine linke Hand hat.“

„Traue ich Ihnen durchaus zu“, gab Werner lachend zur Antwort und ließ sich dann verschmitzt grinsend zu einer Bemerkung hinreißen, die Kasparis Übernahme des Falls berührte: „Für manche Menschen ist es gut zu wissen, dass ein Genie sein Wirken erst am richtigen Platz entfalten kann.“

„Ihr Lob ehrt mich! Aber ich glaube den Menschen zu kennen“, reagierte der Anwalt verschmitzt, „der mir das eingebrockt hat.“

Die beiden hatten inzwischen die Gartenschule erreicht, die Werner ohnehin nach dem Dienst angesteuert hätte. Zum Abschied ließ Kaspari den Kommissär wissen, er werde am nächsten Tag „diese händischen

Spielchen mit Kaiser treiben“. Er schloss mit der Frage, ob es ihm denn erlaubt sei, noch einen kurzen telefonischen Bericht über den Erfolg der Übungen abzusetzen.

„Tun Sie, was Sie nicht lassen können!“, gab ihm Werner zur Antwort. „Sie wissen es, ich weiß es: Wir haben mit dieser Fahrt ohnehin Grenzen überschritten.“

Der Überfall

Die ledige Anna Pecher war achtzehn Jahre alt und lebte bei ihren Eltern in Lauterbach. Ihr Vater war Holzfäller. Nach dem Verlassen der Volksschule verdingte sie sich bei verschiedenen Bauern der Umgebung zeitweise als Magd, und zwar vorwiegend in den Sommer- und Herbstmonaten. Ihr Wunsch, einen Beruf zu erlernen, war nicht erfüllbar, denn ihr fiel auch die Aufgabe zu, ihre kränkelnde Mutter im Haushalt zu unterstützen. Allerdings reichte der karge Lohn des Vaters hinten und vorne nicht, um die Familie, zu der auch noch zwei kleinere Geschwister gehörten, über die Runden zu bringen.

Insofern war es ein Glücksfall für sie, dass ihr Frau Moser, die Geschäftsführerin des *Edion,* die Möglichkeit eröffnete, in der Küche des Lokals auszuhelfen und sie bei entsprechender Eignung als Köchin auszubilden. Natürlich nahm das Mädchen im Einvernehmen mit ihren Eltern das Angebot an, denn sie konnte hier mit eher regelmäßigen Einkünften rechnen und hatte nur einen kurzen Weg zur Arbeitsstelle zurückzulegen, so dass sie auch noch ihrer Mutter zur Hand gehen konnte.

Anna war ein bildhübsches Mädchen, dessen schwarzer Bubikopf ein schmales Gesicht mit großen mandelförmigen Augen umrahmte. Es war also kein Wunder, dass sich die jungen Burschen nach ihr umdrehten und es auch schon einen Verehrer gab, der allerdings noch im

Status des „Nachsteigens“ verharrte, weil die schüchterne Anna eher zurückhaltend reagierte.

Alfred Hübner hatte vor einigen Monaten seinen Dienst als Zollwachtmeisteranwärter am Grenzübergang Wildenau angetreten. Im Laden des Gasthauses war er auf Anna getroffen. Der junge, gutaussehende Mann war sofort entflammt von der Schönheit mit dem melancholischen Blick. In den folgenden Wochen tauchte er dann häufig im *Edion* auf, um die Gelegenheit zu bekommen, ein paar Worte mit der Angebeteten zu wechseln. Anna fühlte sich durchaus geehrt von den Avancen des Zöllners, der ihr auch gut gefiel. Aber seine Einladung, ihn zum Tanz zu begleiten, lehnte sie mit der Begründung ab, für solche Vergnügungen fehle ihr einfach die Zeit. Seinem Wunsch, sie nach Hause zu begleiten, wenn es mal wieder sehr spät in der Küche werde, kam sie dann doch nach, denn sie überfiel immer ein mulmiges Gefühl, wenn sie nachts alleine auf dem Weg nach Lauterbach unterwegs war. Natürlich ließ es Hübners Dienst nicht zu, sie regelmäßig spätabends zu begleiten, aber mehrmals durfte er ihr Beschützer sein. Dabei gelang es ihm aber nicht, mehr zu erreichen als das Händchenhalten und den flüchtigen Kuss beim Abschied am Ortsrand von Lauterbach. Schließlich wollte Anna nicht ins Gerede kommen. Außerdem war sie der Meinung, dass gut Ding seine Weile brauchte und Alfred, wenn er denn ernste Absichten hegte, sich einfach gedulden müsse. Auf keinen Fall wollte sie sich auf eine flüchtige Liebelei einlassen.

Inzwischen war sogar Frau Moser aufgefallen, dass die beiden jungen Menschen dabei waren, sich näherzukommen, und sie legte sich für den Zöllner ins Zeug: „Du könntest doch mal mit dem Alfred zum Tanzen gehen!

Das ist ein ordentlicher junger Mann, er sieht blendend aus und hat keine Laster. Außerdem ist er Beamter, der dir was bieten kann, wenn …"

„Aber ich kann doch gar nicht tanzen!", unterbrach sie Anna, traurig dreinblickend.

„Ach Gott, Mädchen!", reagierte Frau Moser kopfschüttelnd und verdrehte die Augen: „Deine Sorgen möchte ich haben! Frag ihn doch einfach mal, ob er sich deinen Eltern vorstellen will, und wenn er zustimmt, dann weißt du auch, ob's ihm ernst ist mit dir. Was dann zu tun ist, wirst du wohl selbst wissen. Das Tanzen kannst du immer noch lernen!"

*****

Besonders an den Wochenenden verließ Anna die Küche kaum vor halb elf Uhr, denn ihr oblag die abschließende Reinigung des Raumes und der benützten Gerätschaften. Wenn ihre Arbeit abgeschlossen war, stand an diesen Tagen ab und zu ein Korb bereit, den Frau Moser für das Mädchen mit Speisen gefüllt hatte, die über den Bedarf hinaus bereitet worden waren und möglichst baldigst verzehrt werden sollten, darunter Klöße, Kartoffelsalat und verschiedene Bratenreste. Diese Dreingabe zu ihrem Lohn war für Annas Familie eine enorme Wohltat, denn so konnten die eigentlich immer hungrigen Mäuler zeitweise speisen wie gutsituierte Bürger.

Freitag, 7. Oktober 1927, gegen 10 Uhr abends

An diesem Abend verließ Anna gegen zehn Uhr die Küche und machte sich auf den Weg nach Hause. Da die

Nächte inzwischen schon ziemlich kühl wurden, hatte sie eine rote Wollmütze auf dem Kopf und ihr Oberkörper war von einer Decke umschlungen, die sie wie einen Umhang drapiert hatte. In der Hand hielt sie den für sie bestimmten Korb, dessen Inhalt mit einem karierten Tuch abgedeckt war.

Schon von der Küche her hatte sie laute Männerstimmen gehört, die vom Laden kamen und auf eine aufgekratzte Stimmung verwiesen. Wohl gute Gäste, die dabei sind, das Gasthaus zu verlassen, vermutete Anna und war sich sicher, dass sie dort auch Frau Moser antreffen würde, denn die ließ es sich nicht nehmen, zahlungskräftige Kundschaft bis zu ihren fahrbaren Untersätzen zu begleiten. Auf die Geschäftsführerin wollte Anna auf jeden Fall warten, denn sie sollte wissen, dass die Küchenarbeit erledigt war. Außerdem wollte sie sich für den gefüllten Korb bedanken.

Die Männer, die sich noch im Flur vor der Gaststube aufhielten, der auch als Laden diente, reagierten auf Annas Erscheinen mit anzüglichen Bemerkungen, wohl um das Mädchen in Verlegenheit zu bringen. Warum denn diese Schönheit in der Küche versauern müsse, wurde Frau Moser gefragt. Und Alois Ponader, der Besitzer des großen Sägewerks in Asch, wünschte sich, dass diese „Perle“ demnächst im Saal als Tänzerin auftreten möge und dann die Gäste unterhalten solle.

Ponader war es dann auch, der Anna anbot, sie könne ja „mit uns“, wobei er auf die anderen drei Herren deutete, in seinen Kraftwagen einsteigen. Der kleine Umweg nach Lauterbach mache ihnen nichts aus, meinte er, breit grinsend, „wem’mer a gungs Moidl dabei hout!“

Anna warf zunächst einen Blick auf die älteren Herren, die durchwegs mit stattlichen Bäuchen ausgestattet waren und teils schon reichlich glasig dreinblickten, und lehnte dann dankend mit der Begründung ab, der Gang durch die frische Luft tue ihr jetzt nach der Arbeit in der Küche gut und es sei ja eh nur eine kurze Wegstrecke zurückzulegen. Das kurze Nicken Frau Mosers mit dem Kopf deutete sie als Zeichen der Zustimmung. Die wird die Herren genauer kennen, dachte Anna, und ahnt wohl, dass mir ihre Gesellschaft nicht guttut.

*****

Wie immer, wenn er in die Rolle des Jägers schlüpfte, überfiel ihn dieses Schaudern, das, dem Schüttelfrost vergleichbar, wellenartig seinen Körper durchfuhr. Für ihn war das ein angenehmes Gefühl, denn seine Phantasie lieferte bereits die Bilder einer erfolgreichen Jagd, die ihm die Erfüllung seiner sexuellen Träume garantierte. Insofern konnte er beim Streifen durch die Nacht auch durchaus damit leben, dass er auf kein geeignetes Opfer stieß. Entscheidend war für ihn die Hoffnung, dass sich irgendwann mal wieder eine günstige Gelegenheit ergab.

Gerne hielt er sich inzwischen in der Nähe von Gasthäusern auf, denn da bot sich am ehesten die Gelegenheit, auf unbegleitete Frauen zu treffen, die zur späten Stunde den Heimweg antraten. Er hatte sich auf jeden Fall fest vorgenommen, dass er den letzten entscheidenden Schritt erst dann unternehmen würde, wenn er völlig ungestört war. Dieser Grundsatz hatte ihn schon oft genug davon abgehalten, zur Tat zu schreiten, wenn irgendwelche verdächtigen Geräusche zu hören waren.

Der Mensch, der sich jetzt auf der Straße von Asch nach Erkersreuth der Abzweigung nach Wildenau näherte, war zunächst eigentlich nur über seine Schritte wahrzunehmen, die auf dem mit Sand und Kies bedeckten Weg ein knirschendes Geräusch verursachten. Seiner Einschätzung nach waren es kurze Schritte, die durchaus von einer Frau stammen konnten. Er erreichte nun einen Zustand höchster Anspannung. Und da er sich zunächst nur auf seine Ohren verließ, nahm er auch den rasant ansteigenden Pulsschlag über sein Gehör wahr. Das Licht des Mondes wurde von dichten Wolkenfeldern zurückgehalten, aber es öffneten sich auch Lücken, die kurz für eine Aufhellung sorgten. Ein solcher Moment gab ihm die Sicherheit, dass es ein weibliches Wesen war, das sich inzwischen schon wieder ein gutes Stück seinem Versteck in den Büschen genähert hatte. Die zierliche Gestalt und der Rock ließen aus seiner Sicht gar keine andere Annahme zu.

Er traf die letzten Vorbereitungen für seine Annäherung, indem er sich die Lederhandschuhe überstreifte und die schwarze Wollmütze, die mit schmalen Sehschlitzen versehen war, bis zum Kinn hinunterzog. Den Strick zur Fesselung und das Messer hatte er griffbereit in den Hosentaschen verstaut. Beide Mittel sollten eigentlich nur zum Einsatz kommen, wenn sich das Opfer zickig zeigte oder ihn gar beschimpfte.

*****

Anna war eine begeisterte Sängerin. Schon in der Schule war den Lehrern ihre ausdrucksstarke Stimme aufgefallen, was dann dazu führte, dass sie bei Chorauftritten gelegentlich die Solostimme übernehmen durfte. Dabei war es auch von Vorteil, dass sie über die entsprechenden Texte in kürzester Zeit auswendig verfügen konnte. Auch später sang sie bei allen möglichen Gelegenheiten, sei es bei der Arbeit in der Küche oder auf dem täglichen Weg zum *Edion* respektive zurück nach Lauterbach. Wenn sie in der Dunkelheit alleine unterwegs war, beschränkte sie sich allerdings auf ein leises Summen, denn sie wollte auf keinen Fall mit lautem Gesang auf sich aufmerksam machen.

Und als sie jetzt die Abzweigung nach Wildenau passiert hatte und auf die Anhöhe vor Erkersreuth zusteuerte, war es ihr Lieblingslied, das sie vor sich hin summte: „Guten Abend, gut Nacht!" Im Grunde war es ein Summen gegen die Angst in der Einsamkeit der Nacht, denn die erste Strophe endete mit der Verheißung, dass sie am Morgen wieder geweckt werde. Trotz der Vertrautheit des Textes blieb ihr seit Kindertagen eine Passage ein Rätsel: „*... mit Rosen bedacht,/ mit Näglein* besteckt,/ schlüpf unter die Deck'/ ...*" Schwer einsehbar erschien ihr die Prozedur, ein Kind beim Schlafengehen mit Nägeln zu versehen. Diese Irritation nahm ihr aber nicht die Freude an dem Lied, denn in ihrer Phantasie erhob sie die „Näglein" zu den verschiedensten kostbaren Beigaben, die alle einen Bezug zu irgendeinem edlen Schmuck hatten.

***Näglein:** sprachlich veraltete Bezeichnung für Gewürznelken.

Als diese dunkle Gestalt wie aus dem Nichts vor ihr auftauchte, wich sie zunächst nur einige Schritte zurück und blieb dann stehen. Der kurze Anflug von Neugier und Erstaunen wandelte sich schnell in große Angst, als ihr Blick auf das vermummte Gesicht des Mannes fiel.

Natürlich wusste sie, was zu tun war, wenn ihr ein Überfall drohte: den Korb fallenlassen, laut nach Hilfe rufen und dann schnell weglaufen! Warum sie jetzt nur regungslos verharrte, wobei doch bis zum *Edion* nicht einmal hundert Meter zurückzulegen waren, konnte Anna im Nachhinein nur vermuten: Es lag wohl daran, dass der Mann keine Anstalten machte, sich auf sie zu stürzen, sondern Abstand hielt und eine Haltung einnahm, die sie eher an einen Bittsteller denken ließ. Und als er ihr dann versicherte, er wolle sie nicht überfallen, wich die Angst wieder der anfänglichen Neugier und sie fand den Mut, den Mann anzusprechen: „Was wollen Sie von mir?“

„Ich möchte Sie bitten, mir Trost und Zuwendung zu schenken“, antwortete er mit einer Stimme, die auf Verzweiflung verwies, „leider“, er deutete auf seine Maske, „muss mein Gesicht für Sie unsichtbar bleiben, denn das Schicksal hat mich schwer gezeichnet.“

„Und wie kann ich Ihnen helfen?“, wollte Anna wissen.

Der Mann näherte sich ein paar Schritte und flüsterte dann schwer atmend: „Ich möchte Sie berühren!“ Anna kam es vor, als spreche jetzt ein Mensch, der kaum noch seine Gier verbergen konnte. Eigentlich hätte sie diese Veränderung als Warnung deuten müssen. Aber diese Einsicht erreichte sie erst dann, als es zu spät war. Noch glaubte sie den Fremden im Griff zu haben. „Ich kann Ihnen gerne meine Hand reichen“, gab sie zur Antwort, „wenn Sie das wünschen, aber …“

„Mehr! Ich bin heiß!“, fiel er ihr hektisch keuchend ins Wort und ging sofort zum Angriff über: Von hinten umfasste er ihren Hals mit seinem rechten Arm, mit der Linken schob er die Maske ein Stück nach oben und versuchte Anna zu küssen. Der Geruch nach Schweiß und Mundfäule verursachte ihr einen Ekel, der sie, da war sie sich sicher, über kurz oder lang zum Erbrechen führen würde. Mit heftigen Abwehrbewegungen versuchte sie sich dem Angreifer zu entwinden, um zunächst einmal dem Gestank zu entfliehen.

„Zier dich nicht, Schätzchen!“, ging der Fremde Anna an. „Bist du nicht willig, so brauch ich Gewalt!“ Trotz ihres Drehens und Wendens gelang es ihr nicht, dem Würgegriff des Angreifers zu entgehen. Der schob sie in Richtung der Büsche, aus denen er aufgetaucht war. Schließlich landete sie mit dem Rücken im feuchten Gras und der Mann saß auf ihren Oberschenkeln.

„Bitte, tun Sie mir nichts!“, flehte ihn Anna an. „Ich werde Sie nicht verraten!“ Doch eine Antwort blieb aus. Mit fast geschlossenen Augen fixierte sie den Mann, der sich jetzt an einer seiner Hosentaschen zu schaffen machte und ein Messer zum Vorschein brachte. Mit der anderen Hand riss er ihr die Decke vom Körper, um dann mit dem Messer ihre Bluse aufzuschlitzen.

Was hat der mit mir vor?, dachte sie und erinnerte sich an das Getuschel gleichaltriger Mädchen, wenn die Rede von Unterleibsschmerzen, von vergeblichem Schreien in der Scheune, von zerrissener Wäsche und Blut die Rede war. Wenn sie sich nicht täuschte, kam in diesem Zusammenhang auch das Wort „Notzucht“ zur Sprache, das in ihrer Vorstellung für all das Schreckliche stand, was ein Mann einer Frau antun konnte. Will der mich auch …? In ihrer Panik wollte ihr das passende Wort nicht einfallen, aber augenblicklich hatte sie Alfred vor dem inneren Auge. Wird er mich noch mögen, wenn …? Dann lieber gleich sterben!, ging es ihr durch den Kopf und sie ergab sich ihrem Schicksal.

Der Angreifer umgriff mit seinen Händen ihre Brüste und massierte sie. Doch plötzlich hielt er inne und ließ von ihr ab. Anna öffnete langsam die Augen, die sie inzwischen fest verschlossen hatte, und blickte auf den Mann: Den schien ein Krampf überfallen zu haben, denn er zitterte am ganzen Körper und dem offenen Mund entfuhr ein uriges Stöhnen, das dem Brunftschrei des Rehbocks ähnelte.

Diese offensichtliche Schwäche nahm Anna zum Anlass, einen weiteren Befreiungsversuch zu unternehmen. Aber als sie ihre Beine anzog, um der Last seines Körpers zu entgehen, empfing sie einen heftigen Schlag gegen den Hals. Ihre Kraft schwand und staunend stellte sie fest, dass sie leicht wie eine Feder in eine unendliche Tiefe sank.

Samstag, 8. Oktober 1927

Kommissär Werner war jetzt, kurz vor halb acht, dabei, sich zu rasieren, als er ein lautes Klopfen an der Wohnungstür und dann die Stimme des jungen Wachtmeisters Maurer wahrnahm: „Einsatz, Herr Kommissär! Überfall bei Wildenau!“

„Bin in fünf Minuten in der Wache!“, rief er und beendete schweren Herzens die Rasur, denn er hatte nur in einer Hälfte des Gesichts die Stoppeln entfernt. Sollen sie sich doch lustig machen über ihren Kommissär!, dachte er, kämmte sich und vollendete das Ankleiden. Ein letzter Blick in den Spiegel nahm ihm dann die Sorge um sein Aussehen: Fällt doch eigentlich gar nicht auf, dass die Rasur nicht vollendet ist. Schnellen Schrittes verließ er das Dachgeschoß des Amtsgerichts und stürmte die Treppe hinunter. Aber schon im ersten Stock musste er innehalten, denn seine Schwiegermutter in spe stand in der Dielentür. Neugierig, wie sie war, hatte sie wohl schon das schnelle Emporsteigen des Wachtmeisters wahrgenommen und geahnt, dass da irgendwas im Busch war. Um ein längeres Gespräch zu vermeiden, fertigte er sie kurz ab: „Einsatz, liebe Schwiegermutter! Keine Zeit!“ Und schon war er auf dem Weg ins Erdgeschoß. Die paar Meter zur Wache erledigte er mit zügigem Schreiten, denn ein rennender Kommissär würde nur der Lächerlichkeit der Passanten anheimfallen.

„Müller schon fahrbereit!“, rief ihm Hauptwachtmeister Schaller in der Wache zu. „Er weiß Genaueres!“

Werner eilte zum Hinterausgang des Rathauses. Der Dienstwagen mit Müller am Steuer und Maurer auf dem Rücksitz stand mit laufendem Motor auf dem Vorplatz und nach seinem Zusteigen ging es in zügiger Fahrt in Richtung Asch.

Mit „Lage“ kündigte Müller seinen Bericht an: „Sieben Uhr fünfzehn Anruf vom Öffentlichen in Wildenau: Auffinden einer bewusstlosen Frau etwa fünfzig Meter vor der Abzweigung nach Wildenau! Annahme: Gewalttat! Habe sofortige Alarmierung der Sanitätskolonne und Ihrer Person veranlasst! Die Rettung könnte schon unterwegs sein.“

„Sehr gut gemacht!“, lobte Werner seinen Vertreter, um ihm dann lächelnd den Rat zu geben, er könne ruhig einen Zahn zulegen, denn er erinnerte sich daran, dass er den Mann einmal wegen schnellen Fahrens gerügt hatte. „Ich denke, wir sollten vor denen am Tatort sein“, fuhr er fort, „damit wir noch Spuren sichern können. Ansonsten hoffe ich, dass sich da nicht schon Neugierige rumtreiben und alles platttreten.“ Er wandte sich nach hinten: „Wachtmeister Maurer, es wird Ihre Aufgabe sein, entsprechendes Volk auf Abstand zu halten!“ – „Jawohl, Herr Kommissär!“, bestätigte der junge Polizist die Anweisung.

Kurz vor dem Erkersreuther Ortsende nahmen sie das vor ihnen fahrende Sanitätsauto wahr. „Die haben wir schon mal!“, zeigte sich Werner zufrieden und stellte dann fest: „Die verfügen über ein Signalhorn und wir von der Polizei können höchstens mit den Fingern pfeifen.“

„Dann gehen Sie doch mal an den Stadtrat ran wegen einer Beschaffung“, riet ihm Müller.

„Schon geschehen!“, antwortete der Kommissär und gab sich dann sarkastisch: „Und Sie können sich auch denken, was ich zu hören bekam.“

„Brau’ng mer niat!“

„Ge-nau! Woher wissen Sie das?“

„Weil ich in Selb geboren bin!“

Müller war wohl selbst davon überrascht, dass er da auf die Schnelle zwei Botschaften „rausgehauen“ hatte, die sich, spekulativ und provokativ, wie sie waren, zu einer originellen Pointe vereinten. Für ihn war jetzt entscheidend, wie der Kommissär reagierte, denn der, das wusste er, hielt große Stücke auf Selb. Doch als Werner zu einem verhaltenen Lachen ansetzte und ihn dann spaßeshalber als „Lästermaul“ und „Nestbeschmutzer“ bezeichnete, der „leider ein bisschen Recht“ habe, war er mit sich und seinen Sprüchen zufrieden, die letztendlich zur allgemeinen Erheiterung beigetragen hatten.

Es war dann Werner, dem bewusst wurde, dass diese Stimmung nicht zu dem Einsatz passte, der ihnen bevorstand: „Jetzt reißen wir uns alle wieder ein bisschen zusammen!“, richtete er sich an seine Begleiter. „In Kürze ist ernsthaftes Bemühen angesagt!“

Was die drei Polizisten dann am Unglücksort erwartete, war eher ein verzweifelter Kampf gegen die Neugier, denn es hatte sich inzwischen eine stattliche Zahl von Schaulustigen eingefunden, die, wenn es denn noch verwertbare Spuren gegeben hatte, den Tatort und sein Umfeld quasi plattgetreten hatten. Und fast noch schlimmer: Die Leute wollten nicht weichen, weil sie sich als Nothelfer und wichtige Zeugen sahen: Schließlich habe man das Opfer an den Straßenrand verfrachtet, für eine stabile Seitenlage gesorgt, es mit einer Pferdedecke vor Auskühlung geschützt und schließlich auf schnellstem Weg die Polizei benachrichtigt. Und so bekamen Müller und Maurer, die die Menschen auf Abstand halten sollten, immer wieder den Einwand „Aber ich habe doch …“ zu hören, der das Recht auf direkte Nähe einforderte. Aber Werners Kollegen schafften es schließlich mit gutem Zureden, aber auch der Androhung von Anzeigen, Unbefugte vom Auffindeort zu entfernen.

Werner schloss sich den beiden Sanitätern an, die sich um das Opfer kümmerten. „Flache Atmung, schwacher Puls, unterkühlt und bewusstlos!“, bekam er zunächst zu hören.

„Gewalteinwirkung?“, fragte Werner.

„Ja, Würgemale am Hals und wahrscheinlich ein Schlag auf den Kehlkopf!“, antwortete einer der beiden Nothelfer. „Die muss sofort ins Krankenhaus! Sieht nicht gut aus für sie!“ Der Kommissär hatte die Gelegenheit, einen Blick auf die junge Frau zu werfen, bevor sie auf einer Trage in den Rettungswagen geschoben wurde. Sie wirkte noch ziemlich jugendhaft und war bäuerlich gekleidet. Ihr Gesicht war leichenblass, ließ aber ahnen, dass sie eine ausgesprochene Schönheit war.

Nachdem der Sanitätswagen in Richtung Selb verschwunden war, verflüchtigten sich auch die meisten Schaulustigen. Nur Müller hatte drei Männer um sich geschart, die er dem Kommissär als „wichtige Informanten“ vorstellte: Es handelte sich um einen Bauern aus Wildenau, der die Verletzte entdeckt hatte, und um zwei Handelsgehilfen, die ihm dabei zur Hand gegangen waren, die Frau zur Straße zu tragen. Der eine war mit seinem Kuhgespann auf dem Weg zum Acker gewesen, die beiden anderen, unterwegs mit einem Kleinlastwagen, hatte er angehalten, um sie um Hilfe zu bitten.

Er sei ja im Krieg gewesen und habe gemerkt, dass sie noch gelebt habe, meldete sich Bauer Klughart zu Wort, und da sei man zunächst auf den Gedanken gekommen, sie gleich, er deutete auf das Gefährt seiner Helfer, ins Krankenhaus zu transportieren. „Ower des wor uns dann zu g’fahrli und dann hom’mer die Polizei oagrouf’n“, meinte er abschließend.

„Haben Sie die Beobachtung gemacht, ob sich da jemand für Ihr Tun interessiert hat?“, wollte Werner wissen und fuhr dann fort: „Es hätte ja sein können, dass der Täter noch in der Nähe war.“

Die Herren waren sich einig, dass sie nichts Derartiges beobachtet hätten.

Aber Klughart hatte dann doch noch etwas Interessantes zu vermelden: Am Ort des Überfalls befänden sich noch eine Decke und ein Korb, die ja wohl der jungen Frau zuzuordnen seien.

Werner bedankte sich für ihr entschlossenes Handeln und entließ die Männer, nachdem er Maurer angewiesen hatte, ihre Personalien aufzunehmen.

„Ich habe inzwischen in Erfahrung gebracht, wie das Opfer heißt, wo es wohnt und arbeitet", meldete der junge Polizist dienstbeflissen.

„Dann schießen Sie mal los!", wies ihn Werner an.

„Anna Pecher, wohnhaft in Lauterbach bei ihren Eltern und als Küchenhilfe im *Edion* beschäftigt. Sie war wohl auf dem Heimweg von der Arbeit."

Der Kommissär wandte sich an Müller: „Sie fahren jetzt mal nach Lauterbach und bringen der Familie schonend bei, was mit der Tochter geschehen ist. Und wir beide", sein Blick richtete sich auf Maurer, „schauen uns den Tatort an. Wenn wir fertig sind, begeben wir uns zum *Edion,* denn dort werden wir wohl mit unseren Ermittlungen ansetzen müssen." Wieder auf Müller blickend, fuhr er fort: „Sie kommen uns nach, und wenn wir fertig sind, kutschieren Sie mich ins Krankenhaus. Vielleicht ist ja die junge Frau inzwischen ansprechbar."

Der Tatort war nur wenige Meter von der Straße entfernt und es fanden sich dort eine karierte Decke, die dem Opfer wohl als Umhang gedient hatte, und ein Korb, der mit Speiseresten gefüllt war.

„Nehmen Sie das mit ins *Edion*!", wies Werner seinen Begleiter an. Dann machten sich die beiden Polizisten daran, das noch feuchte Gras systematisch abzusuchen, denn es bestand die Möglichkeit, Hinweise auf den Täter zu finden, etwa Zigarettenkippen, abgerissene Knöpfe oder andere Hinterlassenschaften.

„Quasi besenrein“, stellte Werner schließlich enttäuscht fest.

„Vielleicht könnte uns hier ein Spurenhund helfen!“ Maurers schüchtern vorgetragener Einwand fand keine Gnade bei Werner: „Möglich, aber ich wette, dass uns das Tier nach Wildenau zu dem Bauern oder gar nach Lauterbach führt, wo das Mädchen wohnt. Trotzdem ein guter Gedanke, Maurer, Sie könnten's durchaus mal zum Kriminaler bringen!“ Dem jungen Mann war anzusehen, dass ihn dieses Lob des Kommissärs mit Stolz erfüllte.

*****

Natürlich hatte die Nachricht, dass die Küchenhilfe überfallen worden war, schon längst das Gasthaus erreicht. Frau Moser, die mit verheulten Augen auf die beiden Besucher blickte, machte sich große Vorwürfe: „Alles meine Schuld! Warum lasse ich das Mädchen alleine so spät durch die Nacht laufen? Dabei hätte ich ihr doch zuraten können, sich von den letzten Gästen mit dem Kraftwagen nach Hause bringen zu lassen!“

Warum sie das nicht gemacht habe, wollte Werner wissen. „Ach“, sie zuckte mit den Schultern und schnäuzte in das zusammengeknüllte Taschentuch, „sie wollte es ja selbst nicht. Und das war für mich ja auch verständlich. Soll sich ein junges Mädchen in einen Wagen quetschen, in dem vier ältere Männer sitzen, die schon reichlich beschwipst sind? Sie können sich doch denken, was da abläuft, wenn Sie die auf ein junges Ding loslassen!“

„Kann ich mir gut vorstellen!“, reagierte Werner grinsend und fragte dann, ob ihr die Männer namentlich bekannt seien.

„Alle vier angesehene Ascher Bürger: Alois Ponader, Sägewerksbesitzer und Eigentümer des besagten Kraftwagens“, begann sie und der Kommissär wies Maurer an, die Namen zu notieren, „dann Dr. Schreier, Arzt, und Wilhelm Schuster, der Leiter der Stadtsparkasse. Den vierten kenne ich nicht namentlich.“

Natürlich war dem erfahrenen Ermittler bekannt, dass vergleichbare Angriffe oft von Personen aus dem Umfeld des Opfers kommen. Frau Moser nickte, als Werner sie mit der entsprechenden Frage konfrontierte: „Ja, sie hat einen Verehrer. Der hat sie schon mindestens zweimal auf dem Heimweg begleitet. Er heißt Alfred Hübner“, sie deutete in Richtung Grenze, „und ist Zöllner. Anna ist ihm ziemlich zögerlich gegenübergetreten, aber der hat sie mit Sicherheit nicht überfallen, denn er ist ein netter Kerl, der als Gewalttäter nie und nimmer in Frage kommt. Übrigens: Ich habe dem Alfred ausrichten lassen, was passiert ist. Sein Vorgesetzter hat mir versichert, dass er demnächst hier auftauchen wird.“

„Sonstige Verehrer oder Nachsteiger?“

„Mir nicht bekannt!“

„Fürs Erste sind wir durch, Frau Moser! Ich danke Ihnen für die Informationen! Und noch etwas: Machen Sie sich keine Vorwürfe! Wer eine solche Tat plant, wird sie gegebenenfalls auch bei Tageslicht durchführen.“

Frau Mosers Schulterzucken zeigte, dass ihr mit diesem Trost wenig geholfen war. Und Carl Werner ärgerte sich über sein Geschwätz, denn es taugte nicht als Argument, weil er wusste, dass gerade die Dunkelheit solche Taten beförderte.

Als sich der Kommissär dem Ausgang zuwandte, räusperte sich Maurer und deutete auf die Funde vom Tatort, die er auf einem Stuhl abgelegt hatte.

„Ach, fast vergessen, Frau Moser!“, ließ Werner die Frau mit dem Ausdruck des Bedauerns wissen und deutete auf Korb und Decke, um sie dann zu fragen, ob die Sachen Anna Pecher gehörten. Die Geschäftsführerin nickte und Werner wies seinen Kollegen an, den Korb an sich zu nehmen. „Da sind ja Gefäße drin, die könnte man ja mal auf Fingerabdrücke untersuchen“, meinte er, obwohl man dazu in Selb überhaupt nicht die Möglichkeit hatte. Aber er wollte der Frau eben zeigen, dass man die Fahndung mit Hochdruck anging.

Vor dem Gasthaus trafen die beiden Polizisten auf Müller, der gerade, von Lauterbach kommend, vorgefahren war.

„Und? Wie war's?“, wollte Werner wissen.

„Ich habe nur die Mutter angetroffen. Die hat ganz schön gejammert. Ihr geht's nicht gut und das Mädchen scheint ihr eine große Hilfe zu sein. Ich habe ihr versprochen, dass wir uns melden, wenn wir Genaueres über den Zustand der Tochter erfahren.“

„Gut, sollten wir nicht vergessen!“, meinte Werner und deutete auf das Lager des *Theatron Berolina.* „Was denken Sie“, fragte er seinen Stellvertreter, „wenn Sie auf dieses Unternehmen blicken?“

Ihn traf zunächst ein verständnisloser Blick und mit einiger Verzögerung folgte die Erleuchtung: „Maharero!?“

„Sie werden's nicht glauben“, reagierte Werner, „aber diesen Namen habe ich im Kopf, seit ich von dem Überfall gehört habe. Es kann doch, verdammt noch mal, kein Zufall sein, dass dieser Mensch wieder mit seiner Nähe glänzt, wenn es um eine Gewalttat geht!"

„Dann befragen wir den doch gleich!", schlug Müller vor.

„Geduld!", bremste Werner. „Wir befragen zunächst die Personen, die Frau Moser ins Spiel gebracht hat. Dazu gehören der Verehrer des Opfers, der an der Grenze als Zöllner beschäftigt ist, und die Herren aus Asch, die Anna Pecher wahrscheinlich kurz vor dem Überfall mit einem Kraftwagen nach Hause kutschieren wollten. Den Grenzer übernehmen Sie!"

„Sie wollen den Mann nicht selbst …?", hob Müller unsicher tastend an.

„Verehrter Kollege, gewöhnen Sie sich endlich mal daran, dass ich nicht den Alleinunterhalter spielen will!" Die mit gespielter Empörung vermittelte Antwort wurde von Müller mit sichtlicher Genugtuung zur Kenntnis genommen.

„Ich übernehme den Wagen", entschied Werner, „und fahre zum Krankenhaus. Schließlich stoße ich wieder auf Sie und wir besuchen gemeinsam den Kollegen Kotschenreuther von der Ascher Stadtpolizei, den ich als meinen Freund bezeichnen darf. Den müssen Sie unbedingt mal kennenlernen!"

*****

Der ärztliche Leiter des Selber Krankenhauses, Dr. Bogner, der eigentlich bekannt für seine humorige Art war, empfing Werner mit einer Miene, die Schlimmes erwarten ließ: „Keine Minute später hätten die Sanitäter das Mädchen anliefern dürfen", legte er sich fest, „wir haben sie sofort intubiert, weil aus meiner Sicht ein schwerer Schlag gegen den Kehlkopf eine akute Atemstörung ausgelöst hat. Außerdem zeigen die Würgemale am Hals, dass da jemand kräftig Hand angelegt hat. Man muss also zunächst Sorge tragen, dass die Patientin wieder ausreichend mit Luft versorgt wird. Schließlich gehe ich davon aus, dass sie über mehrere Stunden hinweg der doch ziemlich niederen Nachttemperatur ausgesetzt war und damit unterkühlt ist."

„Gestatten Sie mir zwei Fragen?", meldete sich Werner zu Wort.

„Bitte!"

„Erstens: Liegt hier versuchte oder vollendete Notzucht vor? Neuerdings sagt man ja wohl Vergewaltigung."

„Hängt davon ab, wie Sie den Begriff definieren! Bereich Unterleib: definitiv negativ! Aber ich gehe davon aus, dass er sich an ihren Brüsten zu schaffen gemacht hat, denn ihre Bluse war aufgerissen und es zeigen sich entsprechende Spuren."

„Schließlich: Hat der Täter in Tötungsabsicht gehandelt?"

„Schwer zu sagen! Wenn er ein geübter Schläger gewesen wäre, hätte sie ein gezielter Schlag gegen den Kehlkopf töten können. Die Würgemale legen die Vermutung nahe, dass er sie zunächst nur am lauten Schreien hindern wollte. Aber es steht nun mal fest, dass er sie lebend zurückließ. Warum? – Keine Ahnung!"

„Wann kann ich mit ihr sprechen?"

„Lieber Kommissär, da werden Sie Geduld haben müssen! Ich kann Ihnen nur versprechen, dass ich Sie verständigen werde, wenn das Mädchen aus meiner Sicht vernehmungsfähig ist."

„Na dann, erst mal vielen herzlichen Dank! Sie haben mir mal wieder sehr geholfen.“ Nach diesen Worten erhob sich Werner und wollte Dr. Bogner die Hand zum Abschied reichen, doch der Arzt blieb sitzen, lehnte sich entspannt nach hinten und ein spitzbübisches Grinsen zeigte dem Polizisten, dass er mit einer Überraschung rechnen konnte. Vielleicht einer seiner raffinierten Witze, dachte Werner und nahm wieder Platz.

„Tja, ich habe da noch was Interessantes für Sie, könnte für Ihre Ermittlungen hilfreich sein.“

„Spannen Sie mich nicht auf die Folter!“

„Ich bin ja kein Urologe, aber als Arzt in einem Krankenhaus macht man halt so seine Erfahrungen in vielen medizinischen Fachbereichen, die mich jetzt zu folgender Vermutung führen: Sie könnten es durchaus mit einem Sexualtäter zu tun haben, der aber sein eigentliches Ziel, den Geschlechtsverkehr, nicht erreicht hat, weil er an Ejaculatio praecox, vulgo frühes Kommen, leidet.“

„Donnerwetter!“, reagierte Werner verblüfft. „Da muss man erst mal draufkommen! Da hat der also quasi sein Pulver verschossen, als er sich an ihren Brüsten verlustiert hat.“

„Treffender geht’s gar nicht!“, reagierte Dr. Bogner lachend.

„Wahnsinn!“, stellte Werner aufgekratzt fest. „Bei dem Mord an der Mäder, Sie werden sich erinnern, haben Dr. Walberer und ich sofort vermutet, dass ein Vergewaltiger am Werk war, schließlich war der Rock der Frau weit nach oben geschoben. Aber die Pathologie hat diese Möglichkeit ausgeschlossen. Könnte es nicht sein, dass auch der damalige Täter ein, ich sag jetzt mal, Zu-früh-Kommer war?“

„Zunächst ein Lob für Ihre Neuschöpfung! Ansonsten: durchaus möglich! Außerdem lässt sich's fröhlich weiter spekulieren: In beiden Fällen könnte doch sogar derselbe Täter am Werk gewesen sein."

„Nicht auszudenken!", reagierte Werner betroffen. „Wir haben schon einen Täter und der sitzt in Hof ein. Der Prozess steht in Kürze an und es ist zu befürchten, dass man ihn um einen Kopf kürzer macht."

Dr. Bogner wandte sich dem Kommissär mitfühlend zu: „Und Sie sind nicht von seiner Schuld überzeugt?"

„So kann man das nicht sagen", gab Werner zur Antwort, „Ihre Spekulation eröffnet mir einen neuen Ansatz, mehr nicht! Aber mal abgesehen davon, dass dieser Ansatz dem Staatsanwalt überhaupt nicht gefallen wird, behalte ich die Sache im Auge."

*****

Auf der Fahrt zurück ins *Edion* nahm sich Werner allerdings vor, seinen Stellvertreter zunächst nicht mit den Vermutungen des Arztes zu konfrontieren.

„Was haben Sie erreicht?", fragte er Müller.

„Den Hübner können wir schon mal von der Liste streichen", ließ ihn Müller wissen, „der hatte von acht Uhr abends bis zum Morgen Dienst im Zollamt. Das hat uns der Vorsteher Pfuhl am Telefon bestätigt." Jetzt stand ihm freudige Erwartung ins Gesicht geschrieben. „Dann können wir ja gleich nach Asch zur Stadtpolizei ...", hob er an. Werner schien es, als könne sein Vertreter die Dienstfahrt ins Ausland kaum erwarten.

Mit „Langsam reiten!" bremste er diesen Tatendrang. „Das machen Sie und Maurer ohne mich. Sie sind es schließlich, die Kotschenreuther kennenlernen sollen. Ich habe gleich eine Audienz beim Staatsanwalt, der sich schon auf mein Erscheinen freut." Diese mit Galgenhumor eingefärbte Notlüge war nötig, denn Werner hatte sich von einer Minute auf die andere aus dem Bauch heraus dafür entschieden, sofort mit Dr. Bleibtreu zu sprechen. „Aber bevor Sie nach Asch fahren", fuhr er fort, „kündige ich Ihre Ankunft erst mal telefonisch an."

Zufrieden stellte er fest, dass es ihm mit seiner Blitzentscheidung gelungen war, seinen Vertreter mal so eben erfolgreich zu motivieren: Müller konnte es gar nicht glauben, dass er auserkoren war, sich mit dem Vorsteher der Ascher Stadtpolizei quasi auf Augenhöhe auszutauschen. Seine Mimik signalisierte Dankbarkeit, Stolz und Freude.

Als Werner auf Frau Moser getroffen war, Zugang zum Telefon erhalten und über die Vermittlung ein Auslandsgespräch angemeldet hatte, wurde ihm nach gut zehn Minuten schmerzlich bewusst, dass eine Nachricht nach Asch manchmal schneller zu Fuß als per Telefon überbracht werden konnte. Des Wartens überdrüssig, bat er Frau Moser, den Rückruf der Vermittlung anzunehmen und die beiden Kollegen bei der Ascher Stadtpolizei anzukündigen.

„So, erledigt!", ließ er Müller wissen, als er das Gasthaus wieder verließ. Dann bat er den Inspektor, ihn zunächst zur Wache zu chauffieren. Die Straße zwischen Asch und Selb verlangte dem Lenker eines Kraftfahrzeugs einiges ab, denn ihr fehlte es nicht an Schlaglöchern, die auch einen gut gefederten Personenwagen ins Schlingern und Schaukeln bringen konnten. Trotzdem ließ sich Werner in den Sitz zurückfallen und schloss die Augen, denn das, was an diesem Vormittag geschehen war, wollte erst einmal gedanklich verarbeitet werden. Zunächst war es reine Routine, die die er zusammen mit seinen Kollegen abgespult hatte: Tatortbegehung, Befragung von Zeugen und bereits verdächtigten Personen. Aber dann hatte ihn Dr. Bogner mit seiner „Ein-Täter-Theorie" in einen Zustand versetzt, für den er sich jetzt im Rückblick ein bisschen schämte: Klar, sagte er sich, du wirst Probleme mit dem Staatsanwalt bekommen, aber dass du dir da aus Angst fast in die Hose scheißt, das steht dir, dem Kommissär, wirklich nicht gut zu Gesicht. Wenn ich das Hanna erzähle, dann bin ich doch bei der unten durch! Also klare Kante gegenüber Bleibtreu!

In der Wache angekommen, wählte er die Nummer des Amtsgerichts. Es dauerte einige Zeit, bis auf Empfängerseite abgehoben wurde und sich Moser, der Bürobote, meldete. Als er dem mitteilte, dass er gerne mit dem Staatsanwalt sprechen wolle, empfing er zunächst einen unterdrückten Lacher, dem die freundlich vorgetragene Aufforderung folgte, der Herr Kommissär möge sich doch mal an den Zeiten orientieren. Eigentlich war diese Reaktion eine Unverschämtheit, die sich Werner nicht gefallen lassen durfte. Aber es war nun mal so, dass er sich inzwischen an Mosers Humor und dessen Marotten gewöhnt hatte und eine geharnischte Zurechtweisung eh nur bekannte Bockigkeit provoziert hätte. Außerdem hatte der Gerichtsdiener durchaus recht, wenn er „die Zeiten" ins Spiel brachte: Es war Samstag und es würde gleich eins sein. Eigentlich hätte er wissen müssen, dass Bleibtreu nicht mehr im Amt war. Aber die Hektik des Vormittags hatte ihn quasi aus der Zeit geworfen.

„Wie kann ich denn den Staatsanwalt erreichen?“, fragte er Moser.

„Gouer niat!“, eröffnete ihm der Mann lapidar. „Der is in der Fräih nou Baareith g’fohr’n mi’n Zuuch.“

Dann eben erst am Montag!, ging es Werner durch den Kopf, mal sehen, was die Kollegen in Asch erreicht haben! Er zog sich in sein Büro zurück und wartete jetzt gespannt auf die Rückkunft seiner Kollegen aus Asch. Auf die musste er allerdings drei Stunden warten. Müller war von Kotschenreuther sichtlich angetan: „Der hat doch gleich den Besitzer des Kraftwagens einbestellt und ihn nach allen Regeln der Kunst in die Zange genommen“, berichtete er begeistert von dem Leiter der Ascher Stadtpolizei, dem man eigentlich gar nicht angesehen habe, dass er so „ein harter Hund“ sein könne. „Dann ging’s zackig weiter: Fahrt zum *Edion* zwecks der Abfahrtszeit, dann Nachforschungen an der Grenze. Und siehe da: Die Herren haben ohne Begleiterin die Grenze passiert, und zwar genau fünf Minuten nach dem Verlassen des Gasthauses. Danach wurden die Herren nicht mehr an der Grenze gesehen. Das nennt man ein perfektes Alibi!“, schloss Müller.

Werner grinste in sich hinein, denn er konnte sich gut vorstellen, wie Kotschenreuther, der von ihm zunächst als träges Walross und schließlich als weise Eule gesehen worden war, seinen Vertreter beeindruckt hatte.

„Bleibt uns noch der Maharero!“, stellte Müller fest.

„Die Leute der Zirkustruppe besuchen wir gleich jetzt und befragen sie als mögliche Zeugen in Sachen Überfall auf Anna Pecher.“

*****

Auf dem Lagerplatz des *Theatron Berolina* stießen die beiden Beamten auf vier Personen, die um ein Lagerfeuer versammelt auf Baumstämmen saßen. Allesamt waren sie Werner bekannt: Sofia Radu, Wilhelm Maharero, Strieses Tochter Mia und der ehemalige Kriminalbeamte und jetzige Privatermittler Josef Bierbichler aus Regensburg. Im Moment hatte das Feuer die Aufgabe, einen Kessel zu erhitzen, in dem eine Suppe vor sich hin köchelte.

„Ich grüße Sie!“, wandte sich Werner der Gruppe zu. „Wir möchten Sie nicht bei Ihrem Mahl stören, das ja wohl bevorsteht. Inspektor Müller und meine Wenigkeit haben nur ein paar Fragen, dann sind wir schon wieder weg.“

Es war Maharero, der sich erhob, ein paar Schritte auf die Besucher zuging und breit lächelnd zu einer Antwort anhob. Aber die kleine Mia kam ihm zuvor, indem sie sich nach vorne drängelte, schließlich vor Werner Aufstellung nahm und das Wort ergriff: „Du bist doch der Polizist, der in meine Lehrerin verliebt ist.“ Die Feststellung und die nachgeschobene Versicherung „Stimmt doch!“ klangen wie eine Anklage.

„Da magst du Recht haben“, antwortete Werner, „ich bin nämlich mit Fräulein Winkler verlobt und da sollte man schon verliebt sein.“ Jetzt, da das Thema Liebe erledigt und ihre Provokation ins Leere gelaufen war, wies die Kleine auf das Behältnis über dem Feuer und verfiel in einen gönnerhaften Ton: „Wenn ihr schon mal da seid, könnt ihr gerne mitessen.“

„Danke, wir haben schon gespeist“, ließ sie der Kommissär mit einer gewissen Strenge in der Stimme wissen, „aber wir wollen eigentlich gerne ein paar Worte mit den Erwachsenen reden und da wäre es nett von dir, wenn du uns mal kurz alleine lässt."

Natürlich war Mia mit dem Ausschluss gar nicht einverstanden: Schmollend entfernte sie sich und gab theaterreif den Abgang der beleidigten Dame, der allerdings nach wenigen Schritten unterbrochen wurde, weil sie kurz zurückkehrte und demonstrativ das braune Handtäschchen an sich nahm, das sie vor ihrem Sitzplatz abgelegt hatte.

„Da haben Sie sich gar nicht beliebt gemacht bei dem Fräulein", kommentierte Maharero schmunzelnd das Verhalten des beleidigten Mädchens, das jetzt im *Edion* verschwand.

„Ist ja schön, dass sie so selbstbewusst daherkommt", antwortete Werner, „aber man wird ihr ja wohl mal Grenzen aufzeigen dürfen."

„Da haben Sie Recht", bestätigte der Messerwerfer, „aber sie hat's halt nicht leicht: Die Eltern sind zerstritten und dann kommt eben die Erziehung zu kurz. Aber was soll's! Ihnen geht es ja sicher nicht um die Kinder", fuhr er fort, „Sie wollen mit uns sprechen."

„Richtig! Sie wissen sicher, was gestern nicht weit von hier in den Abendstunden geschehen ist!"

„Sie meinen den Überfall auf Anna?"

„Genau!"

„Und dabei haben Sie gleich an mich gedacht, weil", ein leichtes Grinsen umspielte seinen Mund, „jemand, der schon einmal gewalttätig wurde und auch anlässlich eines Mordes in der näheren Umgebung weilte, auf jeden Fall schon mal als Täter in Frage kommt."

„Ihre Fähigkeit, Gedanken zu lesen, erstaunt mich nur mäßig", gab ihm Werner spöttisch zur Antwort,

„denn jeder Polizist, der sein Handwerk versteht, wird die von Ihnen bemühten Fakten in seine Ermittlungen einbeziehen. Aber wir sind höfliche und korrekte Polizeibeamte und fragen Sie alle drei erst einmal, ob Sie Beobachtungen gemacht haben, die der Aufklärung dieses Verbrechens förderlich sein können. Dann, das weiß auch Herr Bierbichler, werden wir Sie bitten, uns zu sagen, wo Sie sich zur Tatzeit aufgehalten haben; das dürfte so gegen halb elf Uhr gestern Abend gewesen sein."

„Das berühmte Alibi!", stellte Maharero süffisant fest.

„So ist es! Sie haben ja ein solches in einem anderen Fall schon mal geliefert und sich dabei nicht gerade geschickt angestellt, um es höflich auszudrücken."

„Sie kennen den Grund!"

„Natürlich! Als Ehrenmann wollten Sie eine bestimmte Dame nicht bloßstellen. Aber Sie sollten wissen, dass bei der Aufklärung eines Mordes solche Befindlichkeiten fehl am Platz sind."

„Lektion verstanden, wird nicht wieder vorkommen!", gab sich der Messerwerfer einsichtig, um dann die angesprochenen Beobachtungen ins Spiel zu bringen: „Also wir", er deutete auf Radu und Bierbichler, „saßen hier bis …"

„Halten Sie ein, so geht das nicht!", unterbrach ihn Werner. „Wir werden Sie einzeln befragen, immer schön der Reihe nach!"

Nun folgte eine ziemlich umständliche Prozedur, denn den Zeugen sollte die Gelegenheit genommen werden, Absprachen zu treffen und die Einlassungen der jeweils befragten Person akustisch zu erfassen.

Die Befragung erbrachte keine neuen Erkenntnisse, zeigte aber völlige Übereinstimmung, was die Antworten anging: Man habe Anna noch auf der Straße in Richtung Selb gehen sehen und sich dabei gegenseitig „eine gute Nacht!“ zugerufen. Was dann folgte, war eigentlich das perfekte Alibi für alle drei Personen: Kurz darauf, so die am Ende übereinstimmenden Einlassungen, hätten sich Maharero und die Radu in den Gerätewagen zurückgezogen, wo sie neuerdings gemeinsam nächtigten. Bierbichler dagegen habe sich noch am Lagerfeuer aufgehalten, um sich dann eine Stunde später in Mahareros Zelt zum Schlafen niederzulegen. Für einen kurzen Moment eröffnete sich für die Beamten noch die Möglichkeit, Bierbichler als möglichen Täter ins Visier zu nehmen, denn er könnte ja Anna mit schnellen Schritten eingeholt haben. Aber jetzt brachten die Befragten die Liebe ins Spiel, indem das Pärchen einräumte, es habe sich über eine längere Zeit hinweg doch sehr intensiv und auch sehr lautstark mit sich selbst beschäftigt. Das habe dann Bierbichler auf den Plan gerufen: Übereinstimmend wurde berichtet, er habe mindestens zweimal gebeten, die Sache etwas leiser anzugehen.

Empört rechtfertigte sich der ins Alter gekommene Kriminaler bei den Beamten: „Es ist ja schön, wenn sich zwei junge Menschen mögen, aber mich stört’s einfach, wenn’s jemand ohne Rücksicht auf seine Mitmenschen krachen lässt.“ Jetzt, schon ein wenig grinsend, bemühte er seinen Dialekt: „Mir sann doch koine Väicher!“

Die beiden Liebenden gaben sich zwar verlegen und senkten ihre Blicke, als sie im Nachhinein mit dieser Aussage konfrontiert wurden, aber es war ihnen doch anzusehen, dass sich ihre Scham in Grenzen hielt.

Werner, der schon längst erkannt hatte, dass ihm und seinem Kollegen eine vorbereitete Inszenierung geboten worden war, nahm das Ergebnis mit Humor: Er wandte sich an Bierbichler: „Wahrlich ein sehr delikates Alibi, perfekt und mit großer Raffinesse gestrickt! – Eigentlich ein Grund, großes Misstrauen walten zu lassen. Zudem erscheint mir Ihre sehr vehement vorgetragene Entrüstung wenig glaubhaft. Aber trotz meiner Zweifel an diesem Alibi gehe ich nicht davon aus, dass jemand von Ihnen das Verbrechen begangen hat respektive dass hier jemand gedeckt wird. Wer etwas zu verbergen hat, das sagt mir meine Erfahrung, präsentiert mir auf keinen Fall eine solche mit großer Spielfreude vorgetragene Komödie."

Sein Blick fiel auf Müller: „Was meinen Sie, Herr Kollege?" Der Inspektor beschränkte sich auf ein „Dito!".

Nun wandte sich Werner wieder an Bierbichler: „Bitte, erlauben Sie mir die Frage, was Sie noch hier in Wildenau hält, wo Sie doch eigentlich in Regensburg Ihrer Profession nachgehen?"

„Ganz einfach, es ist die gute Stimmung, auf die ich hier getroffen bin", erklärte er breit lachend, „aber Sie sollten auch wissen, dass sich in meiner Heimat meine Lebenserwartung auf nur wenige Tage beschränken könnte."

Werner beließ es bei einem Schulterzucken, denn er wagte selbst nicht zu hoffen, dass man das *Odeon* schließen und seinen Betreiber hinter Gitter bringen würde.

Jetzt nahm er den Wohnwagen der Strieses ins Visier: „Wenn ich recht informiert bin", wandte er sich dann an das Trio, „hat sich die Frau Direktorin mit den Kindern ins *Edion* abgesetzt. Bleibt also die Frage, wo sich der in diesem Wagen wohnende Vater zur Tatzeit aufgehalten hat. Können Sie mir dazu etwas sagen?“

Die allgemein zur Schau gestellte Ratlosigkeit wirkte authentisch. Maharero ergriff das Wort: „Eigentlich fragen wir uns schon seit Tagen, was mit dem los ist. Wenn er den Wagen verlässt, faselt er was von seiner Matratzengruft, wo's mit ihm auf das Ende zugeht. Der Mann ist völlig durch den Wind. Er nimmt kaum noch Essen zu sich und sieht gar nicht gut aus. Das letzte Mal ist er gestern Nachmittag kurz bei uns aufgetaucht. Könnte sein, dass er im Wagen ist!“

„Dann werden wir mal mit dem Herren sprechen!“, wandte sich Werner seinem Vertreter zu. Die beiden näherten sich dem Wagen, der Kommissär stieg die vier Treppen zur Tür empor, klopfte und machte sich mit lauter Stimme bemerkbar: „Herr Striese, bitte öffnen Sie! Die Polizei möchte mit Ihnen sprechen.“ – Keine Reaktion! Erst als aus dem Klopfen ein lautes Hämmern mit der Faust wurde, drangen Geräusche aus dem Wagen, die an das Stöhnen eines schwer erkrankten Menschen erinnerten und schließlich in einen schweren Hustenanfall mündeten.

„Der hat doch die Schwindsucht!“, spekulierte Müller. „Wenn der nicht aufmacht, müssen wir uns Zutritt verschaffen!“

„Sachte!“, gab ihm Werner zur Antwort, denn er, der näher am Objekt stand, hatte ein Schlurfen vernommen, das er als Hinwendung Strieses zur Tür deutete. Und tatsächlich war wenig später die Drehung eines Schlüssels im Schloss zu hören und die Tür öffnete sich einen Spalt.

Sofort erreichte den Polizisten ein beißender Uringeruch, wie man ihn von öffentlichen Bedürfnisanstalten her kennt. Schließlich schob sich Strieses Oberkörper zwischen Tür und Angel.

„Besuch!“, sprach ihn Werner an. „Wir möchten mit Ihnen …“

„Kein Bedarf!“, unterbrach ihn der Mime mit brüchiger Stimme. „Hier wird gestorben. Hab schon oft den Bühnentod erlitten und weiß genau, wann mir das Ende droht.“

Immerhin, dachte der Polizist, noch bemüht er sich um Verse, aber dem scheint’s wirklich nicht gut zu gehen. Die Annahme gründete sich vor allem auf tief eingefallene Augen und eine Gesichtsfarbe, die Werner mehr grau als fahl erschien. Die fehlende Körperpflege tat ein Übriges, um seine Einschätzung zu verstärken: Der Mann hatte sich über eine längere Zeit hinweg nicht rasiert, wahrscheinlich auch nicht gewaschen, und die viel zu langen Resthaare klebten am verschwitzten Kopf.

Dann muss ich da ja wohl rein, dachte sich Werner, obwohl ihm die Vorstellung gar nicht gefiel, denn schließlich verursachte ihm der Gestank, der aus dem Wagen drang, schon jetzt Brechreiz. Aber als Polizist war er auch verpflichtet, sich ein genaues Bild von dem Zustand des Mannes zu machen und gegebenenfalls entsprechende Maßnahmen wie die Hinzuziehung eines Arztes anzuordnen.

„Treten Sie zurück!“, ging er Striese an. „Ich komme zu Ihnen.“ Ob der Adressat nun Rücksicht auf Werners Befindlichkeit nehmen oder einfach dessen Eindringen in den Wagen verhindern wollte, konnte der Besucher nicht für sich entscheiden, aber der Direktor machte nun plötzlich Anstalten, sein Gemach zu verlassen. Vier Stufen waren es bis zum Boden. Die erste schaffte er leidlich, aber dann verließ ihn das Gleichgewicht und er fiel, mit rudernden Armen und dem Kopf voraus, in die Tiefe. Werner, der ihm Platz gemacht hatte und am Fuß der Treppe stand, konnte gerade noch den freien Fall verhindern, indem er sich Striese entgegenstemmte, ihn irgendwie zu fassen bekam und dann sanft mit dem Rücken auf dem Rasen ablegte. Bei dem engen Kontakt nahm er jetzt zudem den Geruch von billigem Fusel wahr.

Natürlich hatte der Vorfall die übrigen Anwesenden aufgeschreckt und es entstand eine seltsam aufgekratzte Stimmung, die sich immer dann einstellt, wenn ein Unfall doch noch ein gutes Ende genommen hat. „Tolle Reaktion!“, lobte Maharero. „Hätte böse ausgehen können!“

„Da mögen Sie recht haben!“, stimmte Werner zu. „Nur ein Glück, dass ich den noch irgendwie erwischt habe. Aber ich hätte den gar nicht rauslassen dürfen!“, meinte er selbstkritisch.

Der Unglücksrabe war jetzt umringt von fünf Leuten, die auf einen Mann blickten, der, barfuß, ansonsten nur mit stark verschmutzter Unterwäsche bekleidet, zu ihren Füßen lag. Er hatte die Augen geschlossen. Werner beugte sich über ihn und sprach ihn an: „Wie geht es Ihnen?“

„Es ist vollbracht!“, gab der Mann stöhnend zu Antwort. „Ich liege vor Ihnen im Staub und warte auf mein Ende. Wohl haben Sie Ihr Ziel erreicht!“

„Ihre Sicht der Dinge, die ich nicht teile!“, antwortete Werner, jetzt doch erbost ob dieser anklagenden Worte. „Hier und jetzt geht es um ein Verbrechen, dessen Aufklärung Sie befördern könnten, indem Sie uns sagen, wo Sie sich gestern Abend gegen halb elf aufgehalten haben oder ob Sie zu dieser Zeit besondere Beobachtungen gemacht haben."

„Sag ich's doch!", flüsterte Striese leise. „Schon wieder haben Sie mich zum Sündenbock gekürt!"

„Ich habe Sie etwas gefragt!", entgegnete Werner scharf.

„Nur schlafen, träumen möcht' ich, bis dass der Tod mich übermannt!"

„Schlafen können Sie gleich, und zwar im Krankenhaus. Hiermit verfüge ich Ihre Einweisung." Er blickte auf Müller und bedeutete ihm, im *Edion* die Sanität anzufordern.

Gerade war er noch der Held, der einen schweren Unfall verhindert hatte, doch jetzt trafen ihn die befremdlichen Blicke der Radu und Bierbichlers, die er als Kritik an der doch etwas schroffen Behandlung Strieses deutete. Wie ein ertappter Sünder blickte er in die Runde und lieferte eine Art Rechtfertigung: „Bei dem weiß man eigentlich nie, wie's um ihn steht: Sieht er sich auf der Bühne oder geht's ihm wirklich schlecht? Außerdem werden Sie doch auch bemerkt haben, dass er stark alkoholisiert ist!" Deutlich nahm er wahr, dass die Radu mit der lauen Entschuldigung nicht zufrieden war.

*****

Für Werner galt eigentlich die Regel, seine Verlobte von dienstlichen Belangen fernzuhalten. Aber die Begegnung mit Striese am Nachmittag lag ihm schwer auf dem Magen. Und deshalb hatte er das Bedürfnis, sich Hanna beim abendlichen Zusammensein anzuvertrauen. Er war sich nämlich nicht sicher, ob er den gesundheitlich schwer angeschlagenen Mann korrekt behandelt hatte. Nachdem er die Situation aus seiner Sicht beschrieben hatte, wandte er sich an Hanna und meinte: „Das war mir dann doch etwas zu viel Theater und ich habe ihn vielleicht etwas zu hart angefasst."

„Und jetzt willst du von mir wissen, ob du da einen Fehler gemacht hast?", antwortete die Verlobte lächelnd, denn ihr war die Schwäche Carls bekannt, seine Emotionen in den Griff zu bekommen.

„Ja, schon!", reagierte Werner unsicher.

„Da kann ich dir leider nicht helfen. Du weißt es selbst: Da muss man dabei gewesen sein!" Nach einer kurzen Pause erinnerte sie ihn an die Aufführung im *katholischen Jugendheim*: „Ich wollte dir damals eigentlich sagen, dass in diesem Striese durchaus ein gewisses Gewaltpotential schlummert."

„Ist mir nicht aufgefallen", entgegnete Werner, „war doch nur eine Komödie!"

„Weil du nicht beachtet hast, wie er seine Rolle angelegt hat!", beharrte Hanna. „Der hat sich nämlich selbst gespielt und dabei die Zuschauer tief in sein Inneres blicken lassen."

Werner reagierte mit „interessante These!", gab aber zu erkennen, dass er nicht an einer Vertiefung des Themas interessiert war, denn der eher unerfahrene Theaterbesucher wollte sich auf keinen Fall auf eine Diskussion über die Feinheiten von Inszenierungen einlassen. Folglich war er darauf bedacht, schnell das Thema zu wechseln, was er mit der Erwähnung des Auftritts der kleinen Mia am späten Nachmittag bewerkstelligte: „Du glaubst gar nicht, wie die mich angegangen ist wegen unserer

Beziehung! Fast könnte man meinen, dass die eifersüchtig auf mich ist. Als ich sie dann weggeschickt habe, um mich mit den Erwachsenen zu unterhalten, hat sie, ganz die beleidigte Dame, demonstrativ ihr Handtäschchen geschnappt und sich unter Protest ins *Edion* zurückgezogen."

„Ach, die Mia!", tat Hanna klagend kund. „Das Kind tut mir wirklich leid. Da muss sie mit ansehen, wie die Ehe ihrer Eltern den Bach runter geht. Der Vater hat sie mit Sicherheit misshandelt und die Mutter hat nicht die nötige Zeit, sich um sie zu kümmern. Kein Wunder, dass sie in mir so etwas wie eine große Schwester sieht und dich als Störenfried betrachtet. Dann musste sie ja auch noch an die Schule in Wildenau wechseln. Da ist schon einiges zusammengekommen, was ein Kind in der Entwicklung empfindlich stören kann." Sie hielt kurz inne und überlegte. „Du sagtest da was von einer Handtasche", fuhr sie schließlich fort. „Ich möchte schon gerne wissen, wie sie an so ein Teil kommt. Am Ende vergreift die sich noch an fremdem Eigentum, quasi als Ersatzhandlung für fehlende Zuneigung. Mein lieber Carl, was hältst du von meinem Vorschlag, morgen zum Mittagessen ins *Edion* zu radeln, um bei dieser Gelegenheit einmal mit ihrer Mutter zu sprechen? Das Mittagessen bei den Eltern fällt eh aus, weil die mit den Walberers im *Kaiserhof* speisen."

„Akzeptiert!", reagierte Werner lachend. „Warum soll man nicht mal das Angenehme mit dem Nützlichen verbinden!"

*****

Der Kommissär hätte es sich denken können: Im Umfeld des *Edion* war ein Verbrechen geschehen und nicht wenige Selber nahmen den doch weiten Weg auf sich, um den Ort aufzusuchen, wo man vielleicht etwas mehr über das Ereignis erfahren konnte, das bereits in der Gerüchteküche der Stadt angekommen war.

Als die beiden Verlobten ihr Ziel erreicht hatten, mussten sie feststellen, dass das Gasthaus samt Biergarten sehr gut besucht war. Es hätte sicherlich die Möglichkeit gegeben, sich irgendwo an einen Tisch zu quetschen, aber der Wunsch nach trauter Zweisamkeit führte dann doch zu dem Entschluss, das nahe gelegene *Weidmannsheil* anzusteuern. Allerdings hatten sie nicht mit Rieke Moser gerechnet, die selbst bei diesem enormen Besucherandrang nicht den Überblick verlor und die jungen Leute abfing, noch bevor sie wieder ihre Fahrräder besteigen konnten.

„Es kann doch nicht sein, dass ihr mit leerem Magen weiterzieht!“, stellte sie lachend fest. „Geht schon mal nach oben in unser Wohnzimmer. Ich schicke euch jemanden vorbei, der eure Bestellung aufnimmt!“

Dass es dann die Küchenhilfe Frau Striese war, die die Wünsche der Gäste erfüllen sollte, kam den beiden natürlich zupasse. Allerdings stand Mias Mutter ganz offensichtlich unter erheblichem Zeitdruck, weil es wahrscheinlich in der Küche drunter und drüber ging. Trotzdem erlaubte sich Werner beim Servieren der beiden Portionen Kalbsnierenbraten und der Getränke eher amüsiert die Frage, wie denn ihre Tochter an „dieses hübsche Handtäschchen gekommen“ sei.

Die Striese lächelte gequält und gab sich eher abweisend: „Was weiß ich! Wahrscheinlich von ihrem Vater! Könnte mal nach einer Vorstellung liegengeblieben sein!“ Ihr rascher Abgang zeigte, dass sie nicht bereit war, das Thema zu vertiefen.

„So, jetzt wissen wir alles und gar nichts zugleich!“, kommentierte Werner die Einlassung. „Bleibt uns die Deutung!“

„Da magst du recht haben“, antwortete Hanna, „aber zunächst sollten wir uns den Braten schmecken lassen. Guten Appetit, mein lieber Carl!“

„Dito, liebe Hanna!“

Als sich die beiden über das Essen hermachten, ging es um die Familie Striese.

„Hat ihr gar nicht gefallen, deine Frage!“, meinte Hanna. „Ich tippe auf ein schlechtes Gewissen, weil sie nicht weiß, woher die Tasche kommt.“

„Möglich!“, entgegnete Werner. „Könnte aber auch den Grund haben, dass das Teil nicht einem Fundamt übergeben wurde. Vielleicht soll deshalb der Vater für das Versäumnis herhalten! Andererseits wird in einem solchen Zirkus immer mal was liegenbleiben und wer denkt da immer gleich an ein Fundamt!“

„Ich merke schon“, antwortete Hanna süffisant, „du willst dich meiner Idee von der Ersatzhandlung Mias nicht anschließen.“ Sie blickte auf ihren Verlobten, der plötzlich Messer und Gabel beiseitegelegt hatte und in Gedanken versunken vor sich hinstarrte.

„Carl, hörst du mir überhaupt zu?!“

Der Adressat reagierte gereizt: „Natürlich! Ich schließe gar nichts aus und stelle fest, dass uns Spekulationen nicht weiterbringen! Zudem hat mich da gerade ein Gedanke gestreift, der für mich als Ermittler von großem Interesse ist."

„Sag schon, was du meinst!"

„Im *Theatron Berolina* ist eine Handtasche aufgetaucht, was mich justament an den Mord beim Heidteich erinnert. Denn bei dem Opfer, der Mäder, wurde damals keine Handtasche gefunden! Allerdings keine Ahnung, ob sie überhaupt eine bei sich hatte! Aber wenn, dann muss ich doch wieder davon ausgehen, dass der Täter oder die Täterin bei den Zirkusleuten zu finden ist."

„Sehe ich auch so! Was hältst du von Striese?"

„Ja, verdammt noch mal, auch der!", reagierte Werner gereizt. „Bisher hat sich gegen den keinerlei Verdacht ergeben und ich halte den auch nicht für einen Mörder. Aber mir ist eben auch bekannt, dass in jedem Menschen das Böse lauern kann."

„Warum so unwirsch?"

„Weil mir der Bleibtreu im Nacken sitzt! Der Kerl hat nun mal mit Kaiser seinen Täter und träumt wohl schon davon, als Ankläger auftreten zu dürfen. Wenn ich nun die Ermittlungen neu aufrolle, setzt der doch alle Hebel in Bewegung, um mich aus dem Weg zu räumen!"

„So schnell schießt dieser minderbegabte Jurist nicht!", gab Hanna lachend zu bedenken.

„Du ahnst ja gar nicht, was mich noch drückt!"

„Jetzt bin ich aber gespannt!"

Nun berichtete Werner von dem Gespräch über vorzeitigen Samenerguss, das er mit Doktor Bogner anlässlich des Überfalls auf Anna Pecher geführt hatte.

„Verzeih mir, dass ich mich erheitert zeige", reagierte Hanna lachend, „klingt zwar sehr gewagt, aber wenn das ein erfahrener Arzt sagt, könnte ja was dran sein.“ Sie überlegte kurz, um schließlich festzustellen, dass dann tatsächlich die Ermittlungen angesichts zweimaliger Nähe zwischen Tatort und Zirkus wieder bei Striese und Konsorten ansetzen müssten.

„Warum war ich wohl gestern bei denen?“

„Danke für die Nachhilfe! Ab und zu bin auch ich in der Lage, eigene Schlüsse zu ziehen!“ Die doch reichlich scharfe Antwort Hannas sorgte dafür, dass Werner schweigend vor sich hinstarrte. Ein bisschen beleidigt war er schon, aber es war eher die verzwickte Lage, die ihm zu schaffen machte. Nun konnte aber Hanna ihren Verlobten lesen wie ein offenes Buch und wusste, was zu tun war: Sie ergriff seine Hand und munterte ihn auf: „Carl, nur Mut! Verlasse dich auf deinen Spürsinn und ab und zu auch auf meine unbequemen Eingebungen, dann wirst du beide Verbrechen aufklären. Da bin ich mir sicher.“

Sein dankbares Lächeln zeigte, dass es Hanna wieder mal gelungen war, eine aufkommende Unstimmigkeit mit den richtigen Worten zu entschärfen.

Das Mahl war beendet, aber niemand stand bereit, um zu kassieren. „Weißt du was!“, ließ Hanna ihren Begleiter wissen. „Frau Striese wird sich hier wohl nicht mehr sehen lassen. Ich lasse für Rieke die Botschaft zurück, dass der Braten sehr gut war, wir uns für die Nothilfe bedanken und bei nächster Gelegenheit die Rechnung begleichen werden.“ Als die Nachricht auf dem Tisch gut platziert war, verließ man frohgemut das Wohnzimmer, strebte dem Ausgang zu und orientierte sich zu den Fahrrädern. Plötzlich hielt Werner inne und blickte kopfschüttelnd auf Hanna. „Oh, ich Idiot, die Handtasche!“

„Was ist mit der?“

„Haben wir nicht lang und breit über den Mord am Heidteich und die Nähe zu Strieses Truppe gesprochen?“

„Und?“

„Die Handtasche könnte der Mäder gehört haben! Ich muss das Teil unbedingt ihrer Schwester zur Begutachtung vorlegen!“

„Hab’ ich nicht gerade deinen Spürsinn gelobt!“

„Schön, aber wie …?“

„Lass das mal mich machen! Ich habe Mia bei der Schaukel gesehen, als wir uns im Biergarten umgesehen haben. Ich werde mal versuchen, ihr das Täschchen zu entlocken. Du wirst’s ja wohl nicht bekommen, denn sie ist mit Sicherheit nicht gut auf dich zu sprechen.“

*****

Lina Mäders Schwester in der Thalstraße war an diesem Montagmorgen die erste Anlaufstelle Werners. Die Frau blickte auf das braune Handtäschchen und präsentierte ihm eine Aussage, die ihn nicht zufriedenstellen konnte: Es könne schon sein, dass sie Lina gehört habe, aber sie sei sich da überhaupt nicht sicher. Enttäuscht registrierte Werner, wie sich eine vielversprechende Spur einfach mal so in Luft auflöste und er damit am Wochenende bei seinen Ermittlungen keinen einzigen Schritt weitergekommen war. Nun sah Werner in der Befragung des verletzten Opfers die Möglichkeit, sich an den Täter heranzutasten. Also war das Krankenhaus das nächste Ziel. Doktor Bogner konfrontierte ihn allerdings mit einer strengen Vorgabe: „Fünf Minuten, keine Sekunde länger! Mehr kann ich dem Mädchen bei seinem Zustand nicht zumuten!“

Das Bett Anna Pechers wurde zur Vernehmung ins Schwesternzimmer geschoben. Mit gehörigem Respekt blickte die junge Frau auf Werner, den ihr der ärztliche Leiter des Krankenhauses als Leiter der Selber Polizei vorgestellt hatte. Der Mediziner hatte sich ausbedungen, während der Befragung vor Ort zu sein, und darauf hingewiesen, dass er sofort abbrechen werde, wenn die Patientin Anzeichen einer Angstattacke zeige.

Es war wohl die Anwesenheit des Akademikers, die den eigentlich erfahrenen Ermittler irgendwie verunsicherte, was schließlich den Eindruck erweckte, er spreche nicht Anna Pecher, sondern Dr. Bogner an: „Wie Sie sich sicher vorstellen können“, begann er, „möchte ich von Ihnen etwas über die Person des Täters erfahren.“ Doktor Bogner schüttelte belustigt grinsend den Kopf. Wenn du so umständlich und geschwollen weiteredest, bleibt’s wahrscheinlich bei einem Selbstgespräch, mochte er denken. Aber Werner hatte bereits selbst bemerkt, dass er mit seinem Einstieg das Mädchen nicht wirklich erreicht hatte, denn es reagierte mit einem Schulterzucken. „Wie sah der Angreifer aus?“, besserte er nach. Zunächst erfuhr er, dass der Mann eine Maske mit Augenschlitzen getragen habe. „Groß, klein?“, fuhr Werner fort. „Grouß und a weng wampert“, war die Antwort. „Groß, korpulent, Maske mit Sehschlitzen“, notierte der Polizist auf seinem Notizblock. „Was ist Ihnen sonst noch aufgefallen?“, wollte er dann wissen. „G’redd hout’er wäi a Studierter und ass’erm Maul hout’er g’stunken wäi a douder Fiisch.“ Werner vervollständigte seine Liste: „hochdeutsch sprechend, vielleicht Akademiker, starker Mundgeruch“.

„Das hast du hervorragend gemacht, Anna!“, lobte der Arzt und bedeutete Werner damit, dass das Gespräch beendet sei. Wie auch Werner hatte er erkannt, dass die junge Frau das Sprechen sehr anstrengte.

„Zufrieden?“, fragte er Werner, als das Bett wieder ins Krankenzimmer geschoben worden war. Obwohl sich der Kommissär doch eine etwas genauere Personenbeschreibung gewünscht hätte, antwortete er: „Geradezu optimal, was das Mädchen abgeliefert hat! Hätte ich so angesichts Ihrer warnenden Worte nicht erwartet.“

„Da sehen wir wieder einmal, welches Potential in den so genannten unteren Schichten schlummert“, gab der Arzt lachend zur Antwort und signalisierte seinen Abgang.

Doch Werner hatte noch ein Anliegen: „Auf ein Wort noch, Doktor Bogner, wenn Sie erlauben!“

„Wenn Sie sich beeilen! Die Pflicht ruft!“

„Ich habe Ihnen da einen Patienten zukommen lassen, Striese sein Name. Könnten Sie mir vielleicht ...“

„Mittelschwerer Leberschaden“, kam es wie aus der Pistole geschossen, „leidet schwer und bereitet sich aufs Sterben vor, wenn ich anwesend bin, flirtet aber mit den Schwestern, um an Bier zu kommen, wenn er mich nicht in der Nähe wähnt: Summa summarum: Schauspieler, Komiker und Simulant! Zufrieden?“

„Hochgradig! Vielen Dank für Ihre Bemühungen, Herr Doktor!“

Für einen kurzen Moment zog Werner in Betracht, dem Patienten einen Besuch abzustatten und ihn dabei mit dem Handtäschchen zu konfrontieren. Wenn er von der Beschreibung Annas ausging, so schien er als Täter nicht unbedingt in Betracht zu kommen, denn „groß“ war der Mann nun wirklich nicht. Aber der Ermittler wusste auch, dass das Unterbewusstsein der Opfer die

Täter oft übermächtig und damit auch groß erscheinen lässt. Allerdings spricht er hochdeutsch, überlegte Werner, und roch ganz schön aus dem Mund, als ich ihn aus dem Wagen geholt habe. Nun ja, der läuft mir erst mal nicht weg, dachte er, wenn ich den jetzt vernehme, wird er sich eh wieder in die Opferrolle flüchten und sein Sterben thematisieren. Aber er nahm sich vor, Striese bei nächster Gelegenheit richtig die Daumenschrauben anzulegen.

Jetzt stand die Berichterstattung beim Staatsanwalt an, wie sie eben bei jedem größeren Strafverfahren üblich war. Mit einem gewissen Bauchgrimmen bestieg er den Dienstwagen und steuerte der Wache zu, denn er sah sich verpflichtet, Bleibtreu nun auch mit der These zu konfrontieren, dass man, was die Ermordung der Mäder und den Überfall auf die Pecher angehe, womöglich mit demselben Täter zu rechnen habe. Und diese Kröte würde der Mann, der „seinen Täter" fest im Visier hatte, nicht schlucken wollen. Insofern rechnete Werner also mit einem hochgradig aggressiv reagierenden Staatsanwalt.

Als er die Wache erreicht und mit Bleibtreu telefonisch Kontakt aufgenommen hatte, zeigte der sich geneigt, ihm sofort einen Termin einzuräumen. Im Amtsgericht traf Werner dann auf einen gut gelaunten Staatsanwalt, der ihn freundlich begrüßte und ihm sein Bedauern übermittelte, dass er am Samstag leider verhindert gewesen sei. „Da freut man sich doch immer wieder, wenn die Ermittler möglichst zeitnah den Kontakt mit der Staatsanwaltschaft suchen", säuselte er, „ich habe ja gerade eben erst von diesem Verbrechen erfahren. Sie können sich denken, dass ich sehr gespannt auf Ihren vorläufigen Bericht bin."

Nachdem Werner den Einsatz am Samstagvormittag hatte Revue passieren lassen, verwies er auf seinen gerade erfolgten Besuch im Krankenhaus. Er habe dort die Möglichkeit gehabt, kurz mit dem Opfer zu sprechen, „aber“, fuhr er fort, „wir werden uns noch gedulden müssen, bis wir die junge Frau einer intensiven Befragung unterziehen können.“ Nun sei allerdings ein Gespräch mit Doktor Bogner aufschlussreich gewesen, weil der ihn auf ein sehr interessantes Phänomen hingewiesen habe.

„Da bin ich aber gespannt!“, reagierte sein Gegenüber. Nun sprach Werner über Bogners Theorie von dem einen Täter. Aber was dann folgte, hatte der Kommissär nun wirklich nicht erwartet: Der Staatsanwalt lehnte sich entspannt zurück, schlug die Beine übereinander und setzte zu einem polternden Lachen an, das gar kein Ende mehr nehmen wollte. „Verzeihen Sie meine Erheiterung!“, ließ er sich schließlich vernehmen. „Aber ich muss Ihnen leider sagen, dass mich die abenteuerlichen Spekulationen eines verkappten Urologen nun wirklich nicht interessieren.“ Mit einer gewissen Schärfe in der Stimme fuhr er fort: „Mein Ziel ist und bleibt zunächst die Verurteilung des Mörders, der die Mäder getötet hat. Und Ihnen rate ich Folgendes: Verschwenden Sie Ihre Zeit nicht mit der Suche nach einer Chimäre, sondern präsentieren Sie mir möglichst zeitnah den Täter dieses Überfalls!“

Kein Rausschmiss, keine Androhung einer Dienstaufsichtsbeschwerde!, ging es Werner mit einiger Verwunderung durch den Kopf und er fragte sich: Hat den die Milde des Alters zu einem verträglichen Zeitgenossen werden lassen? Schnell musste Werner diese Vermutung korrigieren, denn Bleibtreu hatte keine Kreide gefressen, sondern gierte jetzt geradezu danach, eine Botschaft loszuwerden: Freudestrahlend ließ er den Besucher wissen, dass „unser Prozess demnächst am Landgericht über die Bühne gehen“ werde und ihm die Anklage angetragen worden sei.

Nicht unser, sondern „mein Prozess“ muss das heißen, du Trottel!, dachte sich Werner und war guter Hoffnung, dass ihn Kaspari bei dieser Gelegenheit nach allen Regeln der Anwaltskunst aufs Kreuz legen werde.

„Und Sie werden die Gelegenheit haben, als Zeuge aufzutreten“, eröffnete ihm Bleibtreu mit gönnerhafter Miene.

Du Arsch ersparst mir auch gar nichts, fluchte Werner in sich hinein und zeigte eine Spur zu deutlich seinen Ärger.

Der Mann, der nach langen Jahren der Zurücksetzung glaubte, endlich die ihm zustehende Anerkennung gefunden zu haben, munterte ihn auf: „Na, schauen Sie doch nicht so verdrießlich drein! Sie können sich glücklich schätzen, dabei zu sein, wenn die Selber Rechtspflege Geschichte schreibt.“

Mit einem gequälten Lächeln verabschiedete sich der Selber Polizeichef von seinem Vorgesetzten. Schlimm nur, ging es Werner durch den Kopf, dass er das tatsächlich so meint, wie er’s sagt.

Dem Peiniger auf der Spur

Freitag, 21. Oktober 1927

Anna war Mitte der Woche aus dem Krankenhaus entlassen worden. Die ihr von Frau Moser zugedachte Schonzeit lehnte die junge Frau ab. Die Arbeit in der Küche sei genau das, was sie jetzt brauche, meinte sie.

Schon am nächsten Freitagvormittag nahm Frau Moser die Küchenhilfe zur Seite: „Im Gastzimmer sitzt ein Gast aus Asch", teilte sie ihr mit, „der hat einen Kraftwagen und fährt gleich kurz nach Selb. Du könntest ihn begleiten und bitte eine Bestellung in der Metzgerei Jakob abholen. Der Herr nimmt dich dann auf der Rückfahrt wieder mit zurück." So war das nun mal in Selb: Wenn der Metzgermeister Adolf Jakob ziemlich regelmäßig im *Edion* einkehrte, dann sah sich dessen Geschäftsführerin eben verpflichtet, einen Teil ihres Bedarfs an Fleisch- und Wurstwaren in Jakobs Laden zu ordern.

Leider hatte es Frau Moser versäumt, Anna darauf hinzuweisen, dass die Abholung von Bestellungen üblicherweise über den Hintereingang der Metzgerei geregelt wurde. So betrat die Küchenhilfe, als sie das Geschäft in der unteren Bahnhofstraße erreicht hatte, das Ladengeschäft und gesellte sich zu den wartenden Personen, die noch bedient werden wollten. Fünf vor mir, dachte sie, wird wohl etwas dauern.

Und richtig, denn was sie jetzt zu hören bekam, ließ sie innerlich aufseufzen: „Heit woiß'e wieder a mal niat, woos'e nemma soll – nu ja, gehm'S mer halt an Väierring va dera … – Ower na, etza siehr'e ja grod, Sie hamm heit a frische Lewerwurscht – dann gehm'S mer lejwer dou an Väierring! – Dirf's a weng mäihera saa? – Na ja, wenn S'es eh scho auf der Wouch hamm, loun S'es näär! – Und dann brauchert'e nu … – Der Bauch schaut ower räächt gout aas – gehm'S mer dou …"

Wenn das so weitergeht, ging es Anna durch den Kopf, stehe ich hier noch eine halbe Stunde. Der Gedanke an den Mann aus Asch, der vor dem Laden auf sie warten würde, ließ sie unruhig werden und die Blicke auf die Straße häuften sich. Was, wenn der jetzt auftaucht? Ich kann den doch nicht ewig warten lassen! Natürlich hätte sie der Verkäuferin einfach zurufen können, sie wolle nur mal eben die Bestellung abholen. Aber diese schnelle Lösung versagte sie sich, weil sie glaubte, dass ihr dieser Wunsch nur gehässige Bemerkungen der wartenden Kunden einbringen würde. Die ältere Dame, die ihre Wünsche eher zögerlich und umständlich an die Frau gebracht hatte, verabschiedete sich endlich und es folgte die Frage „Wer kinnt'n etza droa?".

Die Stimme, die nun ertönte, fuhr Anna in Mark und Bein: Mit „Ich möchte Sie bitten …!" wandte sich ein Mann, der ihr den Rücken zuwandte, an die Verkäuferin. Die in ihr aufsteigende Panik hatte den Satz schon längst verändert: „Ich möchte Sie berühren!" Mit diesen Worten war sie auf dem Heimweg nach Lauterbach von ihrem Peiniger angesprochen worden. Dass er sich für eine Semmel, belegt mit gekochtem Schinken, entschieden hatte, nahm sie schon gar nicht mehr wahr. Ihr schien es, als bekomme sie keine Luft mehr. Der Boden unter ihr geriet ins Schwanken. Noch nach Halt suchend, wurde ihr schwarz vor Augen und sie sank auf die Fliesen des Ladens.

Der Zusammenbruch der jungen Frau erbrachte unterschiedliche Reaktionen: Erschrecken, Mitgefühl, versehen mit entsprechenden Ausrufen und Bemerkungen, aber auch praktischen Beistand, indem man ihre Wangen tätschelte und den Kopf auf eine ausgezogene Strickjacke bettete. Es war auch Häme im Spiel: Jeder ahne doch, so eine Kundin, dass das junge Ding schwanger sei und ihr kein Mann zur Seite stehe, worauf ja wohl ein fehlender Ring an den Händen verweise. „Däi stäiht scho widder aaf!“, lautete die entsprechende Entwarnung. Zum Glück setzte sich die Vernunft der Verkäuferin durch, die schon die Nummer der Rettung gewählt hatte.

Der Herr, den es auf eine mit gekochtem Schinken belegte Semmel gelüstet hatte, zog es vor, rasch und geräuschlos den Laden zu verlassen.

*****

Der fleißige Streifengänger Schaller war bestens darüber informiert, was in der Metzgerei vorgefallen war. Nach der Rückkehr in die Wache erstattete er dem gerade anwesenden Kommissär sofort Bericht: In der Metzgerei Jakob sei ein junges Mädchen, er blickte auf seinen Notizblock, „kollabiert“, und er habe in Erfahrung gebracht, dass es sich um diese Anna Pecher handle, die in der Nähe des *Edion* überfallen worden sei. Man habe sie inzwischen ins Krankenhaus eingeliefert.

Werner blickte entgeistert drein und ihm entfuhr ein stöhnend vorgetragenes „Auch das noch!“. Abrupt wandte er sich von Schaller ab und strebte schnellen Schrittes seinem Amtszimmer zu. Er ließ einen etwas verärgerten Hauptwachtmeister zurück, der mindestens eine irgendwie geartete Reaktion erwartet hatte. Des is doch koa Oart!, dachte er sich, aber tröstete sich mit der Einsicht, dass der Vorgesetzte eben manchmal etwas wirr im Kopf sei.

Mit dieser Einschätzung lag Schaller gar nicht so daneben: Werners Stimmung hatte wieder einmal einen Tiefpunkt erreicht, weil er an sich selbst zweifelte: Zu diesem Vorfall in der Metzgerei ist es doch nur gekommen, weil ich keinen Täter präsentieren kann und das Mädchen immer noch mit der Angst lebt, der Angriff könne sich wiederholen. Da kann dann schon mal eine Panikattacke auftreten.

Er wählte die Nummer des Krankenhauses, um sich bei Dr. Bogner über den Zustand Annas zu informieren. Der Arzt sei gerade mit einer Untersuchung beschäftigt, beschied man ihm. Er werde in Kürze zurückrufen. Die Wartezeit benutzte Werner, um dem herbeizitierten Wachtmeister eine Streicheleinheit zukommen zu lassen: „Tut mir leid, Schaller, dass ich gerade einfach so verschwunden bin, aber die Sache mit der Pecher hat mich doch ziemlich heftig angefasst, und bevor ich's vergesse, ich danke für die gründliche Recherche."

Der Polizist zeigte sich angesichts dieser nachgereichten Fürsorge fast ein wenig gerührt und reagierte mit Bescheidenheit: „Mer tout, wos mer koa!"

Als der Mann entlassen war, klingelte das Telefon und Werner war mit Dr. Bogner verbunden. „Schöne Scheiße, das!", eröffnete der Arzt das Gespräch. „Ich verdammter Idiot hätte die Anna noch nicht entlassen dürfen. Jetzt haben wir den Salat."

„Und der wäre?“

„Posttraumatische Störung!“

„Ursache?“

„Das Mädchen hat den Überfall noch nicht verarbeitet und lebt in ständiger Angst. Nervosität, Schreckhaftigkeit, Albträume, aber auch Amnesie sind die Symptome. Wenn die Angst zu groß wird, verabschiedet man sich eben vom Bewusstsein und kippt um.“

„Knapp und präzise erklärt!“, reagierte Werner zufrieden, denn er sah seine eigene Vermutung bestätigt. „Aber warum passiert das gerade in einer Metzgerei?“, wollte er jetzt wissen.

„Pf, der Ort ist eigentlich egal, da genügt eine Kleinigkeit, die Auslöser sein kann: Platzangst, Getuschel, das man auf sich bezieht, oder vielleicht sogar das direkte Ansprechen auf den Überfall und so weiter und so fort!“ Es folgte Bogners Rat, den Laden doch mal zu besuchen. „Könnte ja sein, dass ... – na, Sie wissen schon!“

„Haben Sie schon mit Anna gesprochen?“, fragte Werner.

„Gott bewahre, die wird jetzt erst mal schön lange schlafen und, das sage ich Ihnen gleich: Für Sie steht das Mädchen vorerst nicht zur Verfügung! Wenn sich da was ergibt, melde ich mich!“

„Verstanden, Herr Doktor!“, reagierte der Kommissär militärisch knapp. Den ironischen Unterton leistete er sich, weil er sich mit dem Arzt schon fast kumpelhaft verbunden sah. „Dann ermitteln Sie mal schön weiter!“, konterte Bogner und legte auf.

Werner tat nun das, was ihm der Doktor empfohlen hatte: Er stattete der Metzgerei Jakob einen Besuch ab, der allerdings von Anfang an unter einem ungünstigen

Stern stand. Es war nun mal so, dass Geschäftsleute ermittelnde Polizeibeamte nicht so gerne in ihren Räumlichkeiten empfingen, denn schnell war das Gerücht in die Welt gesetzt, bei dem oder jenem „hout's wos geh'm". Das spürte Werner auch bei Metzgermeister Jakob, auf den er im hinteren Bereich des Geschäfts traf. Der Mann musterte ihn finster und teilte ihm mit, dass er Polizisten zwar gerne als Kunden im Laden, aber nicht dahinter sehen wolle.

„Ich möchte nur mal kurz mit der Person sprechen", ließ ihn Werner wissen, „die am Vormittag im Laden bedient hat."

Das „Warum?" kam ziemlich patzig daher, aber Werner wollte die Sache mit Anstand hinter sich bringen und lieferte mit ruhiger Stimme die Begründung.

„Hilde!", brüllte Jakob in den Laden. „Kinnst a mal!"

„Gäiht etz niat!", tönte es zurück. „Kundschaft!"

Jetzt zeigte der Meister ein Einsehen und verschwand im Laden. Wohl übernahm er den Verkauf, denn wenig später erschien Frau Jakob auf der Bildfläche.

„Wos wollen Sie etz dou?", ging sie den Kommissär verärgert an. „Iich ho dean Schaller scho g'saggt, wos'i woiß!" Dass sie nicht gut auf Werner zu sprechen war, mochte auch daran liegen, dass der Kommissär, bevor er den Hintereingang benutzt hatte, schon einmal einen Blick in den Laden geworfen, dann aber wieder den Rückzug angetreten hatte, weil ziemlicher Andrang herrschte. Wenn jetzt Frau Jakob wenig später aus dem Laden gerufen wurde, konnten sich die Leute doch den Reim darauf machen, dass der Polizist ein Wort mit ihr zu reden hatte, mit ihr also „etwas nicht stimmte".

Werner wollte von ihr wissen, ob es, bevor das Mädchen am Vormittag umgefallen sei, etwas gegeben habe, was den Kollaps provoziert haben könnte. Er nannte Beispiele: „Vielleicht Getuschel über das Unglück, das ihr widerfahren ist, oder hat sie jemand direkt darauf angesprochen?“

Die Gattin des Metzgermeisters, die den Besuch Werners schon längst als polizeiliche Schikane eingeordnet hatte, hätte dem Kommissär jederzeit die Namen der Personen nennen können, die sich am Vormittag im Laden aufgehalten hatten. Mit Sicherheit hatte sie auch die Gespräche noch im Kopf, die da abgelaufen waren. – Aber dem Polizisten mussten nun mal Grenzen aufgezeigt werden und so beließ sie es bei einem Schulterzucken und der Information, dass der Laden eben voll gewesen sei und sie nicht darauf geachtet habe, was da so gesprochen worden sei.

Außer Spesen nichts gewesen!, dachte sich Werner und strebte, nachdem er sich für die Störung entschuldigt hatte, der Wache zu. Im Nachhinein kam ihm natürlich der Gedanke, dass er wohl etwas zu schludrig gefragt und es der Frau zu leicht gemacht hatte, ihn mal so eben abzuwimmeln. Trotzdem kein Beinbruch!, redete er sich ein. Die Anna wird mir ohnehin bald selbst sagen können, was ihren Zusammenbruch ausgelöst hat.

Auf seinem Schreibtisch stieß er auf ein Schreiben des Landgerichts Hof, worin er aufgefordert wurde, am Dienstag, dem 15. November 1927, um neun Uhr im Landgericht Hof zu erscheinen, um als Zeuge in der Mordsache Mäder gehört zu werden. Er hatte zwar damit gerechnet, mit dieser Ladung konfrontiert zu werden, aber die amtliche Endgültigkeit der Botschaft ließ ihn erst mal schlucken. Schließlich blieb ihm jetzt nur noch eine Frist von etwa drei Wochen, um zu beweisen, dass der Mörder der Mäder auch Anna Pecher überfallen hatte.

1. November 1927

Wieder übernahm Werner den Transport Anna Pechers nach Lauterbach, nachdem ihn Dr. Bogner kontaktiert und dabei die Entlassung des Mädchens angekündigt hatte. „Pfleglich“ sollte er es behandeln, war sein Rat gewesen, „sonst“, hatte er gemeint, „könnte diese Traumatisierung zum Dauerzustand werden.“

Auf der Fahrt hielt sich Werner insofern an die Vorgabe, als er Anna keine Fragen zu ihrem Zusammenbruch in der Metzgerei stellte. Auch die Beifahrerin schien nicht erpicht darauf zu sein, über den Vorfall zu sprechen. Sie wirkte verschüchtert, vermied den Augenkontakt mit dem Fahrer und starrte geradezu zwanghaft auf die Straße vor ihnen.

Die drückt doch was, dachte Werner, vielleicht ist es ihr auch peinlich, dass man so viel Aufhebens um sie macht. Dass dieser zweite Gedanke durchaus zutreffend sein konnte, stellte sich heraus, als man Lauterbach erreicht hatte: Anna bedankte sich bei dem Polizisten für die Beförderung und meinte dann, diese Mühe sei eigentlich nicht nötig gewesen, denn sie sei es gewohnt, von Selb nach Lauterbach zu laufen, zudem gehe es ihr jetzt wieder gut und sie freue sich auf ihre Arbeit im *Edion*.

Als Anna auf der Straße vor ihrem Zuhause den Wagen verlassen hatte, ging sie auf die Haustür zu. Werner, der ihr nachblickte, schien es, als zögere sie, das Haus zu betreten. Als sie sich dann umdrehte, war er sich sicher, dass sie etwas loswerden wollte. Er stieg aus dem Wagen und fragte: „Haben Sie mir noch etwas zu sagen?“ Anna blickte ihn an und er bemerkte Tränen in ihren Augen. Sie nickte. „Iich woiß niat, ob’s wichti is, ower ich glaab, ich ho die Stimm kennt.“

„Welche Stimme?“

„Va dean, wou’me …“

„War das in der Metzgerei?“

Anna reagierte mit einem Schulterzucken. „Ower im Krankenhaus, dou bin’i mer sicher“, fügte sie hinzu.

„Wer war das?

„Woiß’i niat.“

„Was hat er gesagt?“

Ihr Hochdeutsch kam etwas gekünstelt daher: „Ich m… möchte Sie bitten.“

„Was noch?“

Annas Kopfschütteln zeigte, dass es wohl nur diese Wendung war, die sie wahrgenommen hatte. Aber dem Kommissär gelang es noch herauszufinden, dass sie die Stimme auf dem Gang im Vorbeigehen aus einem Zimmer im Krankenhaus gehört hatte.

Werner hatte es nun sehr eilig. Mit dem hastig hingeworfenem „Sie haben mir sehr geholfen!“ bestieg er den Wagen und brauste ab in Richtung Selber Krankenhaus. Ihn hatte das Gefühl erfasst, auf das er nun schon sehr lange hatte verzichten müssen: Es war diese seltsame Mischung aus Nervenkitzel, Neugier und Zufriedenheit, die sich bei den meisten Ermittlern einstellt, wenn sie kurz davorstehen, auf einen noch unbekannten Täter zu stoßen. Wen könnte Anna gehört haben?, war nun die Frage. Zunächst kam für Werner nur Striese in Frage: Sein Hochdeutsch, seine markante Stimme, die Handtasche und seine Anwesenheit im Krankenhaus sprachen für seine Täterschaft. Und hatte nicht Hanna bei ihm eine dunkle Seite mit gestautem Gewaltpotential ausgemacht?

Im Krankenhaus angekommen, dauerte es eine Weile, bis man ihm sagen konnte, wo sich Dr. Bogner aufhielt. Schließlich erreichte er den Arzt im Schwesternzimmer der Station eins, wo er sich mit der Stationsschwester beriet. Als er Werner ansichtig wurde, reagierte er bestürzt: „Sagen Sie mir jetzt bloß nicht, dass Anna …!“

„Nein, keine Sorge!“, fiel ihm Werner ins Wort. „Aber es könnte sein, dass sich ihr Peiniger hier im Krankenhaus aufhält.“

Natürlich war der Arzt nicht angetan von dem Gedanken, einen Verbrecher zu beherbergen. Aber schnell fand er wieder zu seinem Humor und gab bühnenreif den verzweifelten Chefarzt: „Nein, nicht schon wieder, Werner! Erst vor einem halben Jahr waren Sie hier auf Ganovenjagd! Wenn Sie so weitermachen, lässt sich bald niemand mehr bei uns einliefern! Denken Sie doch bitte an den Ruf dieser Anstalt!“

„Verzeihen Sie, ‚könnte‘ habe ich gesagt!“, beschwichtigte Werner. „Schließlich gehe ich noch einem Verdacht nach.“

„Mit dem Sie mich ja wohl in Kürze konfrontieren werden. Schießen Sie los!“

„Anna glaubt die Stimme des Täters auch hier in diesem Haus gehört zu haben. Es war der Satz ‚Ich möchte Sie bitten!‘.“

„Sie machen mir Spaß“, reagierte Bogner, „es gibt zurzeit eigentlich nur einen Patienten in diesem Haus, der ständig um etwas bittet, mich um Vollkost, die

Schwestern und Leidensgenossen um Bier. Für eine Flasche trägt er eine Ballade vor, für *Die Bürgschaft* und *Die Glocke* fordert er zwei, wegen der Länge, meint er. Sie ahnen, von wem ich spreche?“

„Von Striese?“

„Genau! Von dem! Aber bevor Sie Ihren Verdacht weiterführen, halten Sie erst mal ein. Der Herr Direktor ist durch und durch ein Mann der Bühne und des Wortes, meinetwegen auch Schlitzohr und Simulant. Aber ein Vergewaltiger oder gar Mörder – nie und nimmer! Dazu fehlt dem Mann Entscheidendes, nämlich Entschlusskraft und Mut. Außerdem: Das Wrack, das Sie mir da zugeführt haben, wäre wohl kaum in der Lage gewesen, eine solche Tat auszuführen. Außerdem gebe ich zu bedenken, dass Anna in der Metzgerei zusammengebrochen ist, sie also auch dort die Stimme wahrgenommen haben könnte. Und mit dieser Spekulation sind wir auch schon bei einer möglichen Amnesie, die doch die seltsamsten Blüten bis hin zu Orientierungsstörung respektive Verwirrtheit treiben kann.“

„Verzeihen Sie mir die Gegenrede, verehrter Doktor: Mein Vertrauen in Ihr Urteil kennt eigentlich keine Grenzen, aber der Polizist in mir gibt zu bedenken, dass in diesem Fall doch die Kontrolle die bessere Lösung ist. Außerdem muss ich gestehen, dass der Mann für mich so etwas wie die letzte Hoffnung ist, denn weitere Verdächtige kann ich nicht präsentieren. Und: Es gibt veritable Verdachtsmomente.“

„Dann tun Sie das, was Sie nicht lassen können!“, beschied ihm der Arzt schulterzuckend und leicht unterkühlt. „Nehmen Sie den Mann in die Mangel, die Ergebnisse des Hornberger Schießens sind Ihnen ja bekannt.“

Der Arzt erhob sich und verabschiedete den Polizisten mit einer bitteren Pille: „Striese steht Ihnen zur Verfügung, wenn ich ihn entlassen habe."

„Und wann …?", setzte Werner vorsichtig tastend an.

„Sagen wir mal, in den nächsten Tagen."

*****

Auf der Wache suchte er sofort das Gespräch mit seinem Stellvertreter Müller und konfrontierte ihn mit der Lage. Natürlich brachte er auch die Argumente zur Sprache, die Dr. Bogner bemüht hatte, um Striese als Täter auszuschließen.

„Da ist einiges dran", gab Müller zu bedenken. „Aber uns bleibt eigentlich nichts anderes übrig, als an dem Mann dranzubleiben."

„Dann sind wir uns also einig. Wie gehen wir vor? Eine Nachsuche in dem Wohnwagen bekommen wir von Bleibtreu nicht, da bin ich mir sicher. Aber das sollte kein Problem sein, denn unsere Fürsorge macht es wohl nötig, seine Unterkunft erst einmal zu inspizieren, bevor er sie wieder bewohnt."

„Werden wir ihn mit dem Tatvorwurf konfrontieren?", wollte Müller wissen.

„Kommt darauf an, ob und was wir finden. Maske und Handschuhe wären natürlich ideal. Gehen wir leer aus, dann wird's schwer für uns. Der Mann wird sich wieder in seine Depressionen flüchten."

Es schien, als habe Müller nur auf diesen Zweifel gewartet: „Wir könnten verdeckt ermitteln und einen Lockvogel einsetzen, falls er wieder zuschlagen sollte!", kam es wie aus der Pistole geschossen.

„Kann es sein, dass Sie Kriminalromane lesen?“, fragte Werner süffisant.

Kein Rumeiern, sondern ein klares „Ha!“ war die Antwort.

Werner ertappte sich bei dem Gedanken, dass ihm mit der Entscheidung, Müller zu seinem Stellvertreter zu machen, ein echter Glücksgriff gelungen war: Der Mann hatte ein offenes Gesicht, Sinn für Humor, war Klartextsprecher und hatte die besten Anlagen für einen erfolgreichen Ermittler.

„Da Sie ja die Selber Verhältnisse, wie schon mehrmals anklang, sehr gut kennen, sollten Sie wissen, dass Ihre Vorschläge mit unserer Personalausstattung kaum umsetzbar sind. Oder wollen Sie den Lockvogel spielen?“, fügte Werner erheitert an.

Wieder verblüffte ihn Müller: „Ich nicht, aber der Maurer! Der ist klein und schlank, ihm wächst noch kein Bart und, seien Sie mal ehrlich, der sieht doch auch ein bisschen aus wie ein Mädchen!“

„Und wie steht's mit der engen verdeckten Überwachung?“, wollte der Kommissär wissen, um dann die Schwächen des Plans anzusprechen: „Wir müssen das Ganze doch mindestens eine Woche lang durchziehen. Und ob der Striese nach seiner Entlassung überhaupt noch einmal auf die Pirsch geht, ist auch nicht sicher.“

„Oh doch, wenn der Lockvogel sich ordentlich ins Zeug legt!“

„Sie denken aber wirklich auch an alles, Müller! Wie sind Sie jetzt so schnell …?“

„Können Sie nachlesen in *Der einsame Jäger* vom berühmten Hans Dörfler“, fiel ihm der Draufgänger ins Wort, „stelle ich Ihnen gerne zur Verfügung.“

„Lesen Sie mal lieber Fachliteratur, Müller! Vor allem das *Handbuch für Kriminalisten* kann ich Ihnen wärmstens empfehlen. Da finden Sie dann auch die Fälle, wo so ein Lockvogel-Einsatz tragisch endete. Das zu meinen Empfehlungen“, fuhr Werner fort, „und am Rande möchte ich Sie noch darauf hinweisen, dass ich mein Handwerk in einer Großstadt gelernt habe, wo verdeckte Ermittlungen gar nicht so selten sind.“

Diese Gegenrede Werners tat ihre Wirkung: Müller quälte sich ein Lächeln ab, zuckte mit den Schultern und hob zögerlich an: „Ich wollte doch nur …“

„Schon gut, Müller“, unterbrach ihn der Vorgesetzte, „Sie haben nichts falsch gemacht, aber wir haben bisher den ganz wichtigen Umstand nicht bedacht, dass Anna Pecher die Stimme dem falschen Mann zugeordnet haben könnte. Vielleicht waren es die Worte, die sie elektrisiert haben, und nicht der Klang der Stimme.“

„Da wäre ich jetzt nicht draufgekommen!“, gestand Müller mit aufrichtiger Bewunderung, um dann schon wieder eine Probe seines Talents abzuliefern: „Die Anna spricht ja nur im Dialekt und da …“

„Sehr gut! Ich sehe, wir verstehen uns“, stellte Werner fest. „Aber wir haben eben nur zwei Möglichkeiten: gar nichts machen oder dem berühmten Dörfler folgen!“

„Sie wollen also wirklich …?“, kam von Müller erstaunt.

Die Antwort konnte entschiedener nicht sein: „Ich will! Vorbesprechung um vier! Sorgen Sie dafür, dass der Maurer und zwei weitere absolut zuverlässige Männer anwesend sind, bei denen wir tiefste Verschwiegenheit voraussetzen können. Mit denen und uns beiden könnten wir dann die spätabend- und nächtliche Überwachung organisieren. Den Maurer nehmen wir uns, falls er greifbar ist, sofort vor."

*****

Was soll ein junger Polizist schon denken, wenn er in die Amtsstube des Kommissärs gebeten wird und dort auch noch auf dessen Vertreter trifft? Maurers blasses Gesicht und sein ängstliches Dreinschauen verwiesen auf die schlimmsten Befürchtungen: Was würde man ihm vorwerfen? Hatte er einem Vorgesetzten nicht den nötigen Respekt entgegengebracht oder lagen Beschwerden von Bürgerseite gegen ihn vor? Bisher war es doch immer so gewesen, dass die beiden Herren, wenn denn mal ein „Anschiss" fällig war, den in einem kurzen Gespräch zwischen Tür und Angel an den Mann gebracht hatten. Aber bei dieser Einbestellung, da war er sich sicher, musste es um eine ernsthafte Verfehlung gehen. Plötzlich schoss ihm durch den Kopf: Probezeit nicht bestanden! Aber warum blickten die beiden Herren so freundlich drein? Wollten sie ihm in der Stunde seines Scheiterns bei der Polizei Trost zukommen lassen?

Was jetzt folgte, ließ ihn allerdings auf ein ganz anderes Ende hoffen: Bestanden! Mit einer jovialen Geste wies ihn Werner an, neben Müller Platz zu nehmen. Und der Inspektor bot ihm dann auch noch eine Zigarette an. Aber es sollte noch besser kommen, denn der Kommissär machte ihm ein Angebot: „Maurer, wir haben Sie für eine ganz besondere Aufgabe vorgesehen."

Der junge Polizist konnte sein Glück kaum fassen. „Mach'e!", verkündete er mit einem Eifer, der ihn sogar vergessen ließ, dass seine Lunge keinen Tabakrauch vertrug. Der folgende Hustenanfall war ihm peinlich, denn er passte ganz und gar nicht zur Rolle des jungen Draufgängers, in die er sich gerade hineingefunden hatte. Noch ahnte er nicht, dass Müller, der ihm jetzt fürsorglich den Aschenbecher zur Entsorgung des Glimmstängels vor die Nase schob, ihn gleich wieder zu einem Häufchen Elend degradieren würde, denn der Inspektor übernahm die Einweisung in die besagte Aufgabe: „Also, Sie sollen im Rahmen einer verdeckten Ermittlung ein junges Mädchen mimen und das Interesse eines älteren Mannes erregen."

„Iich soll?!", hob Maurer an, dann verkrallten sich seine Hände an der Sitzfläche des Stuhls und schon zeigte sein Gesicht wieder diese käsige Blässe, mit der er angetreten war. Nein, nur das nicht!, dachte er, schließlich hatte er innerhalb der Mannschaft schon genug Probleme mit dem fehlenden Bartwuchs und den weiblichen Gesichtszügen. Oft genug hatte er gehört, wie die Kollegen hinter seinem Rücken von „unner'n Moidl" tuschelten. Und jetzt noch das! Wie sollte er jemals als richtiger Mann anerkannt werden?

Natürlich bemerkten die beiden Herren diese schockähnliche Reaktion und taten ihr Bestes, um ihn zu beruhigen. Werner verwies darauf, dass die Übernahme der Rolle nur vier Männern bekannt und ihm absolute Verschwiegenheit garantiert werde. Und Müller erinnerte ihn daran, dass er ja eine nicht wesentlich jüngere Schwester habe, von der er sich einiges abschauen könne. Außerdem müsse er kaum etwas sagen, denn Schüchternheit sei ein wichtiges Merkmal dieses Lockvogels. Was blieb dem Anwärter anderes übrig, als wieder mit „Mach'e!" zu reagieren, aber diesmal mit einem Ton, der auf tiefste Betrübnis verwies.

Mit einem aufmunternden „Maurer, Sie schaffen das schon!“ erhob sich Werner und gab dem jungen Kollegen zu verstehen, dass er sich entfernen könne, aber um vier Uhr für eine Vorbesprechung der eingeweihten Ermittler zur Verfügung stehen müsse.

*****

Obwohl Dr. Bogner doch etwas gereizt auf die mangelnde Einsicht des Kommissärs reagiert hatte, war er fair genug, Werner am Telefon die Entlassung Strieses anzuzeigen: „Am morgigen Mittwoch steht Ihnen Ihr Mann zur Verfügung. Er wird von der Sanitätskolonne in den Nachmittagsstunden in seinen Wohnwagen verbracht werden. Ich sehe ihn einigermaßen stabil, aber er wird doch regelmäßig einen Arzt zur Kontrolle aufsuchen müssen, denn ich sag’s mal mit der nötigen Klarheit: Seine Leber ist im Arsch. Zwar habe ich ihm ein strenges Alkoholverbot auferlegt, aber ob er sich an die Anweisung hält, bleibt zu bezweifeln.“ Nachdem er dem Kommissär „weiteres fröhliches Ermitteln“ gewünscht hatte, legte der Arzt auf.

*****

So kam es, dass das Unternehmen Strieses und speziell sein Wohnwagen ab Mittwochnachmittag unter vorläufiger Beobachtung der Selber Polizei stand. Den Lockvogel gedachte Werner erst noch nicht einzusetzen. Zunächst erschien es dem Kommissär wichtig, die Gewohnheiten des Heimkehrers zu erforschen: Verließ er überhaupt sein Quartier und, falls das der Fall war, welche Ziele steuerte er an?

Da polizeiinterne Geheimhaltung zunächst noch keine Rolle spielte, war es Werner möglich, durchgehend zwei Beamte in Zivilkleidung in dem kleinen Wäldchen gegenüber dem *Edion* zu positionieren. Obwohl es inzwischen schon am Tag und besonders in der Nacht bitterkalt war, ließ sich dieser eintönige Dienst eigentlich ganz gut aushalten, denn Werner hatte die Männer angehalten, sich warm anzuziehen. Außerdem hatte er für Decken und die Bereitstellung von warmem Tee gesorgt. Wenn sich dann so ein Duo einig war, das Alkoholverbot im Dienst vorläufig außer Kraft zu setzen, und das Getränk mit Rum veredelte, konnte die Überwachung sogar zu einer heiteren Veranstaltung werden.

Noch vor dem Eintreffen Strieses hatten der Kommissär und sein Vertreter den Wohnwagen gründlich inspiziert und keine belastenden Utensilien gefunden. Aber ihnen war aufgefallen, dass hier jemand für Ordnung und Sauberkeit gesorgt hatte. „Wer hat hier wohl ausgemistet und gründlich gelüftet?“, richtete sich Werner an Müller. „Nicht unser Problem!“, entgegnete der. „Vielleicht gibt es da Leute, die sich die Hoffnung machen, hier einzuziehen.“

„Werden wir alles herausfinden!“, legte sich Werner fest, um dann eher gequält auf die Tatsache hinzuweisen, man werde wohl nicht umhinkommen, den Staatsanwalt über die Überwachung Strieses in Kenntnis zu setzen.

„Wird den kaum interessieren“, meinte Müller entspannt lächelnd, „der ist doch mit seinen Gedanken längst in Hof bei seinem Prozess gegen Kaiser. Wir sollten allerdings den Eindruck vermeiden, dass wir auch den Mörder der Mäder im Visier haben. Mit dieser Idee wird er sich mit Sicherheit nicht anfreunden wollen."

„Müller, Sie werden mir immer unheimlicher", ließ sich Werner lachend vernehmen, „jetzt üben Sie sich auch schon im Gedankenlesen. Sei's drum, Sie könnten recht haben. Aber ich denke doch", fuhr er fort, „dass wir diese personalaufwendige Überwachung nicht ewig beibehalten können. Wenn da bis Freitag nichts geschieht, müssen wir uns was einfallen lassen."

„Dann muss eben der Maurer her und ihn aus dem Bau locken", schlug der Inspektor vor.

„Wenn's so einfach wäre!"

*****

Den Posten war eingetrichtert worden, dass jede Bewegung, die sich auf Strieses Wohnwagen bezog, dem Kommissär oder seinem Stellvertreter schriftlich zu melden war. Die bis Samstagmittag zu einem Protokoll zusammengefügten Beobachtungen konnten die beiden nicht zufriedenstellen, denn der Mann wollte seine Behausung einfach nicht verlassen. Aber es war beobachtet worden, dass er regelmäßig besucht wurde, „vom Personal des *Edion*", hatte ein Posten notiert.

„Wahrscheinlich bringt man ihm etwas zu essen", vermutete Müller bei der gemeinsamen Durchsicht des Protokolls, „denn", er verwies auf einige Notizen, „hier ist mehrmals die Rede von einem Korb und außerdem wird übereinstimmend berichtet, dass sich die Besucherinnen schnell wieder entfernen."

„Spricht für eine Aktion der Frau Moser“, meinte Werner, „die hat wirklich das Herz auf dem rechten Fleck. Aber“, fuhr er jetzt entschlossen fort, „das bringt uns alles nicht weiter. Mein Entschluss steht fest: Die letzte Schicht geht bis sechs Uhr. Dann ist Schluss!“

„Aber, was …?“

„Was weiß ich!“, reagierte Werner genervt. „Wollen Sie den Maurer als Rotkäppchen zum bösen Wolf schicken und ihn sein Röckchen heben lassen, damit der anbeißt?“

„Nein, aber …“

„Gehen Sie mir nicht mit Ihrem ständigen ‚Aber‘ auf den Geist. Ich muss jetzt erst mal nachdenken. Morgen früh setzen wir uns zusammen und überlegen, wie wir weiter verfahren. Punkt neun Uhr hier in meinem Büro!“

Sonntag, 6. November 1927

Kaum hatte Werner die Wache betreten, überfiel ihn Müller, ziemlich aus dem Häuschen, mit einer Neuigkeit: „Striese hat gestern um fünf den Wagen verlassen und ist im *Weidmannsheil* eingekehrt. Und jetzt kommt das Tollste: Der Kollege Spitzer hat die Initiative ergriffen und ist ihm gefolgt! In das Wirtshaus! Stellen Sie sich das mal vor!“

„Guter Mann, denkt mit!“, kommentierte Werner die Meldung trocken. „Und was hat er zu berichten?“

„Wahnsinn! Der Striese saß schon nach einer Viertelstunde am Stammtisch und hat die ganze Bande unterhalten. Sie müssen sich das mal vorstellen: Ein Fremder, der hochdeutsch redet, schafft es bei uns hier in der

Gegend an einen Stammtisch und führt auch noch das große Wort! Wer glaubt denn so was?!“

„Sie und wohl auch ich!“, beschied ihm sein Vorgesetzter spöttisch und gab dann zu bedenken, dass dieser „Wahnsinn“ den Fall auch nicht weiterbringe.

Am liebsten hätte Müller seinen Vorgesetzten gefragt, ob er denn auf dem Schlauch stehe. Natürlich verzichtete er auf diese Unverschämtheit, machte aber Werner in aller Deutlichkeit auf seine lange Leitung aufmerksam: „Stellen Sie sich doch einfach mal vor, dass der Striese da wieder hingeht. Warum? Weil er umsonst saufen kann. Er erzählt nämlich Witze, außerdem schlüpft er in komische Rollen und die Stammtischbrüder spendieren ihm ein Bier nach dem anderen. Das lässt sich der Kerl doch nicht entgehen! Und jetzt …“

„Halten Sie ein, Müller!“, unterbrach ihn Werner lächelnd. „Ich hab’s kapiert: Jetzt können wir unseren Lockvogel einsetzen! Richtig?“

Der Inspektor, dem man mal so einfach den dramatischen Höhepunkt entwendet hatte, nickte enttäuscht.

„Dann mache ich mal heute Abend den ersten Versuch mit dem Maurer“, legte sich der Kommissär fest und fragte dann: „Wie lange hat sich unser Mann in dem Wirtshaus aufgehalten?“

„Etwa zwei Stunden, getrunken hat er vier Bier und vier Schnäpse. Stark schwankend hat er das Lokal verlassen.“

„Schreiten wir zur Vorbereitung der Aktion!“, wies Werner den Inspektor an. „Sorgen Sie dafür, dass Maurer um fünf kostümiert in der Wache zur Verfügung steht. Dann fahren Sie mit dem *Opel* zum *Weidmannsheil* und verschaffen sich Klarheit, ob Striese in dem Laden auftaucht oder schon dort ist. Falls das der Fall ist, kommen Sie zurück und ich übernehme den Wagen. Und dann wird sich zeigen, ob unsere junge Hoffnung zum Lockvogel taugt."

*****

Nachdem Müller die Anwesenheit in dem Lokal vermeldet hatte, machte sich Werner mit dem Lockvogel auf den Weg zur Grenze. Maurer war, wie man in Polizeikreisen gerne sagt, von heftigem Muffensausen befallen. Als er neben Werner auf dem Beifahrersitz saß, nahm der wahr, dass dem jungen Mann die Zähne klapperten und er am ganzen Körper schlotterte – eigentlich Symptome, wie sie mit heftigem Schüttelfrost und Fieber einhergehen. Gekleidet war er wie ein einfaches Mädchen aus dem Volk: Über dem langen dunklen Rock trug er eine derbe grüne Joppe und den Kopf bedeckte ein rotkariertes Kopftuch, das tief ins Gesicht hineinreichte. Natürlich hatte der junge Polizist größten Wert darauf gelegt, dass er mit dieser Verkleidung nicht auf der Wache gesehen wurde. Und so hatte Werner zugestimmt, ihn in der Lorenz-Hutschenreuther-Straße abzuholen, wo er bei seinen Eltern wohnte.

„Lampenfieber?", fragte Werner. Ein eher gekrächztes „Ja" bestätigte den Zustand, bei dem mit Sicherheit auch seine Scham eine gewichtige Rolle spielte.

„Jetzt machen Sie sich mal ein bisschen locker, Maurer!", versuchte ihn der Kommissär aufzumuntern. „Ihnen steht kein Bühnenauftritt bevor, Sie sollen den Mann, der wahrscheinlich stark angeheitert ist, nur fragen, ob Sie sich ihm auf dem Weg in Richtung Selb anschließen dürfen, weil Sie nicht gerne im Dunklen alleine unterwegs sind. Wie ich den kenne, wird der dann schon die Unterhaltung übernehmen."

„Und wenn …?", ließ sich der junge Polizist tastend vernehmen.

„Sie meinen, was Sie machen sollen, wenn er Ihnen an die Wäsche will? Verdammt noch mal, das wollen wir doch hoffen!" Langsam verlor Werner die Geduld mit dem Nervenbündel: „Ihn festnehmen! Wie das geht, haben Sie doch gelernt bei der Bereitschaftspolizei! Binnen einer Minute bin ich dann bei Ihnen. Kapiert?"

Das zustimmende „Ha!" klang jetzt schon eine Spur zuversichtlicher. Beim *Weidmannsheil* angekommen, mussten sich die beiden wohl oder übel auf eine längere Zeit des Wartens einrichten. Das war für Maurer eine ziemlich unangenehme Situation, denn sein Respekt vor dem Vorgesetzten und seine bedauernswerte Lage machten ihn zu einem schweigsamen Begleiter. Aber auch Werner tat sich schwer dabei, eine Unterhaltung in Gang zu bringen, denn er hatte von dem jungen Mann doch ein bisschen mehr Mut und Entschlossenheit erwartet. Ihm jetzt noch weiter gut zuzureden oder ihn auf andere Gedanken zu bringen, kam für ihn nicht in Frage. Kurz entschlossen stieg er aus dem Wagen, wobei er seinem Begleiter mitteilte, er wolle einmal einen Blick durchs Fenster in die Wirtsstube werfen. Aber die beschlagenen Scheiben machten ihm einen Strich durch die Rechnung und so beschloss er, alleine zu warten und sich in nächster Nähe die Füße zu vertreten.

Um sieben Uhr war es so weit: Striese verließ mit unsicheren Schritten das Wirtshaus und trat den Heimweg an. „Ihr Auftritt, Maurer!", rief Werner in den

Wagen. „Folgen Sie dem Mann und sagen Sie Ihr Sprüchlein auf!“ Der Angesprochene quälte sich mühsam ins Freie und folgte dem Mann.

Verdammt!, fluchte Werner in sich hinein, als er ihm nachsah. Warum hat dem Kerl niemand gesagt, dass er wie eine Frau laufen soll?! Er wartete so lange, bis er noch die Konturen der beiden in der Dunkelheit erkennen konnte, dann folgte er ihnen. Es sollte allerdings nur ein kurzer Weg für ihn werden!

Plötzlich war es dem Verfolger, als blieben die beiden Männer stehen. Also hielt auch er inne. Aber kurz danach bewegte sich eine Gestalt weiter in Richtung *Edion* und die andere kam auf ihn zu. Es war Maurer.

„Warum bleiben Sie nicht an dem Mann?!“, raunzte ihn Werner verärgert an, als man zusammentraf.

„Der hat gesagt, ich soll ihn nicht mit meinem Dilit…, äh Diltismus belästigen. So genau habe ich das Wort nicht verstanden. Und ich soll abhauen.“

Wenn sich Werner nicht täuschte, schien Maurer geradezu erleichtert von der Abfuhr. „Da könnte der Striese wirklich recht haben“, beschied er dem Lockvogel, unterlegt mit ätzender Schärfe, „Sie sind wirklich ein Dilettant.“

Dem jungen Mann, der nichts mit dem Fremdwort anzufangen wusste, war aber klar, dass es etwas mit Versagen zu tun haben musste. Deshalb brachte er auch vorsichtshalber nicht zur Sprache, was ihm Striese noch an den Kopf geworfen hatte, nämlich folgende Worte: „Kommen Sie wieder, wenn Sie spielen können. Ich sehe und rieche doch, dass Sie ein Kerl sind, dem die Angst aus allen Poren dringt.“

Werner wandte sich wortlos dem *Weidmannsheil* zu, wo der Wagen stand. Maurer folgte ihm wie ein begossener

Pudel mit einigem Abstand. Der Kommissär hatte eine Mordswut im Bauch, zunächst auf den Lockvogel, der zu dämlich war, eine Frau zu mimen, dann auf Müller, der die Aktion ins Spiel gebracht hatte, und schließlich auf sich selbst, weil er diesem hirnrissigen Plan gefolgt war.

Sein Vorhaben, den jungen Polizisten noch kostümiert mit zur Wache zu nehmen, gab er schnell wieder auf. Warum soll der jetzt noch Spott und Häme der Kollegen ertragen, dachte er sich, wo es doch letztendlich ich war, der ihn in diese ungeliebte Rolle gepresst hat. Und so setzte er den Polizisten wieder bei seinen Eltern ab.

Was da noch an Enttäuschung und Frustration vorhanden war, gedachte er zunächst einmal bei seinem Stellvertreter abzuladen, den er in der Wache gleich in sein Büro zitierte.

„Ums gleich vorwegzunehmen“, begann er, „Maurer hat versagt.“

„Inwiefern?“

„Weil Sie Ihren Dörfler nicht richtig gelesen haben!“

„Verstehe ich nicht!“

„Weil der, wenn er so berühmt und sachkundig ist, sicher auch geschrieben hat, dass man zunächst beide Personen genauer betrachten muss, sowohl das Zielobjekt als auch den Lockvogel. Will sagen, wenn ein Schauspieler von einem völlig unbegabten jungen Mann, der auch noch eine Frau mimt, auf die Probe gestellt werden soll, muss die Sache doch in die Hose gehen. Und das haben wir inzwischen erreicht, wie ich Ihnen ja bereits vermeldet habe.“

„Verstehe!“ Müller zeigte sich einsichtig und vermied jetzt einen großen Fehler, denn er verwies nicht auf die tätige Beihilfe des Kommissärs. Aber er wollte schon gerne wissen, wie es nun weitergehe.

„Wir werden ihn mit dem Vorwurf konfrontieren müssen, die Pecher überfallen zu haben“, antwortete Werner, „schließlich hat sie ihn an seiner Stimme erkannt. Außerdem gibt es da eine Spur, die uns allerdings zu dem Mord am Heidteich führt. Und wir können Druck auf Striese ausüben. Ich habe nämlich bei seiner Tochter eine Handtasche entdeckt, deren Herkunft niemand so recht erklären kann. Sie könnte der Mäder gehört haben!“

„Vielleicht weiß die Schwester …!“

„Die kann sich nicht erinnern“, unterbrach ihn Werner, „aber“, fuhr er fort, „mir kommt da justament ein Gedanke: Der Kaiser müsste die Tasche doch kennen!“

„Sehe ich auch so!“, kommentierte Müller den Geistesblitz, um dann aber sofort Bedenken ins Feld zu führen: „Der Kaiser sitzt in U-Haft. An den kommen wir nicht mehr ran.“

„Gut, aber ich sehe da noch eine Möglichkeit“, gab Werner zur Antwort. „Was spricht denn dagegen, wenn ich den Kaspari bitte, das Teil mit ins Gefängnis zu nehmen und es dem Kaiser zur Begutachtung vorzulegen?“

„Könnte dauern“, meinte Müller, „aber die Tasche sollten wir Striese schon unter die Nase halten, wenn wir ihn in die Mangel nehmen.“

„Sehe ich auch so. Dann telefoniere ich mal mit dem Genie Kaspari und wir werden sehen, ob er’s macht und wann wir wieder über das Teil verfügen können.“

*****

Die beiden Kriminalisten Werner und Müller hatten sich vorgenommen, Druck auf Striese auszuüben. Und dazu gehörte nach Einschätzung beider die Vorladung des Mannes und die Hinzuziehung Anna Pechers, die ihn über seine Stimme als Täter identifizieren konnte. Ihr noch labiler Zustand ließ es allerdings nicht zu, dem möglichen Täter Aug in Aug gegenüberzutreten. Wieder war es Müller, der eine geeignete Lösung parat hatte: „Wir müssen die Kandidaten, von Anna aus gesehen, hinter einem Vorhang sprechen lassen."

„Sehr gut, Ihr Vorschlag!", reagierte Werner, „aber ich sehe da eine Schwierigkeit, die nicht so leicht zu bewerkstelligen ist. Woher bekommen wir noch mindestens drei Männer im fortgeschrittenen Alter, die ein perfektes Hochdeutsch ohne jegliche Dialekteinflüsse sprechen? Schließlich muss das Mädchen eine Auswahl haben!"

„Gute Frage!", räumte Müller, eine Idee zu großspurig, ein. Nach kurzem Überlegen konnte er mit einem Kandidaten dienen: „Unser Oberwachtmeister Paschulke, gelegentlich genannt ‚Saupreiß', müsste das schaffen. Der stammt zwar aus dem Osten, spricht aber, wenn er sich anstrengt, ein passables Hochdeutsch."

„Dann erlaube ich mir, auch Sie vorzuschlagen", ergriff Werner das Wort, „denn Sie können Ihren Selber Dialekt doch erstaunlich gut verbergen."

„Wirklich?", fragte Müller, sichtlich geehrt.

„Schon! Wenn Sie sich etwas zurücknehmen, könnten Sie sogar die Stimmlage eines gereiften Mannes erreichen." Der kritische Unterton erreichte den noch nicht mal Dreißigjährigen allerdings nicht, denn er strahlte über das ganze Gesicht ob dieser Aussage und stellte fest: „Einen brauchen wir aber noch!“

„Den habe ich im Visier!“, antwortete Werner. „Hauptlehrer Guttau, der Kollege meiner Verlobten, müsste die Sache auch hinkriegen. Mit dem war ich mal bei unserem Kollegen Kotschenreuther in Asch, um eine Verbrecherkartei durchzusehen.“

„Und was soll da zum Vortrag kommen?“, wollte sein Stellvertreter wissen.

„Das kläre ich noch mit der Anna ab. Auf jeden Fall muss der Satz ‚Ich möchte Sie bitten!‘ vorkommen. Vielleicht kann sie sich ja erinnern, was der Täter sonst noch so gesagt hat.“

*****

Als er am Abend im *Edion* auf Anna Pecher traf, ahnte der Kommissär, dass es ihr nicht leichtfallen würde, die Identifikation über sich ergehen zu lassen. Erst als er ihr hoch und heilig versprochen hatte, sie werde den Täter dabei auf keinen Fall zu Gesicht bekommen, willigte sie zögerlich ein. Sie habe schon ein bisschen Angst, fügte sie hinzu, dass ihr wieder „so eine Sache passieren“ könne, womit sie einen erneuten Zusammenbruch meinte.

Diese Zuspitzung wollte Werner auf jeden Fall ausschließen und er fragte sie, ob ihr mit Dr. Bogners Anwesenheit geholfen sei. Ihr „Geht das denn?“ klang sehr erleichtert, was darauf hinwies, dass sie großes Vertrauen in den Arzt setzte.

„Der wird kommen müssen, wenn ich das anordne!“, tönte Werner, genau wissend, dass er den Mund etwas zu voll genommen hatte.

„Dann wird's schon gehen!", reagierte Anna, jetzt frohen Mutes.

„Das meine ich doch auch", ließ sie Werner wissen, „ich werde Ihnen rechtzeitig Bescheid sagen, wann die Sache über die Bühne geht. Wir werden Sie auf jeden Fall abholen."

Wieder lehnte sie diesen Luxus mit der ihr eigenen Bescheidenheit ab: Das müsse nicht sein, sie komme gerne zu Fuß.

„Nix da!", beschied ihr Werner. „Sie werden mit dem Dienstwagen chauffiert. Basta!"

*****

Werner hatte damit gerechnet, dass die Gegenüberstellung spätestens am Donnerstag oder Freitag angegangen werden könnte. Aber die Umstände machten ihm einen Strich durch die Rechnung: Dr. Bogner war bis einschließlich Sonntag verhindert und Kaspari hatte erst am Samstag einen Termin im Gefängnis.

„Das wird verdammt eng!", beschied er seinem Stellvertreter stöhnend. „Vor Montagvormittag geht da gar nichts!"

„Vielleicht stellt sich ja doch noch der Erfolg ein und wir können vor Gericht mit einer Sensation aufwarten!"

Mit „Mal sehen!" kommentierte Werner den Optimismus seines Kollegen mit düsterer Miene.

*****

Die Aktion begann gegen neun Uhr im Büro des Kommissärs, wo Werner Striese eröffnete, dass er im Verdacht stehe, zunächst die Mäder getötet und dann die Pecher überfallen zu haben. Zunächst stellte er mit Befriedigung fest, dass der Mann nicht, wie erwartet, wieder mal weinerlich sein Sterben thematisierte. Völlig ruhig und gelassen blickte er auf Werner und stellte fest, er habe schon geahnt, dass irgendeine Schweinerei gegen ihn im Gange sei. „Da lassen Sie einen minderbemittelten Schauspieler auf mich los“, tönte er spöttisch, „um mich in Versuchung zu führen. Aber ich …“

„Halten Sie ein!“, unterbrach ihn Werner. „Der Verdacht muss überprüft werden, und zwar mittels einer Gegenüberstellung.“

Striese gab sich sarkastisch: „Die Leiche bleibt mir doch hoffentlich erspart!“

„Zur Sache!“, fuhr Werner ungerührt fort. „Sie werden neben drei weiteren Männern einen vorgegebenen Satz vortragen. Die Geschädigte wird Sie nicht sehen, aber hören können.“

*****

Die Gegenüberstellung ließ sich nicht gut an: Müllers Hochdeutsch überzeugte, aber er hatte Werners Wink mit dem Zurücknehmen nicht verinnerlicht und gab den jugendlichen Draufgänger, der auch noch Spaß an seiner Rolle zu empfinden schien und damit die infame Strategie des Täters deutlich verfehlte.

Oberwachtmeister Paschulke war eine glatte Fehlbesetzung: Dr. Bogner legte die Hände vors Gesicht, um sein Lachen zu verbergen, denn der Mann konnte einfach nicht seine Berliner Herkunft verbergen. Besonders deutlich wurde das beim *Erlkönig*: „Und bist’e nicht willich, so brauch ich Jewalt“, drohte er. Außerdem verlas er die Formulierungen mit behördlicher Eintönigkeit.

Bei Striese trat nicht ein, was Werner befürchtet hatte, nämlich das Sprechen mit verstellter Stimme. Überzeugend gab der den verzweifelten alten Mann, der zunächst eigentlich nur Nähe einforderte, dann aber die Drohung so perfekt vermittelte, dass es den meisten Zuhörern wahrscheinlich so ging wie Werner, dem das *Erlkönig*-Zitat und die gierig-geifernde Feststellung „Ich bin heiß!“ einen Schauer über den Rücken jagte.

Das könnte es gewesen sein!, dachte Werner und blickte auf Anna, die geradezu panisch reagierte und offensichtlich an Flucht dachte. Es war Dr. Bogner, der sie in seine Arme nahm und beruhigend auf sie einsprach.

Lehrer Guttau löste die Aufgabe vom Sprachlichen her eigentlich ganz ordentlich, aber es wurde deutlich, dass er sich nicht mit der Rolle identifizieren wollte oder konnte.

Als die Prozedur beendet war, entließ Werner die Kandidaten und bat Anna mit ihrem Begleiter in sein Büro. Müller beauftragte er, Striese zu beaufsichtigen, aber den Tatvorwurf nicht weiter zur Sprache zu bringen.

Nachdem man sich gesetzt hatte, wandte sich Werner mit freundlicher Zuwendung an die junge Frau: „Nun, haben Sie die Stimme des Täters erkannt?“

„Ich woiß niat“, antwortete sie, „der Vorletzte könne es gewesen sein“, fuhr sie fort, aber ganz sicher sei sie sich eben nicht.

„Können Sie mir sagen, ob Sie eher ein allgemeines Gefühl oder eine bestimmte Beobachtung zweifeln lässt?“, insistierte Werner.

„Hören Sie doch bitte auf mit diesem Quatsch!“, fuhr ihm Bogner in die Parade. „Sie ist sich nicht sicher und diese Ansage muss Ihnen genügen!“

Diesmal sah Werner für sich die Möglichkeit, auf berufliche Kompetenz zu verweisen: „Sehr verehrter Herr Doktor, es gehört nun mal zu meinem Handwerk, die Ergebnisse solcher Gegenüberstellungen zu beurteilen. Mir ist durchaus bewusst, dass Fräulein Pecher nach dem, was es erlebt hat, eine klare Entscheidung nicht leichtfällt. Aber ich muss schon wissen, ob es zum Beispiel die Stimmlage oder eine andere Auffälligkeit war, die sie zu dieser Unsicherheit geführt hat.“ Dann wandte er sich wieder Anna zu: „Möchten Sie Ihre Aussage dahingehend ergänzen?“

„Scho!“, antwortete sie. „Ich ho halt Angst, dass’i an Falschen hieheng.“

„Genügt mir, mehr müssen Sie nicht sagen!“, reagierte Werner und blickte dann auf Bogner. Der schenkte ihm ein Lächeln und meinte: „Dann sind wir uns mal wieder einig: Der Fachmann gibt die Richtung vor!“

Nachdem geklärt war, dass der Arzt das Mädchen nach Hause fahren werde, wollte Werner beiden die Hand zum Abschied reichen, aber Dr. Bogner deutete ihm an, dass es da noch etwas zu besprechen gab, allerdings unter vier Augen. „Muss ich noch loswerden“, begann er auf dem Gang.

„Bin ganz Ohr!”

„Anna hat mir etwas anvertraut, was die mögliche Ein-Täter-Theorie stützen könnte.“

„Warum erfahre ich das von Ihnen und nicht von ihr?“

„Was da zur Sprache gekommen ist, teilt man nicht gerne mit einem Mann, der eher für die Einhaltung von Gesetzen zuständig ist."

„Scham?"

„Richtig! Es ging um ihren Peiniger. Sie beschrieb recht anschaulich, wie er auf ihr kniete, dann irgendwie erstarrte und ihm ein seltsames Stöhnen entfuhr."

„Sie könnte also einen Orgasmus beschrieben haben, und zwar einen solchen, der … na, Sie wissen schon, was ich meine!"

„Da bin ich mir ziemlich sicher."

„Und das hat sie Ihnen so ganz aus eigenem Antrieb erzählt?"

Dr. Bogner lächelte: „Ein bisschen nachgeholfen habe ich schon. Aber was soll ich denn machen, wenn Sie immer mal wieder mit Ihren Ermittlungen nicht weiterkommen?"

Werner revanchierte sich mit einem süffisant vorgetragenen Lob: „Verehrter Herr Doktor, Sie können meine Hochachtung Ihrer Person allein daran erkennen, dass ich Ihre Kritik klaglos akzeptiere."

*****

Nachdem man sich verabschiedet hatte, nahm sich der Kommissär zusammen mit Müller Striese vor: „Das Opfer räumt ein, Sie könnten der Täter gewesen sein, vermag sich aber nicht mit letzter Sicherheit festzulegen."

„Wie auch? Ich war's ja nicht!", konterte der Angesprochene entspannt lächelnd.

„Kommen wir zu einem weiteren Verdachtsmoment, das sich auf den Mordfall Mäder bezieht", fuhr Werner fort. „Wir haben bei Ihrer Tochter Mia eine Handtasche entdeckt, die der Mäder gehört hat.“ Er gab Müller einen Wink, worauf der das Teil auf dem Tisch ablegte. „Nehmen Sie das Täschchen ruhig mal in die Hand“, richtete er sich dann an Striese, „und inspizieren Sie auch sein Inneres. Wenn Sie fertig sind, beantworten Sie mir bitte die Frage: Wie und wann sind Sie zu dieser Tasche gekommen?“

„Sie können sich denken“, äußerte sich der Mann, der nun damit beschäftigt war, das Beweisstück zu beäugen, „dass in einem Zirkus oder Theater immer wieder Sachen zurückbleiben, die vor allem der Vergesslichkeit oder der Ungeschicklichkeit der Besucherinnen anheimgefallen sind. Dazu gehören vor allem Kämme, Puderdosen, Riechfläschchen sowie Taschentücher, zugegeben Handtaschen eher selten. Aber das Ding lag einfach mal unter unserem Wohnwagen und ich hab’s zu den anderen Fundsachen gelegt.“

„Wann?“

„Das könnte zu dem Zeitpunkt geschehen sein, als die Sache mit dieser Frau passiert ist.“

Werner verfiel nun in den Ton des Anklägers: „Ich stelle fest, dass Sie einen Fund unterschlagen und uns ein Beweismittel vorenthalten haben.“

Jetzt war Striese endgültig um seine Gelassenheit gebracht. „Ach Gottchen!“, jammerte er. „Sie wissen doch selbst, in welch bedrohliche Lage mich und meine Societäre dieses Verbrechen gebracht hat. Wer denkt da noch an eine herumliegende Handtasche! Aber ich kann Ihnen mit einem Geständnis dienen, das Sie allerdings nicht zufriedenstellen wird.“

„Dann schießen Sie mal los!“

„Ja, ich habe die Hand gegen meine Kinder und meine Frau erhoben. In gewisser Weise haben Sie mir mit Ihrem Besuch bei uns die Augen geöffnet. Leider zu spät, denn meine Frau hat mich zusammen mit den Kindern verlassen und ich bin der Verwahrlosung anheimgefallen. Die Übergabe der Handtasche an meine Tochter war ein Versuch der Wiedergutmachung, leider vergeblich. Aber ich stellte mit Freude fest, dass Mia die Tasche gehütet hat wie ihren Augapfel." Striese hatte nun Tränen in den Augen und blickte mit treuherzigem Hundeblick auf die beiden Polizisten.

„Mehr wäre uns lieber gewesen!", merkte Werner trocken an.

„Tut mir wirklich leid", flüsterte Striese mit ersterbender Stimme.

Die Blicke, die die beiden Polizisten nun austauschten, verwiesen auf die Notwendigkeit einer internen Beratung, denn sie hatten eigentlich nichts in der Hand gegen Striese, mal abgesehen von dem Vorwurf der Fundunterschlagung. Nachdem man sich kurz auf dem Gang ausgetauscht hatte, eröffnete Werner dem Mann, er werde zunächst unter Hausarrest gestellt und der Staatsanwalt entscheide letztendlich über die weiteren Schritte.

Der Verdächtigte war mit dieser Maßnahme zufrieden, die das Gesetz eigentlich gar nicht vorsah, fragte aber zaghaft nach, ob er denn wenigstens das naheliegende *Weidmannsheil* besuchen dürfe.

Mit „Genehmigt!" entließ Werner den Direktor des gescheiterten Unternehmens.

*****

„Da hat er sich mal wieder kräftig ins Zeug gelegt, um uns zu beeindrucken mit seiner Schauspielerei“, meinte Werner, als man noch zur Nachbesprechung des Verhörs zusammensaß.

„Klares Ablenkungsmanöver, dieses Geständnis!“, antwortete Müller. „Für mich hat der Kerl einigen Dreck am Stecken.“

„Außerdem habe ich während seiner Anwesenheit hier auf der Wache die Überzeugung gewonnen, dass er Linkshänder ist“, schien ihn Werner zunächst zu bestärken. Aber dann führte er aus, warum er Müllers Optimismus nicht teilte: „Uns fehlen überzeugende Beweise respektive Indizien und vor allem die entsprechenden Motive. Ohne Geständnis geht da gar nichts! Und die Nuss Striese will erst mal geknackt sein!“

„Vielleicht zu spät!“, gab Müller zu bedenken. „Morgen beginnt der Prozess gegen Kaiser. Wie lange wird er dauern? Was meinen Sie?“

„Ich schätze, nicht länger als drei Tage. Bleibtreu will das schnelle Ende: Kopf ab, Sargdeckel zu!“

„Können wir da nicht irgendwas drehen, etwa im Sinn einer Verzögerung, indem wir …?“

„Da dreht sich nichts, mein lieber Kollege!“, unterbrach ihn Werner, der die Verzweiflung wahrnahm, die aus Müllers Frage sprach. „Auch ich fühle mich beschissen, wenn ich daran denke, dass wir, obwohl wir kurz vor der Lösung beider Fälle stehen, zusehen müssen, wenn der Falsche dran glauben muss.“

*****

Beim gemeinsamen Abendessen in Hannas Wohnung blieb der Verlobten nicht verborgen, dass ihren Carl etwas drückte. „Gesprächig bist du heute aber nicht gerade“, sprach sie ihn an, „hat’s etwas Unangenehmes gegeben im Amt?“

„Unangenehm ist eine grausame Untertreibung!“, stöhnte Werner. „Müller und mir droht eine Katastrophe, wenn nicht ein Wunder geschieht!“

Hanna umfasste seine rechte Hand und blickte ihm mitfühlend in die Augen. „Willst du mit mir darüber sprechen?“, fragte sie.

Der Verlobte sah sich in einer Notlage, die seelischen Beistand erforderte. Und wer, wenn nicht die geliebte Frau an seiner Seite, konnte ihm den bieten? Kurz und präzise vermittelte er also Hanna die Lage, in der er und sein Stellvertreter steckten.

„Das ist doch furchtbar!“, reagierte sie betroffen. Nach kurzem Überlegen brachte sie ihren Vater ins Spiel: „Könnte der nicht seinen Freund Günther anrufen, schließlich …“

„Kann er nicht!“, fiel ihr Werner harsch ins Wort. „Der Amtsrichter, der die U-Haft angeordnet hat, kontaktiert den vorsitzenden Richter und äußert Bedenken gegen die Aufnahme des Verfahrens! Und er beruft sich dabei auf einen Polizisten, der nicht mal Akademiker ist! Hanna, dein Vater würde sich lächerlich machen und einen mittelprächtigen Justizskandal heraufbeschwören. Siehst du das ein?“

„Leider kann ich mich nicht deiner Argumentation entziehen“, stellte Hanna schulterzuckend fest, „bleibt uns also nur das Wunder!“

Werner lächelte milde: „Das war doch nur so dahingesagt, mir bleibt eigentlich nur der Prozess, um mit meiner Aussage einiges zurechtzurücken.“ Aber dann blickte er verwundert auf Hanna: „Dein ‚uns‘ hat mich doch etwas irritiert. Kann es sein, dass du die ideale Lösung im Kopf hast?“

„Ganz und gar nicht“, stellte die Lehrerin lachend fest, „ich rechne nur mit der Wahrscheinlichkeit.“

Werner gab sich ironisch: „Der nicht akademisch gebildete Polizist bittet um Klartext!“

„Wir beide machen uns jetzt gleich auf den Weg an die Grenze und dieses Mal übernehme ich die Rolle des Lockvogels“, schlug Hanna vor. „Wie ich mitbekommen habe, verkehrt der Striese regelmäßig im *Weidmannsheil.* Irgendwie werde ich es schon hinbekommen, dass er mir über den Weg läuft und … na, du weißt schon!“

„Ganz bestimmt nicht!“, legte sich der Verlobte energisch fest. „Du wirst einsehen, dass ich das nicht zulassen kann. Aber“, fuhr er versöhnlich fort, „dank deiner Inspiration ist mir ein Gedanke gekommen, der das Wunder möglich machen könnte.“

„Jetzt bin ich aber gespannt!“

„Wir könnten uns auf den Weg machen und uns mal in Grenznähe umsehen. Ich gehe nämlich davon aus, dass unser Täter Plätze aufsucht, wo er unbeobachtet bleiben kann und die Nähe zu Wirtshäusern garantiert ist. Wir könnten doch dort mal, aus einer gewissen Deckung heraus, die Straße zwischen den beiden Wirtshäusern beobachten.“

„Ge-nau!“, stimmte Hanna zu.

„Dann bitte ich dich jetzt, nach unten zu gehen und mit dem Diensttelefon den Röstel anzurufen, damit er uns an dic Grenze chauffiert“, wies sie Werner an.

„Kannst du nicht den Dienstwagen nehmen?“, meinte Hanna.

„Was wir da machen, ist eine reine Privatveranstaltung“, gab Werner lachend zur Antwort, „wenn ich da die Möglichkeit eines Wunders zur Sprache bringe, halten mich doch die Kollegen für verrückt.“

*****

Der Hotelier, Schieferdeckermeister und Besitzer eines Mietwagenunternehmens, den Oberamtsrichter Winkler aus unerfindlichen Gründen nicht leiden konnte, saß selbst am Steuer des Wagens, der sie, jetzt kurz nach sieben, an die Grenze zum *Weidmannsheil* bringen sollte. Wahrscheinlich wollte er den Kommissär und die Lehrerin, deren Verbindung in der Stadt ein beliebtes Gesprächsthema war, einmal selbst unter die Lupe nehmen und die beiden auch als Kunden für sein Restaurant gewinnen. Der geschäftstüchtige Unternehmer, der sich in der Pflicht sah, seine Fahrgäste zu unterhalten, lobte nämlich seine Küche über den grünen Klee und zeigte sich enttäuscht darüber, dass sich die Familie Winkler bei ihm „so gut wie nie“ sehen lasse.

Das liege an der Kochkunst ihrer Mutter, gab Hanna lachend zur Antwort, „außerdem gehen meine Eltern und auch wir eher selten auswärts essen. Aber das wird sich für uns beide ändern, wenn wir erst mal verheiratet sind.

Und da werden wir auch mal Ihr Lokal heimsuchen. Versprochen!“

Als man Erkersreuth hinter sich gelassen hatte, wandte sich der Mann der Politik zu und schimpfte über das Stadtregiment, das seiner Meinung nach viel zu wenig für die Unternehmer tue. „Die schauen doch nur auf die Arbeiter, die ihnen die Stimmen bringen.“ Wohl ging er davon aus, dass die beiden, die dem gehobenen Mittelstand angehörten, seiner Meinung waren und Zustimmung signalisieren würden. Aber er hatte nicht mit Johanna Winkler gerechnet, die „Einspruch!“ ankündigte. Eigentlich hatte sie den ja von ihrem Verlobten erhofft, aber der war nicht so recht bei der Sache. Und das lag an der Gestalt, die Röstel gerade überholt hatte. Im trüben Licht des Scheinwerferkegels war für einen kurzen Moment ein dunkel gekleideter Mann aufgetaucht, der eine Baskenmütze auf dem Kopf trug und einen Rucksack umgeschnallt hatte. Er kehrte dem Wagen den Rücken zu.

„Halten Sie mal bitte an, Herr Röstel!“, forderte Werner den Fahrer auf.

„Hab ich doch gleich gedacht!“, antwortete der. „Fast hätte ich den überfahren, den Kerl! Steht da wie ein Ochse und schert sich um nichts! Geben Sie dem mal ordentlich Bescheid!“

Werner hatte allerdings nicht vor, den Mann zu belehren oder ihn gar zu verwarnen. Aber der Fußgänger hatte sich offensichtlich nur deshalb abgewandt, um nicht erkannt zu werden. Und das machte ihn aus Werners Sicht verdächtig. Vielleicht war er ja das Phantom, nach dem man Ausschau hielt! Als Röstel den Wagen zum Stehen gebracht hatte, stieg er aus und blickte in die

Richtung, aus der der Mann eigentlich nachkommen sollte. Aber niemand trat aus der Dunkelheit hervor und es waren auch keine Schritte zu hören. „Verschwunden!“, wandte er sich den im Wagen Wartenden zu. „Hat sich wahrscheinlich in die Büsche geschlagen!“

Werner nahm wieder neben dem Fahrer Platz und meinte: „Den hätte ich mir eigentlich mal gerne näher angesehen, aber in der Dunkelheit können wir lange suchen, weiß der Teufel, wohin der sich verdünnisiert hat!“

„Vielleicht hat er gerade Wasser abgeschlagen“, spekulierte Röstel.

„Möglich, aber wenig wahrscheinlich!“, legte sich der Kommissär fest. „Ich werde dann doch mal im *Edion* auf der Wache anrufen, damit sich eine Streife die Leute, die hier unterwegs sind, genauer ansieht.“

„Also dann nicht zum *Weidmannsheil*?“, wollte Röstel wissen.

„Richtig, wir steigen beim *Edion* aus und Sie holen uns dort um zehn wieder ab.“

„Auch nicht gerade das Gelbe vom Ei, aber immer noch besser als diese Spelunke direkt an der Grenze!“, kommentierte der Besitzer des renommierten *Kaiserhofs*.

Werner wandte sich seiner Verlobten zu, die auf der Rückbank saß: „Mal ganz nebenbei: Wir haben gerade ganz in der Nähe des Ortes angehalten, wo die Anna überfallen worden ist.“

„Die Pecherin aus Lauterbach? Ist das die …?“, mischte sich der Fahrer ein.

„Verzeihen Sie, Herr Röstel!“, unterbrach ihn Werner. „Aber ich unterhalte mich gerade mit meiner Verlobten.“

„Tout mer leid!“, brummte der Angesprochene beleidigt in der Mundart, obwohl er sich doch bisher tapfer um die Schriftsprache bemüht hatte.

„Aber die Anna wird doch hier immer noch regelmäßig längsgehen!“, gab Hanna zu bedenken.

„Aber nie mehr unbegleitet“, versicherte ihr Werner.

Am *Edion* angekommen, gab sich Röstel ziemlich einsilbig, er kassierte den Fahrpreis, ließ die beiden aussteigen, ohne sich zu verabschieden, und wendete den Wagen, um dann in Richtung Selb zu entschwinden. Mit einem Pärchen, das seine politische Einstellung nicht teilte, seinem Lokal das *Edion* und das *Weidmannsheil* vorzog und ihn dann auch noch aus der Unterhaltung ausschloss, wollte er nichts mehr zu tun haben. Also beschloss er, die Abholung einem seiner Fahrer zu überlassen.

„Du willst also von hier aus deine Kollegen anrufen?“, fragte Hanna ihren Carl beim Betreten des Lokals. „Wollte ich!“, bekam sie zur Antwort. „Aber das macht doch keinen Sinn. Wenn hier Uniformierte auftauchen, dann ist doch unser Plan zum Scheitern verurteilt. Wir gehen jetzt erst mal da rein, begrüßen Frau Moser und gegebenenfalls ihren Gemahl. Du setzt dich gut sichtbar an einen Tisch am Fenster. Und ich werde mich dann nach kurzer Zeit verdünnisieren und die Straße beobachten. Vielleicht taucht ja die Figur auf, die wir überholt haben, oder sonst wer, der als Täter in Frage kommt.“

„Ich positioniere mich hier als Lockvogel hinter Glasscheiben!“, merkte Hanna spöttisch an. „Und der Striese vergnügt sich im *Weidmannsheil*!“

„Möglich! Aber mein Instinkt sagt mir, dass der Fußgänger von gerade Vorfahrt hat", legte sich Werner fest.

„Also gut!", gab sich Hanna enttäuscht geschlagen. „Der Herr Kommissär befiehlt und seine Assistentin folgt."

Das Lokal war an diesem Montagabend nur spärlich besetzt. Anwesend waren drei ältere Männer, die dicke Zigarren pafften. Ascher Geldsäcke, ging es Werner durch den Kopf, denn keiner der Herren war ihm von Selb her bekannt. Frau Moser, die alleine hinter der Theke stand, zeigte sich erfreut über den unerwarteten Besuch. „Schon seltsam", meinte sie, „manchmal weiß ich vor lauter Andrang nicht, wo mir der Kopf steht, und heute, seht ihr ja, ist nichts los im *Edion*! Sagt an, was treibt euch her?", wollte sie dann wissen, als die beiden ihre Mäntel abgelegt und sich an einem fensternahen Tisch niedergelassen hatten.

Hannas Blick auf den Verlobten signalisierte die unausgesprochene Frage: „Soll ich es ihr sagen?" Werner nickte und erhob sich, um sein Vorhaben in die Tat umzusetzen. Warum sich jetzt irgendwelche Ausreden ausdenken?, dachte er. Die beiden kennen sich sehr gut. Und Frau Moser hat es wahrlich nicht verdient, von ihrer Freundin mit irgendwelchen Märchen abgespeist zu werden.

Er verließ das Haus durch den Haupteingang und wandte sich dem Biergarten zu, der jetzt ohne Stühle und Tische dem Winterschlaf entgegensah. Sein Blick fiel auf das Lager der Zirkusleute, das verlassen wirkte, denn weder ein Lichtschein noch irgendwelche Geräusche verwiesen auf Bewohner. Nur der Geruch von Rauch, den der Westwind in seine Richtung trieb, zeigte, dass drüben kräftig geheizt wurde.

Wenn diese Gestalt in Richtung Grenze unterwegs ist, schätzte Werner, müsste sie bei normalem Fußgängertempo eigentlich in den nächsten Minuten hier eintreffen! Er orientierte sich zum Lager der Artisten, um aus der Deckung heraus die Straße im Blick zu haben. Zu sehen gab es eigentlich nichts, aber Schritte, da war sich Werner sicher, müssten angesichts der herrschenden Stille aus mindestens fünfzig Metern hörbar sein. Jetzt bereute er, dass er sich seines Mantels entledigt hatte, denn der kalte Wind ließ ihn frösteln. Da brachte es auch nichts, den Kragen seines Jacketts hochzustellen und die Hände in den Hosentaschen zu versenken. Wenn sich nicht bald was tut, dachte er, werde ich wohl den Rückzug antreten müssen. Eine Erkältung sollte ich mir jetzt wirklich nicht antun.

Aber das Warten sollte nicht lange dauern, denn wenig später war ein leises Knirschen und Schlurfen hörbar, das entsteht, wenn jemand mit festem Schuhwerk auf einer Trasse geht, die mit Sand und Schotter bedeckt ist. Die Schritte kamen näher, wurden lauter und der Kommissär nahm schemenhaft eine große und wuchtige Gestalt wahr, die dem *Edion* zustrebte. Das muss der Fußgänger von gerade sein, dachte Werner. Plötzlich Stille! Geht der jetzt rein?, fragte er sich, denn er hatte den Mann nicht mehr im Blickfeld. Oder …? Die Frage war schnell beantwortet, denn der Ankömmling tauchte im Biergarten auf und näherte sich in geduckter Haltung einem der Fenster, um schließlich fast aufrecht stehend in den Raum zu spitzen. Deutlich war nun zu erkennen, dass er eine Art Baskenmütze auf dem Kopf trug und einen Rucksack umgeschnallt hatte. Von wegen Wasser abschlagen!, dachte Werner. Das ist der Ochse, der gerade nur nicht gesehen werden wollte.

Nach Werners Einschätzung musste er nun genau auf den Tisch blicken, wo Hanna saß. Wo sich Frau Moser im Moment aufhielt, konnte er nicht wissen, aber vermutlich hatte sie sich neben Hanna niedergelassen, denn die hatte ja einiges zu erzählen.

Wenn er die Wirtin kennt, überlegte Werner, kommt dieser Voyeur wahrscheinlich zu dem Schluss, dass Hanna allein ohne Begleitung aufgekreuzt ist. Und wenn er denn dieser Unhold ist, könnte er also ein Opfer gefunden haben. Ihm war aber auch klar, dass, falls er mit dieser Annahme richtiglag, Striese, der ja eher klein und mickrig war, nicht als Täter in Frage kam.

Nach geschätzten zehn Minuten verfiel der Mann in heftige Bewegungen: Ein kleines Stück vom Fenster entfernt, entledigte er sich seines Rucksacks und ging dann für eine kurze Zeit in die Hocke. Dann erhob er sich und nahm wieder seinen Beobachtungsposten ein. Aber die Baskenmütze war, für Werner deutlich sichtbar, durch eine Maske ersetzt worden.

Jetzt hab' ich dich, du elender Drecksack!, dachte Werner und zugleich fühlte er, wie sein Puls in die Höhe schnellte und sich mit harten Schlägen im Ohr bemerkbar machte. Er atmete tief durch und versuchte sich zur Ruhe zu bringen, schließlich hatte er eine Entscheidung zu treffen. Was war gewonnen, wenn er jetzt zugriff? Noch hatte er eigentlich nichts in der Hand gegen den Mann. Außerdem war er unbewaffnet, weil er sich der Regel fügte, die Pistole nur im Dienst zu tragen und sie nach dessen Beendigung im Waffenschrank der Wache zu verstauen.

Der unbekannte Beobachter verweilte jedoch nur kurz am Fenster, orientierte sich dann in Richtung Straße und verharrte am Ende der Hausmauer, um aus deren Deckung heraus den Eingang des Lokals im Blick zu haben.

Das kann doch nur bedeuten, dass Hanna aufgestanden ist, um nach mir zu sehen, überlegte Werner, und der Maskierte lauert auf ihr Erscheinen vor dem *Edion*.

Und tatsächlich! Wenig später hörte er, wie die Eingangstüre zuschlug. Verdammt noch mal!, fluchte Werner in sich hinein. Gib mir bitte noch ein paar Sekunden! Diese kurze Spanne brauchte er, um sich dem Mann unbemerkt zu nähern. Natürlich wünscht sich ein Polizist die Festnahme auf frischer Tat. Aber Werner musste jetzt eingreifen, denn jedes Zögern konnte Hanna, wenn sie denn das Gasthaus verlassen hatte, in größte Gefahr bringen. Als er bis auf etwa fünf Meter an die Zielperson herangeschlichen war, ließ er sich mit lauter Stimme vernehmen: „Halt! Stehenbleiben! Polizei!“ Er hatte Hanna und den offensichtlich zum Angriff bereiten Vergewaltiger vor sich. Der Mann schien völlig überrascht und gelähmt von dem Anruf und stand nun wirklich vor ihm wie ein orientierungsloser Ochse.

Die Lampe über dem Eingang des Lokals spendete nun genug Licht, um den Mann genauer unter die Lupe zu nehmen. Vor dem Kommissär stand ein stattliches Mannsbild, das einen Lodenmantel trug und sich eine schwarze Strumpfmaske, versehen mit Schlitzen für Augen und Mund, über den Kopf gezogen hatte. „Näher ans Licht und dann auf die Knie!“, befahl ihm Werner.

Hanna, noch erstaunt darüber, was da vor ihren Augen ablief, trat an seine Seite und setzte zu der Frage an: „Was ist da …?“

„Könnte unser Wunder sein!“, antwortete Werner mit einer Lässigkeit, die ihm selbst als deplatziert erschien.

Dann forderte er den Mann auf, die Maske abzunehmen.

Zum Vorschein kam das Gesicht eines bekannten Selber Bürgers, der jetzt kleinlaut darauf bedacht war, Schaden von sich abzuwenden: „Ein Scherz, ich wollte nur …!“

Werner mochte kaum glauben, wen er da vor sich hatte. Er hatte dem Mann alles Mögliche zugetraut, seien es Intrigen, verbale Gewalt oder andere Gehässigkeiten, aber nie und nimmer körperliche Gewalt gegen Frauen.

„Herr von der Heide“, lautete Werners Ansage, „ich habe Sie nun schon ziemlich lange beobachtet und bin zu dem Schluss gekommen, dass Sie alles andere als einen Scherz im Sinne hatten. Hiermit verhafte ich Sie, weil Sie unter dem dringenden Verdacht stehen, eine Person ausgespäht haben, um sie zu überfallen.“

Dann bat er Hanna, im Gasthaus auf der Wache anzurufen und den Dienstwagen mit zwei Mann Besatzung anzufordern. „Und bitte, erzähle dem Wachhabenden kurz, was hier geschehen ist!“, fügte er hinzu.

Beim Blick auf den adeligen Professor kam Werner ein Gedanke in den Sinn, der ihm zu schaffen machte: Warum hast du bei deinen Ermittlungen nicht auch nur einen Gedanken an diesen widerlichen Fiesling verschwendet? Er war allerdings in der Lage, sich selbst eine Antwort zu geben: Die Gleichheit vor dem Gesetz findet auch im Kopf erfahrener Ermittler manchmal dann ihr Ende, wenn Titel und Ansehen ins Spiel kommen.

Nun, da der Täter zur Strecke gebracht war und der Adrenalinschub nachgelassen hatte, machte Werner wieder diese widerliche Kälte zu schaffen und er dirigierte von der Heide in das Gasthaus, und zwar in den Gang vor der

Wirtsstube und der Küche. Dort fanden sich jetzt auch Hanna und Frau Moser ein. Der Professor hatte nun Blicke auszuhalten, die ihm mehr als peinlich waren. Unaufgefordert lieferte er eine Erklärung für sein Verhalten: „Ich möchte Sie doch sehr bitten, mich erst einmal anzuhören, bevor Sie über mich urteilen. Es ist nun mal meine Angewohnheit, nächtens durch die Gegend zu streifen, um …“

„Halten Sie ein!“, forderte ihn Werner auf. „Sparen Sie sich Ihre Ausreden für das Verhör auf der Wache auf. Dort können Sie uns dann ganze Romane erzählen.“ Nun wandte er sich den beiden Damen zu: „Lasst mich bitte kurz mit dem Herrn allein, denn der wird sich nun zum Teil entkleiden müssen.“

„Aber ich bitte Sie!“, bekam er zu hören. „Sie scheinen vergessen zu haben, wen …“

„Mir bekannt!“, raunzte der Kommissär von der Heide an. „Zunächst Manteltaschen leeren und Inhalt auf der Theke ablegen!“ Zum Vorschein kamen ein dünnes gewickeltes Seil, ein Jagdmesser, ein Fläschchen mit der Aufschrift „Äther“ und ein zusammengeknüllter Lappen. „Dann Mantel ablegen!“, fuhr Werner fort. „Und Hosentaschen leeren!“ Ein edler Flachmann, wahrscheinlich aus Silber, ein Taschentuch, ein Schnupftabakdöschen und Münzen im Wert von etwa vier Mark landeten auf dem Ladentisch. „Keine Brieftasche, keine Papiere, keine Geldscheine?“, fragte der Kommissär. Der so Erniedrigte beließ es bei einem Achselzucken. Es folgte das ergebnislose Abtasten des Mannes nach Waffen.

„Sonst noch etwas dabeigehabt?“

Kopfschütteln.

„Nichts vergessen? Zum Beispiel Ihren Rucksack, der noch im Garten liegt?“

Von der Heide wollte sich nicht mehr äußern, er hatte die Augen geschlossen und war nach Werners Dafürhalten schon dabei, das, was er als „Angewohnheit“ bezeichnet hatte, irgendwie wasserfest zu machen.

Nun tauchten sein Vertreter Müller und in seiner Begleitung Oberwachtmeister Paschulke auf. Werner deutete auf den Professor: „Abführen und ab in die Zelle! Bevor ich's vergesse“, fuhr er fort, „im Garten an der Hauswand findet ihr seinen Rucksack. Eine Taschenlampe werdet ihr ja wohl dabeihaben! Ab die Post!“

„Und wie kommen Sie zurück?“, wollte Müller wissen.

„Wie wir hergekommen sind, und zwar mit der Droschke“, ließ ihn sein Vorgesetzter grinsend wissen, „unser Besuch hier war nämlich rein privater Natur.“ Dann nahm Werner den Inspektor, der diese Version nicht so recht glauben wollte, zur Seite und beauftragte ihn, gleich nach der Ankunft in Selb den Staatsanwalt um seine Anwesenheit in der Wache zu bitten. „Wir brauchen nämlich noch heute sein Einverständnis für eine häusliche Nachsuche bei von der Heide.“

Als die beiden Polizisten mit ihrem Gefangenen das Gasthaus verlassen hatten, betrat Werner die Gaststube, um Röstel zur Rückfahrt herbeizuzitieren. Sofort kam Frau Moser auf ihn zu. Die Gelassenheit, die ihr gewöhnlich anhaftete, war verflogen, mit aufgeregter Stimme ließ sie Werner wissen, dass ihm Anna etwas zu sagen habe. Sie deutete in Richtung Küche. Dort traf er auf die junge Frau, die sich offensichtlich bereits für den Heimweg fertig gemacht hatte. Ihre Wangen waren gerötet und sie hatte Tränen in den Augen.

„Sie haben mir etwas zu sagen?“, sprach Werner sie an.

Ihr entschiedenes Kopfnicken verwies auf ein wichtiges Anliegen. Stockend und mit zittriger Stimme erklärte sie, dass sie von der Küche her die Stimme des Mannes, der gerade weggebracht worden sei, ganz sicher erkannt habe. Er und kein anderer habe sie überfallen.

„Darf ich Sie erinnern, dass Sie schon einmal im Krankenhaus glaubten, die Stimme erkannt zu haben“, hielt ihr Werner vor.

Annas Einlassung war schlüssig: Sie habe sich damals von der hochdeutschen Aussprache des Mannes täuschen lassen.

„Gut!“, nickte Werner zufrieden und stellte dann die entscheidende Frage: „Sind Sie sich jetzt so sicher, dass Sie Ihre Aussage auch unter Eid bezeugen würden?“

„Jederzeit“, reagierte Anna mit tiefster Überzeugung.

„Dann wird’s etwas kompliziert“, ließ sie Werner wissen, „denn wir brauchen Ihre Aussage noch heute. Könnten Sie jetzt gleich mit mir und meiner Verlobten nach Selb fahren? Wir bringen Sie dann auch wieder nach Hause.“

Wie sich herausstellte, wartete sie im Moment auf ihren Freund, der sie nach Lauterbach begleiten sollte. Wenig später tauchte Alfred Hübner, ihr Verehrer, auf. Nachdem man ihn mit den nötigen Informationen versorgt hatte, zeigte er sich sofort bereit, Anna nach Selb zu begleiten.

Für Werner war Annas „Jederzeit“ so etwas wie ein Glückslos in der Lotterie: Schließlich hatte ihn schon gleich nach der Verhaftung von der Heides die Frage gequält, wie der Überfall des Mannes auf Anna überzeugend nachgewiesen werden könnte. Er hatte nun mal damit zu rechnen, dass ein guter Anwalt aus den so genannten „Angewohnheiten“ des Professors eine Legende stricken würde, die den Unhold zum Kämpfer für Recht und Ordnung machte.

****

In Selb angekommen, wies Werner den Chauffeur der Droschke an, zunächst die Gartenschule anzusteuern, um Hanna aussteigen zu lassen. „Wird eine lange Nacht werden“, meinte er beim Abschied.

Auf der Wache führte er das Pärchen in sein Amtszimmer und holte seinen Stellvertreter hinzu. „Fräulein Anna Pecher hat eine wichtige Aussage zu machen“, ließ er ihn wissen. „Sie wird uns bestätigen, dass sie der Herr von der Heide überfallen hat. Ich wäre Ihnen dankbar, wenn Sie die Sache übernehmen und die beiden dann nach Hause bringen würden, denn ich muss unbedingt mit dem Staatsanwalt sprechen. Ist der schon …?“

„Selbstverständlich!“, unterbrach ihn sein Stellvertreter. „Der Assessor hat sein Kommen zugesagt. Wir gehen dann mal ein Zimmer weiter“, wandte er sich an die jungen Leute, „und werden die Aussage zu Papier bringen.“

Wenig später betrat Dr. Brüderle, den Müller schon mit den nötigen Informationen versorgt hatte, sein Büro. „Wenn ich mich nicht täusche, wird das, was ich da gehört habe, meinem Vorgesetzten gar nicht gefallen“, eröffnete ihm der Assessor, nachdem man sich begrüßt hatte.

„Da könnten Sie Recht haben“, entgegnete Werner, „der hat ja morgen seinen großen Auftritt in Hof. Wenn

Ihnen da aktuell ein Eingreifen in die Ermittlungen zu heikel erscheint“, fügte er hinzu, „dann kann ich das verstehen. Sie könnten ja …“

„Nichts da, Herr Kommissär!“, legte sich der junge Jurist breit grinsend fest. „Ich bin der Vertreter und mein Handeln unterliegt keinen Beschränkungen. Dr. Bleibtreu soll sich voll und ganz auf seinen Prozess konzentrieren.“

Ganz schön selbstbewusst, der Bursche, dachte sich Werner, scheint fast, als habe er schon in der kurzen Zeit seiner Anwesenheit erkannt, dass Bleibtreu ein eher unangenehmer Zeitgenosse ist.

„Ums kurz zu machen“, wandte er sich an den Assessor, „ich brauche die Erlaubnis für eine häusliche Nachsuche bei von der Heide. Wir haben nämlich den Verdacht, dass er auch die Mäder ermordet hat. Und meine Erfahrungen sagen mir, dass Triebtäter gerne persönliche Sachen der Opfer an sich nehmen, um sich auch im Nachhinein an der Tat zu ergötzen.“

„Besorge ich Ihnen!“, nickte Dr. Brüderle. „Bleibt nur die Frage, ob ich jetzt noch den Richter antreffe.“

„Kein Problem!“ Werner schob ihm das Telefon vor die Nase. „Die Nummer kennen Sie ja.“

Dass der Assessor den Oberamtsrichter erreichen würde, war ihm ohnehin klar. Zu gut kannte er die Gewohnheiten seines zukünftigen Schwiegervaters, die mit „Stubenhocker“ treffend beschrieben waren. Da sich gleich zwei Volljuristen austauschen würden, verließ er den Raum, um der Höflichkeit gerecht zu werden. Wenig später folgte ihm Brüderle. „In zehn Minuten haben Sie Ihre Erlaubnis mit dem Segen des Richters auf dem Tisch“, ließ er Werner wissen, der sich bedankte und dem

Assessor dann versicherte, er werde ihn am nächsten Morgen über die Entwicklung der Ermittlungen informieren.

„Da muss ich aber früh aufstehen“, meinte Brüderle lachend, „sagen wir um sieben?“

„Passt!“

*****

Zu fortgeschrittener Tageszeit, es war jetzt kurz vor halb zehn, machten sich der Kommissär und sein Stellvertreter mit dem Dienstwagen auf den Weg in die Luitpoldstraße, wo sich von der Heide als Zimmerherr eingemietet hatte. Eine ältere Dame im Morgenmantel öffnete nach mehrmaligem Klingeln die Haustür und zeigte sich sehr ungehalten über den späten Besuch, obwohl sie doch erkennen musste, dass einer der Männer Polizist war. Auch der Blick auf Werners Dienstausweis und dessen Wunsch, mit ihrem Untermieter zu sprechen, konnte sie nicht besänftigen. Sie habe schließlich schon im Bett gelegen, grantelte die resolute Dame, und außerdem sei den Untermietern der Empfang von Besuchern in den Abend- und Nachtstunden untersagt.

„Ist denn der Herr von der Heide überhaupt anwesend?“, fragte Werner scheinheilig.

Ihr „Ach, der!“ zeigte den Besuchern, dass in dem Haus auch noch andere Mieter untergebracht waren. Der Professor, fuhr sie fort, sei oft in der Nacht unterwegs und komme erst am frühen Morgen wieder zurück. Mit dieser doch schon eher gefälligen Auskunft glaubte die Vermieterin, die Polizisten abgewimmelt zu haben, und machte Anstalten, die Haustüre wieder zu schließen.

„Verehrte Frau …?“ – „Hader!“ – „Angenehm, Werner!“ Der Kommissär deutete: „Und das ist mein Kollege Müller. Wir haben hier“, er hielt der Frau das Schreiben vor die Nase, „die richterliche Erlaubnis, die Unterkunft des Herrn von der Heide in Augenschein zu nehmen.“

Schließlich landeten die beiden Besucher im ersten Stock, wo der Professor „ein Zimmer mit Kammer“ bewohnte. Sowohl das winzige Schlafzimmer als auch das kombinierte Wohn- und Arbeitszimmer machten einen sehr aufgeräumten Eindruck auf die beiden Polizisten.

„Haben Sie so etwas schon mal gemacht?“, fragte Werner den Kollegen.

„Ja, einmal, und zwar beim Kaiser!“

„Dann nehmen Sie sich den Schlafraum vor: Kleiderschrank, Bett, dort auch unter die Matratzen sehen, und dann den Fußboden auf lockere Dielen untersuchen!“

„Verstanden!“

Da die beiden zunächst den Wohnbereich betreten hatten, machte sich Werner dort an die Arbeit. Sein erstes Ziel war der massive Schreibtisch mit jeweils vier Schubladen zu beiden Seiten, alle verschließbar, aber ohne Schlüssel. Bis auf eine ließen sie sich öffnen. Also will er nicht, überlegte Werner, dass Frau Hader, der er wahrscheinlich heimliches Nachschnüffeln zutraut, dort Einblick bekommt.

„Müller!“, rief er in den Nebenraum. „Können Sie mal kommen?“

„Was gibt’s?“

„Ich kann diese verdammte Schublade nicht öffnen und finde in diesem Zimmer keinen einzigen Schlüssel, mit dem man da rangehen könnte, weder beim Wohnzimmerschrank noch sonst wo!“

„Schon seltsam!“, meinte der Inspektor. „Auch drüben beim Kleiderschrank fehlen die Schlüssel. Scheint, der von Heide befürchtet, dass diese Frau Hader den totalen Überblick behalten will.“

„Hab’ ich mir auch schon gedacht!“, kommentierte Werner. „Und wie bekommen wir die Schublade jetzt auf?“

„Das ist meine Spezialität. Meine Eltern hatten da so Bücher über die Gesundheit, die ich als Heranwachsender nicht in die Hände bekommen sollte, weil …, na, Sie wissen schon!“

„Na klar! Besonders die Bilder waren für uns damals interessant!“

„Ich sehe, wir verstehen uns“, meinte Müller und blickte auf die Schreibtischplatte, wo alle Utensilien des Schriftverkehrs, akkurat geordnet, bereit lagen. „Man nehme zwei Büroklammern, entbiege sie und forme daraus einen relativ stabilen Dietrich“, rezitierte er im Stil einer Gebrauchsanweisung und machte sich dann an die Arbeit. Und in kurzer Zeit war ein solches Teil geformt. „So, jetzt ein bisschen Fummeln und Sie sehen’s, das Schloss ist geöffnet.“

Nun hatten die beiden Polizisten einen Stapel von losen Zeitungsseiten und Fotografien vor sich. Obenauf lag ein quadratisches Pappschächtelchen, das mit rotem Glanzpapier überzogen war. Um das Material zu sichten, breiteten es die Ermittler auf dem Schreibtisch aus. Müller nahm sich die Zeitungsseiten vor. „Hier finden Sie alles, was im *Selber Tagblatt* über die Ermordung der Mäder und den Überfall auf die Pecher zu lesen war, außerdem jede Menge von Artikeln über Sexualmorde in ganz Franken“, vermeldete er. Werner hatte sich inzwischen dem Inhalt der Schachtel zugewandt. „Volltreffer!“, posaunte er. „Jetzt haben wir den Kerl am Haken! Sehen Sie, ein paar Münzen, ein Bild von Kaiser, dann auch noch ein Kärtchen mit dem Namen ‚Lina Mäder‘, stammt von Dr. Schaad mit einer Terminangabe, da ging's wahrscheinlich um ihre Schwangerschaft. Alles in einer Geldbörse, die ihr gehört haben muss.“

Jetzt wandten sie sich den Fotografien zu. Zwei, die anlässlich der Zirkusvorstellung auf dem Goldberg aufgenommen worden waren, zeigten Lina Mäder. Müller reichte Werner ein Bild, das ihn neben seiner Verlobten auf eben derselben Veranstaltung zeigte. „Bleibt die Frage, welche von den Damen er sich erinnernd herbeigeholt hat“, meinte er grinsend.

„Nicht lustig“, entgegnete der Kommissär und hielt ihm zwei Fotos vor die Nase. „Hier, Hanna beim Verlassen der Gartenschule, und da sogar im Badeanzug. Hat er doch tatsächlich am *Langen Teich* aufgenommen! Das heißt ja wohl, dass sie in seinen Phantasien eine wichtige Rolle gespielt hat und sie sich heute Abend in größter Lebensgefahr befand. Und wie Sie hier sehen“, er deutete auf ein weiteres Bild, „war der Übergriff auf Anna Pecher keineswegs Resultat einer zufälligen Begegnung. Er hat sie sehr wahrscheinlich schon vorher ins Visier genommen und deshalb bei ihrer Arbeit in der Küche abgelichtet.“

Andere Fotografien zeigten Sofia Radu, und zwar in der Arena und beim Üben mit den Hunden auf der Festwiese. Außerdem tauchte auch eine junge Frau auf, die weder Werner noch sein Stellvertreter kannten.

„Gehen wir einmal davon aus, dass der von der Heide seine Opfer sorgfältig ausgesucht und zunächst im

Bild festgehalten hat“, gab Müller zu bedenken, „und alle Bilder, die wir gesichtet haben, junge Frauen aus Selb und Umgebung zeigen. Dann heißt das doch, dass er erst hier damit begonnen hat, seine Gewaltphantasien in die Tat umzusetzen. Der Mann ist mit Sicherheit über fünfzig. Warum hat der nicht schon …?“

„Sehr guter Gedanke, Müller! Meine Überlegungen dahingehend kommen zu dem Schluss, dass er sich mit seinem gesellschaftlichen Abstieg auch von seinen Hemmschwellen befreit hat. Sie wissen doch, dass sich seine Frau von ihm getrennt hat, weil er Prostituierte besucht hat, er schon längst keine Aufträge mehr von Rosenthal bekommt und auch als Moralapostel nicht mehr gefragt ist. Und wenn Sie mich fragen, sage ich Ihnen auch noch, dass der bei den Nationalsozialisten keine große Karriere zu erwarten hat.“

„Aber wenn doch“, spekulierte Müller, „würde er dann ablassen von …?“

„Hören Sie auf damit, sich über ungelegte Eier den Kopf zu zerbrechen!“, unterbrach ihn Werner etwas genervt. „Wir haben ihn so gut wie überführt und das sollte erst mal reichen!“

„Und ein Motiv haben wir auch schon!“, stellte Müller fest. „Und wie verhalten wir uns morgen beim Prozess?“, wollte er dann wissen.

„Fragen Sie mich was Leichteres!“

„Könnten Sie nicht Ihren Schwiegervater fragen?“

„Auf keinen Fall! Das würde der mir sehr übelnehmen.“

„Dann sollten wir hier jetzt abbrechen und uns dem Täter zuwenden?“

„Weil wir einiges gefunden haben? Nichts da, Müller, die Durchsuchung wird zu Ende geführt, und zwar gründlich!"

Gegen elf machten sich die beiden auf den Weg zur Wache. Die Schreibtischfunde wurden mitsamt der Lade, wo man sie gefunden hatte, abtransportiert. In ihr landeten auch Utensilien, die anlässlich der weiteren Suche aufgetaucht waren und bei von der Heides nächtlichen Streifzügen zum Einsatz gekommen sein konnten: ein weiteres Jagdmesser und noch ein Fläschchen mit Äther.

Auf der Fahrt instruierte Werner seinen Stellvertreter: „Sie beginnen dann gleich mit dem Verhör und …"

„Warum nicht Sie oder wir beide?"

„Wenn Sie mich ausreden lassen, werde ich Ihnen das verklamüsern: Sie verlieren kein Wort über die Nachsuche und geben sich als wahrer Freund und Helfer, der sein Verhalten beim *Edion* zwar nicht versteht, aber nicht als schweres Vergehen sieht. Wichtig ist mir, dass er überhaupt redet und sich vielleicht sogar über seine so genannten ‚Angewohnheiten' auslässt."

„Verstehe! Raffinierte Taktik!"

„Sie machen sich! Jetzt loben Sie schon Ihren Vorgesetzten."

Müller beließ es bei einem verschmitzten Schmunzeln. Schließlich war es ihm gelungen, seinen Vorgesetzten zu verblüffen. Aber der war gedanklich schon einen Schritt weiter: Anna hat von der Heides Stimme erkannt. Könnte es nicht sein, dass sie bei ihrem Besuch in der Metzgerei diese Stimme vernommen hat? Und ich Trottel habe mich von dieser Frau Jakob regelrecht abwimmeln lassen. Die muss jetzt ran! Auch wenn sie mir die Pest an den Hals wünscht.

„Wir fahren jetzt mal gleich an der Metzgerei Jakob vorbei“, ließ er Müller wissen.

„Aber Sie wissen schon, wie spät es ist?“

„Mir bekannt, aber wir könnten unsere Ermittlungen enorm befördern, wenn wir wissen, ob der Herr während des Zusammenbruchs der Pecher in dem Laden anwesend war. Kennen Sie die Leute?“, schob er tastend nach.

„Und ob! Ich kauf’ mir dort regelmäßig meine Brotzeit.“

„Dann holen Sie jetzt mal die Frau aus dem Bett. Mich, denke ich, mag sie nicht.“

„Da werde ich mir zunächst einiges anhören müssen!“

„Augen zu und durch, Müller!“, beschied ihm Werner, froh darüber, dass es ihm gelungen war, die lästige Pflicht zu delegieren.

Werner wartete im Wagen auf die Rückkehr des Kollegen. Wider Erwarten kam der schon nach kurzer Zeit wieder zurück: „Glück gehabt, fleißige Leute, diese Jakobs!“, verkündete er. „Die waren beide noch beim Wursten, weil ihr Geselle krank ist.“

„Kommen Sie zum Punkt!“, drängte der Kommissär.

„Treffer! Der Professor war an diesem Vormittag im Laden und hat sich eine Semmel gekauft, belegt war sie mit gekochtem Schinken.“

„Danke, dass Sie mir das abgenommen haben! Schon sind wir wieder einen Schritt weiter!“

*****

Werner hatte sich in sein Amtszimmer zurückgezogen und wartete auf Müller, der sich, wie vereinbart, von der Heide vorgenommen hatte. Die Zeit nutzte er, um die

Strategie für das anschließende Verhör vorzubereiten, das er selbst durchführen wollte.

Als dann, so gegen halb eins, Müller den Raum betreten hatte, hörte er sich gespannt dessen Bericht an: „Ist gelaufen wie geplant! Sie sind der Böse, der die neue nationale Bewegung ablehnt. Außerdem sind Sie aus seiner Sicht befangen, weil er Ihre Verlobte nur aus Spaß erschrecken wollte. Seine Angewohnheit besteht darin, dass er wie die Romanfigur *Zorro* in der Dunkelheit, wenn das Verbrechen zuschlägt, durch die Gegend streift und für Recht und Ordnung sorgt. In einer Zeit, wo … warten Sie, das habe ich mir extra notiert … wo die sogenannten ‚Demokraten den Verfall der alten Ordnung vorantreiben und dem Verbrechen Tür und Tor öffnen, muss jeder aufrechte Volksgenosse bereit sein, sich dem Verderben in den Weg zu stellen.' Das war's dann! Geredet hat er wie ein Buch, aber im Grund ging's immer um diese *Zorro*-Geschichte."

„Danke! Ich denke, jetzt ist es bei mir, ein Lob auszusprechen: Sie haben hervorragende Arbeit geleistet."

Müller hatte inzwischen gelernt, seinem Vorgesetzten auf Augenhöhe gegenüberzutreten, und fand, entspannt lächelnd, die passende Antwort: „Kein Problem, wenn man den richtigen Lehrmeister hat."

Einen Moment lang überlegte Werner, dem Stellvertreter das Du anzubieten, verwarf dann aber die sofortige Ausführung der Idee: Das wäre im Moment doch etwas zu viel der Gefühlsduselei. Warten wir, bis wir ein Stück weiter gekommen sind!, nahm er sich vor.

„Kommen wir zum zweiten Akt", wandte er sich an den Inspektor. „Zeigen der Folterwerkzeuge! Führen Sie den Herrn herein!"

Wenig später trafen die beiden Polizisten auf einen wohlgemuten Professor von der Heide, der sich nach dem Gespräch mit Müller auf dem hohen Ross wähnte. Mit schwarzer Cordhose und einem dunkelblauen Lodenjanker mit roten Stickereien am Kragen war er entgegen seiner Gewohnheit doch eher schlicht gekleidet. In bekannt legerer Weise ließ er sich auf den ihm angebotenen Stuhl fallen und ergriff sogleich das Wort: „Ich denke“, er blickte auf Müller, dem jetzt die Führung des Protokolls anvertraut war, „wir hatten gerade ein gutes Gespräch.“

„Wie ich hörte, ging es auch um *Zorro*“, knüpfte Werner an. Schließlich sollte sich der vermutete Täter zunächst noch auf festem Boden wähnen. „Sie werden's nicht glauben“, fuhr er fort, „aber auch ich habe diesen Roman von dem Amerikaner McCulley gelesen.“

„Eher anspruchslose Literatur, eigentlich schon trivial“, verkündete der Professor mit herablassender Milde, „aber dieser Stoff hat mich trotzdem inspiriert, weil …“

„Halten Sie ein, Herr Professor! Dieser Zusammenhang ist mir bereits bekannt.“ Werner hatte nun einen Ton getroffen, dem jede Verbindlichkeit abging. „Wenden wir uns jetzt Ihrer Verhaftung zu, deren Grund ich Ihnen ja bereits eröffnet habe.“

„Ich hätte Ihre Verlobte überfallen wollen! Das ist doch lächerlich! Ich sagte schon, ein Scherz, nicht mehr. Im Nachhinein gesehen, vielleicht eine Spur zu grob, das will ich gerne eingestehen.“

Die Empörung des Beschuldigten war perfekt inszeniert: Mimik, Stimme und Körperhaltung vermittelten dem erfahrenen Ermittler den Eindruck, der Mann sei felsenfest von seiner Unschuld überzeugt.

Hatte er wirklich nicht vor …? Der Zweifel war Werner wohl kurz ins Gesicht geschrieben, denn von der Heide blickte zufrieden drein. Aber sofort sah er sich mit einer weiteren Anklage konfrontiert: „Nach gerade abgeschlossenen Ermittlungen stehen Sie nun auch unter dem Verdacht, Lina Mäder ermordet und Anna Pecher überfallen zu haben."

„Das wird ja immer bunter!", stellte von der Heide spöttisch grinsend fest. So reagiert man dann, dachte der Ermittler, wenn man sich auf der Verliererseite sieht und Betroffenheit verbergen will. Dann will ich mal nachlegen: „Kommen wir zur Sichtung der Beweise", fuhr er ungerührt fort. Er legte dem Mann die inzwischen abgetippte Erklärung Anna Pechers vor.

„Ach Gott, das arme Mädchen!" Von der Heides Augen wurden feucht. „Es tut mir wirklich leid, was dem Ding widerfahren ist. Aber wie die Pecher auf mich als Täter gekommen ist, bleibt mir ein Rätsel."

Diesmal geschickt weggebügelt!, bewertete Werner die Einlassung und wandte sich an Müller: „Berichten Sie bitte von Ihrem Besuch bei Frau Jakob in der gleichnamigen Metzgerei!"

Der Inspektor beeindruckte mit einer elegant formulierten Stellungnahme: „Also, ich bemühe jetzt mein Gedächtnis, denn die Aussage der Frau muss noch niedergeschrieben werden. Sie hat sich, wie folgt, geäußert: ‚Am 21. Oktober gegen zehn Uhr vormittags erlitt die Küchenhilfe Anna Pecher in unserem Geschäft einen Kreislaufkollaps. Genau zu dieser Zeit war Herr von der Heide anwesend und hat eine Bestellung abgegeben.'"

„Ich danke Ihnen, Müller!"

„Was soll's? Ich war dort, aber …"

„Die junge Frau hat schon damals Ihre Stimme erkannt und ist in Ohnmacht gefallen."

„Wilde Spekulation, mehr nicht!"

„Schreiten wir zur Sichtung eines Teils Ihrer am Abend mitgeführten Ausrüstung." Es war eigentlich nicht Werners Art, hartnäckigen Leugnern mit Zynismus zu begegnen, aber der Professor bettelte seiner Meinung nach geradezu nach einer härteren Gangart. Mit ätzender Ironie begleitete Werner die Präsentation: „Natürlich will *Zorro* nicht erkannt werden, also benötigt er eine Maske, das Messer kann nur der Selbstverteidigung dienen. Wenn man dann einen Schurken zur Strecke gebracht hat, übergibt man ihn, natürlich anonym und gefesselt mit einem Seil, der Polizei oder man hängt ihn gleich auf. Mit dem Äther kann ich jetzt leider überhaupt nichts anfangen. Könnte es sein, dass Sie da eine geringe Menge inhalieren, um so, quasi im Rausch, ihrem Vorbild *Zorro* zu entsprechen?"

Von der Heide blieb zunächst stumm, zwar bewegte er die Lippen und seine Gestik verwies auf eine Gegenrede. Diese Schwäche nutzte Werner, um zum nächsten Schlag anzusetzen: „Warum verwahren Sie in Ihrem Schreibtisch den Geldbeutel der Mäder und kommen dann nach ihrer Ermordung zu mir, um meine Ermittlungen zu kritisieren?"

„Sie waren an meinem Schreibtisch?", lautete die entsetzte Frage.

„Wir haben sogar die Schublade dabei, in der Sie alle Ihre dunklen Geheimnisse aufbewahren." Werner deutete auf die auf dem Boden abgelegte Lade: „Sie können gerne einen Einblick nehmen."

Von der Heide verzichtete und beschränkte sich auf ein geflüstertes „Das dürfen Sie nicht!“.

„Doch! Wenn eine richterliche Erlaubnis vorliegt. Wenn Sie …?“

Aber der Beschuldigte wollte sich jetzt nur noch seinem Schmerz ergeben und schloss die Augen.

„Herr von der Heide!“, wandte sich ihm Werner freundlich, aber bestimmt zu. „Wir haben nun einen Punkt erreicht, wo ich Ihnen den Beistand eines Rechtsanwaltes empfehlen muss. Ich werde nun den Staatsanwalt kontaktieren und der wird Sie im Verlauf des morgigen Tages dem Haftrichter zuführen.“

Die Reaktion Müllers hatte er erwartet: Der Kollege blickte demonstrativ entgeistert an die Decke und mahnte dann nur mittels stummer Artikulation das Wort G-e-s-t-ä-n-d-n-i-s an.

Als die beiden Ermittler wieder alleine zusammensaßen, sah sich der Inspektor berufen, seinem Kollegen die Leviten zu lesen: „Warum haben Sie das Verhör beendet?“ Wir standen doch kurz vor einem Geständnis!“

„Sachte, lieber Müller! Das hatten wir doch schon mal. Denken Sie an Kaiser! Angesichts unserer dürftigen Beweislage sollten wir uns nicht den Vorwurf einhandeln, wir hätten den Mann manipuliert. Außerdem …“

„… können Geständnisse jederzeit widerrufen werden!“, unterbrach der Inspektor beflissen. „Lektion verstanden, ich sehe ein.“

Werner blickte auf seine Taschenuhr: „Halb zwei, Zeit für mich, noch eine Mütze Schlaf zu nehmen! Um sieben an gleicher Stelle Treffen mit dem Assessor und dann ab nach Hof!“

*****

Wie vereinbart, fand sich der Assessor pünktlich um sieben in Werners Amtszimmer ein. Nach gründlicher Sichtung der schriftlichen Unterlagen und des Materials, das bei dem Beschuldigten und in seiner Wohnung gefunden worden war, stellte er grinsend fest: „Sieht fast so aus, als hätten Sie eine Nachtschicht eingelegt.“ Dann blickte er mit ernster Miene drein. „Für mich eindeutig zweifacher Täter!“, lautete seine Einschätzung. „Aber, machen wir uns nichts vor, der Nachweis wird schwierig werden, und zwar besonders beim Mord. Selbst der Geldbeutel ist nun mal ein schwaches Indiz. Ich denke, wir sollten da noch mal nach Zeugen suchen, die ihn zusammen mit der Mäder gesehen haben. Trotzdem: Ich führe den Mann dem Haftrichter vor.“

„Erst mal herzlichen Dank für die außerordentlich gute Zusammenarbeit“, gab Werner zur Antwort. „Aber eine Frage habe ich noch“, fuhr er fort: „Wie sollen wir, mein Kollege und ich, uns vor Gericht verhalten?“

Der junge Mann überlegte kurz: „Meine sofortige Intervention könnte sich, wenn ich dem Dienstweg folge, eigentlich nur an meinen Vorgesetzten, Dr. Bleibtreu, richten. Und das halte ich aus auch Ihnen bekannten Gründen für kontraproduktiv“, ließ der Assessor verlauten. „Sie sollten sofort nach der richterlichen Zeugenbelehrung anzeigen, dass Sie zunächst eine Erklärung abgeben möchten. Und ich sag’s Ihnen gleich“, jetzt grinste er wieder spitzbübisch, „die wird einschlagen wie eine Bombe und wahrscheinlich einen Mann in den Wahnsinn treiben.“

Erdbeben im Gerichtssaal

Dienstag, 15. November 1927

Gegen halb acht Uhr machten sich die beiden Selber Polizisten auf den Weg nach Hof, und zwar mit dem Dienstwagen. Müller übernahm das Steuer. Schnell fiel Werner auf, dass der Inspektor eindeutig zu schnell fuhr. Nach einer Weile wandte er sich an den Fahrer: „Irgendwie habe ich den Eindruck, dass Sie sich mit Ihrer Fahrerei ganz bewusst einen Reifenschaden oder gar einen Achsbruch einhandeln wollen."

„Wirklich?", reagierte Müller kleinlaut. „Aber ich kann's kaum noch erwarten."

„Was?"

„Den Einschlag der Bombe."

„Also Müller, ich bitte Sie, nicht so despektierlich!!"

„Verstanden!"

So gegen dreiviertel neun trafen sie vor dem großen Sitzungssaal des Landgerichts Hof ein, wo normalerweise die Schwurgerichtsprozesse verhandelt werden. Auf dem Gang trafen sie auf andere anwesende Zeugen, die auf Stühlen saßen. Ein Wachtmeister der Justiz nahm sie in Empfang, ließ sich die Ausweise zeigen und glich die Personalien mit der Zeugenliste ab, die er, auf einem Klemmbrett abgeheftet, mit sich führte. „Sie warten hier, bis Sie aufgerufen werden!", ließ er sie mit strengem Ton wissen. „Und, dass Sie's gleich wissen, keine Gespräche über den Prozess!"

„Arsch!", entfuhr es Müller, als sich der Beamte entfernt hatte. „Behandelt uns hier wie gewöhnliche Zeugen!"

„Sind wir auch!", kommentierte Werner. „Konzentrieren Sie sich jetzt mal lieber auf die anderen Zeugen, mich interessiert schon, wer da noch so vorgeladen ist."

Müller blickte in die Runde und begann mit der Zuordnung: „Gegenüber, leicht schräg nach rechts versetzt, sitzt der Fritz Bauernfeind, der Wirt von der *Eisenbahn,* links neben ihm die Frau Peschek, die will den Kaiser am Abend mit der Mäder gesehen haben, wiederum links von ihr sehen Sie Herrn Naber, der ist Abteilungsleiter bei *Heinrich*, Kaisers Vorgesetzter, und", Müller wurde lauter, „das sage ich auch: Ein Scheißwetter haben wir heute." Werner, der sich auf die genannten Zeugen konzentriert hatte, reagierte verwundert auf den Themenwechsel, realisierte dann aber, dass sich ihnen der Wachtmeister näherte. „Da haben Sie Recht, wir hätten doch lieber mit dem Zug fahren sollen", antwortete er. Ein neuer Zeuge beschäftigte dann den Aufseher. „…und rechts neben ihm der Herr Aschenbrenner", fuhr Müller übergangslos fort, „der will auch eine gewisse Nähe zwischen den beiden wahrgenommen haben. Den Neuen, den der Mann von der Justiz gerade empfangen hat, kennen Sie ja vom Termin beim Haftrichter."

„Ja, das ist der Schuster, Kaisers erster Rechtsbeistand."

„Und dann ganz hinten, rechts von uns, sehen Sie einen Kollegen von der Landespolizei, ich denke, der ist bei der Spurensicherung."

„Wahrt Distanz zu den gewöhnlichen Zeugen!“, kommentierte Werner verächtlich.

„Und wann sind wir dran?“, wollte Müller wissen.

„Sie sollten’s inzwischen wissen: Ich bin kein Hellseher. Aber ich hoffe, dass man’s hier so hält wie beim Amtsgericht und Polizisten vorzieht und schnell abfertigt.“

Müller war deutlich anzusehen, dass er unter einer Anspannung stand, die ihn als nervös und zappelig erscheinen ließ: Kaum hatte er das eine Bein über das andere geschlagen, veränderte er gleich wieder seine Haltung. Dazu kamen die in ständiger Bewegung befindlichen Hände: wiederholte Griffe nach der Taschenuhr, Abwischen vermeintlicher Flecken von Jacke und Hose und Reiben an der Nase.

Werner sah sich genötigt, ein ernstes Wort mit seinem Stellvertreter zu sprechen: „Das eine sage ich Ihnen jetzt in aller Deutlichkeit: Wenn Sie dieses nervöse Gehampel, das Sie hier und jetzt veranstalten, mit in den Saal nehmen, dann erwerben Sie sich bei allen Anwesenden einen Ruf, der Sie so schnell nicht wieder verlassen wird. Reißen Sie sich mal zusammen und demonstrieren Sie Geduld und Ruhe!“

„Danke! Ich probier‘s!“

Um dreiviertel zehn wurde der Inspektor in den Saal gerufen und sah sich aus einer Haltung gerissen, die an einen Gläubigen erinnerte, der still betend auf der Kirchenbank sitzt. Mist, die Erklärung, ich sollte doch zunächst …! Der Gedanke fuhr Werner in den Kopf, als Müller schon auf die geöffnete Saaltür zutrottete. Aber wenige Minuten später war auch er an der Reihe. Im Zeugenstand angekommen, stellte er zunächst fest, dass sich erstaunlich viele Prozessbesucher, darunter bekannte Gesichter aus Selb, eingefunden hatten. Sein Blick fiel natürlich auch auf den Angeklagten. Der eh schon schmale Jüngling musste in der Haft noch einige Pfunde verloren haben. Eingefallene Wangen und tief in den Höhlen liegende Augen vermittelten ein Bild des Jammers. Neben dem voluminösen Kaspari, der emsige Geschäftigkeit demonstrierte, wirkte er wie ein Fremdkörper, dem jeglicher Lebensmut abhandengekommen war.

Den Vorsitz hatte, wie von seinem zukünftigen Schwiegervater angekündigt, dessen Freund Dr. Günther. Seine Einvernahme begann mit den Fragen zu seiner Person. Es folgte der Hinweis, dass er der Wahrheit verpflichtet sei und bei Zuwiderhandlung hart sanktioniert werde.

„Ihr Vertreter, Inspektor Müller, hat sich dahingehend eingelassen“, fuhr der Richter fort, „dass er gerne eine wichtige Erklärung abwarten würde, die Sie abzugeben haben. Ich habe dem stattgegeben und bitte Sie nun um Vortrag.“

Gott sei Dank, ging es dem Kommissär durch den Kopf, da hat der Kollege genau richtig reagiert!

Werner verwies darauf, dass in den gestrigen Abendstunden bei Selb ein Mann verhaftet worden sei, „dem mit hoher Wahrscheinlichkeit der Überfall auf eine Frau und auch die Ermordung der Frau Mäder zuzurechnen ist.“

Natürlich hatte Dr. Brüderle mit seinem Bild vom Bombeneinschlag maßlos übertrieben, aber das, was sich jetzt im Gerichtssaal abspielte, war doch schon mit einem leichten Erdbeben zu vergleichen: Für das anfängliche

Grummeln sorgten die irritiert palavernden Zuhörer. Erstaunte und ratlose Blicke, die beim Eintreten einer solchen Erscheinung nicht fehlen dürfen, waren dem gesamten Justizpersonal vorbehalten. Für die zentrale Erschütterung sorgte Staatsanwalt Bleibtreu, der lautstark seinen „Einspruch!“ in den Saal schmetterte. Es folgte sein Antrag, das Gericht möge die Einlassung des Kommissärs nicht zur Kenntnis nehmen und das Verfahren wie vorgesehen mit der Befragung der beiden Polizisten fortsetzen. Die Begründung lautete: „Ich verfolge nun schon seit einiger Zeit, dass dieser Mann“, er deutete auf Werner, „dieses Verfahren mit abenteuerlichen Spekulationen sabotiert und dabei auch seine Pflicht verletzt, indem er Kontakte zur Verteidigung unterhält.“

„Verzeihen Sie, Herr Staatsanwalt“, reagierte der Richter. „Bevor ich über Ihren Antrag entscheide, möchte ich von Kommissär Werner wissen, ob der im Moment amtierende Vertreter Dr. Bleibtreus in die Ermittlungen einbezogen ist. Nun, Herr Kommissär?“

„Assessor Brüderle wurde in den heutigen Morgenstunden informiert“, ließ ihn Werner wissen, „er hat mir nahegelegt, diese Erklärung hier vor Gericht abzugeben, und angekündigt, er werde den vermutlichen Täter wegen beider Verbrechen dem Haftrichter zuführen.“

„Das steht Brüderle gar nicht zu, das darf der gar nicht entscheiden!“, giftete Bleibtreu.

„Zunächst!“, fuhr ihm der Vorsitzende in die Parade: „Ich habe Ihnen nicht das Wort erteilt und außerdem stelle ich fest, dass Sie sich eines Sprachniveaus bedienen, das mit der Würde eines Staatsanwaltes wenig vereinbar ist. Schließlich muss ich Sie belehren: Dr. Brüderle hat die zweite Staatsprüfung mit Erfolg abgelegt und ist somit juristisch voll handlungsfähig. Im Übrigen ergeht folgender Beschluss: Die Verhandlung wird für fünfzehn Minuten unterbrochen."

Auf dem Gang traf Werner auf Müller: „Das mit Ihrem Beginn hätten wir vorher klären sollen", ließ er seinen Vertreter wissen, „aber Sie haben mich mal wieder verblüfft und den Fehler, den ja eigentlich ich verursacht habe, elegant weggebügelt."

„Also bitte, so was mache ich doch mit links! Sagen Sie mir lieber, wann die Chose weitergeht!"

Werner sah sich genötigt, Müllers überbordendem Selbstbewusstsein einen Dämpfer zu versetzen: „Sie haben ja gerade geduldiges Warten mit Erfolg geübt. Also üben Sie weiter!"

Schneller, als von den beiden Polizisten erwartet, wurde die Verhandlung fortgesetzt, allerdings nur mit einem Punkt: Der vorsitzende Richter verkündete aufgrund der veränderten Sachlage die Unterbrechung des Prozesses für acht Tage.

*****

„Wird noch ein langer Tag werden", meinte Müller auf der Heimfahrt nach Selb.

„Da mögen Sie recht haben", antwortete Werner und blickte auf seine Taschenuhr.

„Mein Vorschlag", fuhr der Inspektor fort, „wir machen erst mal Mittag, bevor wir in die Schlacht ziehen."

„Schön gesagt!", reagierte der Kommissär lachend. „Könnte tatsächlich zu einem Kampf kommen, da ich ja mal davon ausgehe, dass wir es mit einem anwaltlichen Schwergewicht zu tun bekommen."

„Dann halte ich mal kurz beim *Jakob“,* schlug der Kollege vor, „und wir können uns was …“

„Nichts da!“, unterbrach ihn Werner. „Ich lade Sie in meine Stammkneipe ein. Die *Hopfenblüte* kennen Sie ja!“

„Wie komme ich zu dieser Ehre?“

„Sie werden’s abwarten können!“, beschied ihm der Vorgesetzte, denn er hatte sich vorgenommen, Müller nun endlich das Du anzubieten, schließlich hatte man in den letzten Wochen zu einem freundschaftlichen Miteinander auf Augenhöhe gefunden. Die *Hopfenblüte* hatte er ausgewählt, weil dort ein Wirt das Regiment führte, der stets über die neuesten Stadtnachrichten verfügte und ein offenes Ohr für die Stimme des Volkes hatte. Wenn also die Verhaftung von der Heides bereits in der Gerüchteküche angekommen war, so war mit Sicherheit auch August Kießling schon auf dem Laufenden.

Als die beiden die Gaststätte kurz vor zwölf betraten, waren allerdings entsprechende Hinweise des Wirtes gar nicht vonnöten, denn die Blicke der anwesenden Gäste auf die neuen Besucher sprachen Bände. Da auch die laufenden Gespräche verstummten, konnten die beiden Polizisten davon ausgehen, dass man jetzt kein Wort von ihrer Unterhaltung überhören wollte.

Kießling, der wohl ahnte, dass die Beamten auch über ihren Fall sprechen wollten, geleitete sie sofort in das Nebenzimmer. „Gefällt denen“, er deutete in den Gastraum, „zwar gar nicht, aber ich denke, Sie legen keinen Wert auf Zuhörer, besonders an einem solchen Tag!“ Diese eher vage beschriebene Zeitangabe, auch noch nachdrücklich artikuliert, sollte wohl verdeutlichen, dass er gerüchtemäßig auf dem neuesten Stand war. Dann nahm er die Bestellung der Gäste auf, die sich schließlich für den Schweinebraten entschieden.

Werner blickte auf Müller: „Wenn ich Sie so ansehe, gehe ich davon aus, dass Sie gerne ein Bier trinken würden.“

„Scho! Aber …!“ Die Einlassung klang fast so, als sei dem Inspektor ein unkeuscher Gedanke entfahren, den es galt, sofort zurückzunehmen.

„Ich weiß“, tat Werner lachend kund, „ich habe mal verlauten lassen, dass Alkohol im Dienst vermieden werden sollte. Da sich aber auf der Wache eh fast niemand an die Weisung hält, machen wir heute eine Ausnahme.“ Er wandte sich dem Wirt zu: „Sie haben’s gehört, zwei Bier und außerdem zwei klare Schnäpse.“

Der Wirt gab einen seiner schrulligen Kommentare zum Besten: „Man darf auch mal in Saus und Braus leben, wenn man einen Erfolg eingefahren hat.“

„Sie wissen also was? Genau was?“, hakte Werner nach.

„Der von der Heide ist beim *Edion* verhaftet worden, weil er Ihre Verlobte bedroht und auch die Anna Pecher überfallen hat.“

„Mehr nicht?“

„Ja doch! Es wurde bei ihm auch eine Nachsuche gemacht.“

„Danke, Herr Kießling! Und wer wird als die sogenannte verlässliche Quelle gehandelt?“

„Da müsste ich genauer recherchieren!“

„Tun Sie das, die Sache ist sehr wichtig für uns.“

Als der Wirt den Raum verlassen hatte, wandte sich Werner verärgert an Müller: „Das gefällt mir gar nicht, es muss doch einer unserer Leute geplaudert haben!“

„Sehe ich auch so“, meinte sein Vertreter, „aber das Problem begleitet die Schutzmannschaft schon seit ewigen Zeiten. Polizisten sitzen nun auch mal an Stammtischen und wuchern mit ihren Pfunden.“

„Da spricht ja ein echter Bibelkenner. Kompliment, Müller!“ Mit dem Lob des Kommissärs war die undichte Stelle bei der Polizei erst mal vom Tisch. Und da jetzt der Wirt die Getränke serviert hatte, leitete Werner über zu dem Ritual, das er sich vorgenommen hatte: „So, nun zur Lösung Ihrer Frage: Warum diese Einladung?“

Der Inspektor, ja schon vorgewarnt, bereitete sich gedanklich auf ein paar nette Worte vor, wie man sie eben bei einem Geburtstag oder ähnlichen Feiern an die Frau oder den Mann bringt. Aber mit dem, was da kommen sollte, hatte er nun wahrlich nicht gerechnet: Werner hob sein Schnapsglas und blickte dem Kollegen in die Augen. Mit fester Stimme, die Förmlichkeit mit Empathie vereinte, legte er los: „Herr Müller, ich denke, für mich ist es an der Zeit, Ihnen das Du anzubieten. Ich heiße Carl und …?“ – „Richard!“, antwortete der neue Duzfreund mit leiser Stimme, schließlich war er regelrecht geplättet von der unerwarteten Geste des Vorgesetzten. Dann leerte man die Gläser, um sofort fast auf die gleiche Weise die brennende Wirkung des hochprozentigen Getränks anzuzeigen, indem man die Augen schloss und sich einen gewissen Ekel ins Gesicht zauberte. Stehend und mit festem Händedruck wurde die Brüderschaft besiegelt.

Nun galt es, den Schweinebraten zu verzehren. Das Lob über seinen ausgezeichneten Geschmack nahm der Wirt mit Wohlgefallen zur Kenntnis, doch ihm war anzusehen, dass er sich gerne in einer anderen Sache äußern wollte, denn er zog sich einen Stuhl heran und setzte sich mit an den Tisch – ein Signal, das üblicherweise auf die Übermittlung wichtiger Informationen schließen lässt. Und was der Wirt da von sich gab, verwies auf eine gewisse Brisanz: „Sie wissen ja, dass ich hier in meinem Gasthaus viel erfahre, auch einiges über diesen Herrn, den Sie da verhaftet haben."

„Dann schießen Sie mal los, Herr Kießling!", spornte Werner den Wirt eher belustigt an. „Wir sind ganz Ohr."

Ein breites Lachen schien Deftiges anzukündigen, aber der gewiefte Politiker hatte offensichtlich vor, ein Spiel mit den Polizisten zu treiben, denn er konfrontierte die beiden mit einer Position, die eigentlich jedem verantwortungsvollen Bürger gut zu Gesichte steht: „Ich muss nun mal Gerüchte empfangen, das ist mein Schicksal als Wirt, aber ich muss sie nicht teilen und weitergeben. Nebenbei: Ich hasse dieses ‚Sich's Maul zerreißen', das den Frieden in dieser Stadt immer wieder empfindlich stört."

„Große und wahre Worte, Herr Kießling!", beschied ihm Werner mit aufrichtiger Bewunderung. „Und wenn ich Sie richtig verstanden habe", fuhr er fort, „so darf ich wohl vermuten, dass Sie uns empfehlen, selbst mal in der Gerüchteküche zu ermitteln."

„Könnte sein!", beschied ihm der Wirt schmunzelnd und machte sich daran, die von Werner geforderte Rechnung auf einem Bierdeckel zu notieren.

„Das war doch ein eindeutiger Wink mit dem Zaunpfahl", stellte der Kommissär fest, als man schließlich wieder mit dem Kraftwagen auf dem Weg zur Wache war.

Mit dem vagen „Das" konnte der Partner nichts anfangen, also wandte er sich fragend zur Seite. „Was mein…?“, setzte er an und stockte, denn die freundschaftliche Anrede des Vorgesetzten wollte ihm noch nicht so recht über die Zunge gehen. Aber der Satz musste nun mal zu Ende gebracht werden: „… also, wie meinst du das jetzt?“

„Wie ich’s gesagt habe: Wir sollten selbst mal Gerüchten nachgehen!“

„Dann müssten wir regelmäßig einen Teil der Selber Stammtische abklappern“, gab Müller zu bedenken und überwand dabei die anfängliche Hemmung ohne Probleme: „Das willst wahrscheinlich du nicht und auch ich lege darauf keinen großen Wert.“

„Stimmt!“

„Aber es gibt, wie ich gerade erwähnt habe, Kollegen, die regelmäßig ihr Bier an diesen Tischen trinken“, meinte Müller, „aber die werden uns nicht erzählen, was da verhandelt worden ist.“

„Warum nicht?“

„Man präsentiert sich eben mal nicht als Plaudertasche, vor allem nicht gegenüber Vorgesetzten!“

„Dann ergeht jetzt folgender Auftrag an dich: Du nimmst dir gleich mal einen dieser Stammtischbrüder vor und er soll gefälligst damit rausrücken, was er so über den von der Heide erfahren hat.“

„Wird gemacht!“

Zorro packt aus

Auf der Wache angekommen, übermittelte der Wachhabende Maurer dem Kommissär die Botschaft, er möge nach seiner Rückkunft aus Hof Dr. Brüderle anrufen. Werner dankte dem ehemaligen Lockvogel und wandte sich an Müller: „Dann will ich mal und du weißt Bescheid!“

„Alles klar!“

Er zog sich in sein Büro zurück und wählte die Nummer des Staatsanwalts. Der kam sofort zur Sache: „Der Rechtsbeistand von der Heides, Dr. Schaffer aus Bayreuth, ist eingetroffen. Ich habe ihm Akteneinsicht gewährt und ein Gespräch mit seinem Mandanten in die Wege geleitet. Nun zum Stand der Dinge: Sie werden das Verhör in seiner Gegenwart fortsetzen und von der Heide mit beiden Taten konfrontieren.“ Was er noch zu sagen hatte, schien ihm etwas unangenehm zu sein, denn er wurde unsicher: „Allerdings wäre ich Ihnen sehr verbunden, wenn Sie … also wenn Müller …“

„Schon verstanden!“, unterbrach ihn Werner forsch. „Sie wollen eine mögliche Befangenheit meinerseits vom Tisch haben und deshalb soll Müller das Verhör führen. Kein Problem für mich, ich führe auch mal gerne das Protokoll. Wann soll das Ganze über die Bühne gehen?“

Dr. Brüderle klang sehr erleichtert: „Vielen Dank für Ihre Kooperationsbereitschaft! Wenn Sie einverstanden sind, geleite ich Dr. Schaffer in Ihr Büro, sagen wir, in einer halben Stunde?"

„Geht in Ordnung!"

„Ich soll …!?", entfuhr es Müller schon fast panisch, als ihm Werner seine Rolle als Vernehmer zuwies.

„Warum?"

„Hat alles seine Richtigkeit! Erklär' ich dir später!"

„Aber ich soll doch …!"

„Wäre zwar interessant. Aber wir machen uns doch lächerlich, wenn wir jetzt gleich mit irgendwelchen Gerüchten kommen."

*****

Brüderle betrat mit dem Anwalt den Raum und machte die Herren miteinander bekannt. Werner sah sich mit einem großen hageren Mittfünfziger konfrontiert, der ihn streng musterte. Zwei stattliche Schmisse im Bereich der rechten Gesichtshälfte sorgten dafür, dass er ziemlich verkniffen dreinblickte. Schlagende Verbindung!, ging es dem Kommissär durch den Kopf. Mit dem ist nicht gut Kirschen essen.

Kaum hatte man Platz genommen, wurde der Häftling zugeführt. Freudig erregt näherte der sich dem Anwalt. „Schön, dass du gekommen bist, Hartmut, um mir angesichts dieser unsäglichen Anschuldigungen mit Rat und Tat beizustehen."

Die Herren kennen sich also, ging es Werner durch den Kopf, könnten Bundesbrüder sein. Obwohl er sich von der Heide, der ja nicht einmal die Spur einer Narbe im Gesicht vorweisen konnte, nur schwer als eifrigen Fechter vorstellen konnte. Mit Verwunderung stellte er fest, dass der Anwalt von der Heide den Handschlag verweigerte und ihn kühl wissen ließ, er wolle mit Dr. Schaffer angesprochen werden. Den so ins Abseits Beförderten focht diese Ablehnung wenig an, sein nach wie vor zuversichtliches Lächeln verwies auf die Überzeugung, dass ihn dieser kampferprobte Fechter schon irgendwie aus dem Schlamassel raushauen würde.

Dr. Brüderle, für den das Verhör eine Angelegenheit der Polizei war, hatte sich inzwischen verabschiedet und die anwesenden Herren ließen sich an dem Tisch nieder, der für dienstliche Besprechungen vorgesehen war. Müller, der zunächst Anlass, Ort und Zeit der Zusammenkunft sowie die Namen der Anwesenden ins Protokoll diktierte, war deutlich anzusehen, dass er sich gar nicht wohl fühlte in seiner Haut. Er warf Werner einen kurzen Blick zu, den der als Hilferuf deutete. Was blieb dem Kommissär anderes übrig, als ihm aufmunternd zuzunicken?

Müller konzentrierte sich auf das Verhör der vergangenen Nachtstunden und bot dem Anwalt damit schon einmal einen Angriffspunkt, der mit beißendem Spott vorgetragen wurde: „Herr Inspektor, ich habe, wie Sie wissen sollten, Akteneinsicht genommen und bin des Lesens mächtig. Verschonen Sie uns also bitte mit dem Akt des Wiederkäuens und liefern Sie schlagende Beweise!“

Aber dass sich der Polizist jetzt dem Mord an Lisa Mäder näherte, schien Werner die falsche Strategie zu sein, denn in diesem Fall gab es eigentlich nur wenig Belastendes vorzuweisen.

„Herr von der Heide“, begann Müller, „ist es richtig, dass Sie nach der Zirkusvorstellung am 20. August auf dem Goldberg die Gesellschaft der Frau Mäder gesucht haben?“

Wie kommt der Idiot zu dieser Frage?, dachte sich Werner verärgert. Wenn der Anwalt nach entsprechenden Zeugen fragt, kann er einpacken.

Doch der ersparte dem Beamten die vermeintliche Blamage und brachte die Vergesslichkeit seines Mandanten ins Spiel: „Wer erinnert sich denn nach drei Monaten noch daran, mit wem er bei so einem Ereignis mit vielen Menschen Kontakt hatte?“, meldete sich Schaffer kopfschüttelnd zu Wort.

„Da mögen Sie Recht haben“, stimmte der Inspektor zu, „aber wenn sich der Herr zuvor die Mühe macht, die Dame mit seiner Kamera so abzulichten, dass da sehr gelungene Bilder entstehen“, gab er zu bedenken, „dann muss ich doch annehmen, dass er die Begegnung nicht vergessen hat.“

Was von der Heide jetzt bewegte, das Wort zu ergreifen, verstanden weder der Anwalt noch die beiden Ermittler, wo doch angesichts der verzwickten Beweislage ein eisernes Schweigen die Beamten in erhebliche Schwierigkeiten bringen konnte.

Mit einer Geste, die Schaffer die Zornesröte ins Gesicht trieb, bereitete er seine Einlassung vor: Er legte seine Hand vertraulich auf dessen Arm. So wollte er wohl deutlich machen, dass er durchaus in der Lage war, dem versierten Verteidiger ein nützlicher Helfer zu sein. Die Annäherung wurde allerdings sofort abgeblockt, indem ihm Schaffer demonstrativ den Arm entzog und dann grimmig dreinblickte.

Im Grunde strickte von der Heide im Folgenden an seiner *Zorro*-Legende: „Ich möchte doch etwas sagen zu diesen Fotografien, die bei mir gefunden worden sind: Ich bin leidenschaftlicher Fotograf. Und wenn da ein interessantes Gesicht auftaucht, dann drücke ich eben mal auf den Auslöser. Und bei dieser Frau war es diese seltsame Mischung aus Neugier, Hoffnung und Verzweiflung, die mich in den Bann zog. Und als ich sie später an der Seite dieses schwarzen Ungeheuers entdeckte, musste ich eingreifen und ihr ins Gewissen reden."

„Mit dem Ungeheuer meinen Sie Wilhelm Maharero?", fragte Müller.

„Natürlich!"

Jetzt schlug der aufgebrachte Anwalt mit der Faust auf den Tisch und herrschte seinen Mandanten an: „Sie halten jetzt Ihren Mund! Wenn hier jemand antwortet, so bin ich das!"

„Verzeihe mir bitte, lieber Freund!", lautete der Widerspruch von der Heides, der sich als Bundesbruder auf Augenhöhe mit Schaffer sehen mochte. „Herr Müller hat sich in den bisherigen Gesprächen immer als freundlicher und kooperativer Partner mit viel Verständnis für meine Ideale gezeigt. Warum soll ich ihm nicht …?"

Jetzt hatte die Geduld Dr. Schaffers ihr Ende erreicht. Er erhob sich und wandte sich an die beiden Polizisten: „Hiermit stelle ich fest, dass mein Mandant absolut beratungsresistent ist. Deshalb beende ich meine Bemühungen in diesem Fall. Und Sie", jetzt richtete er sich an von der Heide, „sind schon als Student durch fortdauernde Verstöße gegen den Fecht-Comment unangenehm aufgefallen und haben somit schon damals gezeigt, dass Sie nicht würdig sind, die Farben meiner Verbindung zu tragen."

Noch begriff von der Heide nicht so recht den Ernst der Lage: „Du warst schon damals ein Freund derber

Späße“, meinte er künstlich lächelnd, „weißt du noch, wie …?“

„Schluss mit dem Geschwätz! Suchen Sie sich einen anderen Anwalt!“, herrschte Schaffer ihn an, griff dann zu Aktentasche, Hut und Mantel, um sich wenig später grußlos zu entfernen.

Es war geradezu ein kindliches Staunen, das sich nun in von der Heides Gesicht offenbarte. Er schien wirklich nicht verstanden zu haben, warum Schaffer das Mandat niedergelegt hatte, und wandte sich ratsuchend an die beiden Polizisten: „Wir waren doch auf einem guten Weg und ich habe mich nach Kräften bemüht, ihn zu unterstützen. Warum geht mein Bundesbruder jetzt einfach weg und verweigert mir seine Unterstützung?“

„Sehen Sie, Herr von der Heide, das ist ganz einfach“, erklärte ihm Müller die Lage, „Ihr Anwalt hat eine Strategie verfolgt, die Ihr Schweigen voraussetzt, und daran haben Sie sich nicht gehalten.“

„Und wie geht das hier weiter?“, wollte der Verdächtigte wissen, der jetzt fast schon das Bild einer hilflosen Person ablieferte.

Könnte sein, dachte Werner, dass der nun schon wieder dabei ist, an einer neuen Strategie zu arbeiten, die lautet: freundliche Hinwendung zu der Polizei, zugeben, was nicht zu verbergen ist, und ansonsten der Hinweis auf eine Amnesie. „Sie werden sich einen neuen Verteidiger suchen müssen!“, ließ ihn der Kommissär schulterzuckend wissen. „Aber das enthebt uns nicht von der Verpflichtung, mit dem Verhör fortzufahren. Allerdings haben Sie die Möglichkeit, hier und jetzt einen Rechtsbeistand zu kontaktieren.“ Er deutete auf das Telefon: „Mein Apparat steht Ihnen zur Verfügung.“

Von der Heide ging nicht auf das Angebot ein. Sein fortwährendes Traktieren der Lippen mit Zunge und Zähnen zeigte, dass er mit sich selbst um eine Entscheidung rang. Schließlich wandte er sich Müller zu. „Fragen Sie weiter!"

„Sie haben Lina Mäder ins Gewissen geredet? Wie haben wir uns das vorzustellen?"

„Ich habe mit einiger Bewunderung auf ihre Schönheit hingewiesen, zudem auf ihre Jugend und die Chancen, die ihr das Leben noch eröffnen würde. Aber ich führte ihr auch vor Augen, dass sie der Kontakt mit diesem Afrikaner in den Abgrund reißen würde, denn Rassenschande bedeutet nun mal Verrat an deutschem Blut."

„Haben Sie ihr auch ein Angebot unterbreitet, das …", jetzt erreichte der Beamte ein Thema, das er nicht leicht in Worte fassen konnte: „Haben Sie ihr auch ein Angebot unterbreitet, dass als sex… äh, sagen wir einmal, als unkeusch verstanden werden konnte?"

„Ich bitte Sie, Herr Müller!" Die Entrüstung war keineswegs gekünstelt. „Ich habe Ihnen die Wesenszüge *Zorros* dargelegt, dem es immer um die Reinheit seiner Beziehungen gegangen ist. Und ich habe in seinem Geist gehandelt."

„Es ergab sich also kein irgendwie gearteter Konflikt?"

„Oh doch! Sie hat mich auf das Übelste beschimpft und meine Männlichkeit in Zweifel gezogen. Dabei hat sie mich mit ihrem hämischen Lachen beinahe um den Verstand gebracht."

„Wie haben Sie reagiert?"

„Darauf kann ich Ihnen keine Antwort geben. Ich weiß es nicht, denn mir fehlt jegliche Erinnerung an den weiteren Verlauf der Begegnung."

„Haben Sie anlässlich dieses Zusammentreffens ein Messer mit sich geführt?"

„Selbstverständlich! Es dient mir jederzeit zum Schutz meiner Person."

„Haben Sie das Messer eingesetzt, um Frau Mäder zu bedrohen?"

„Das weiß ich nicht."

„Aber Sie müssen doch irgendwann bemerkt haben", hielt ihm Müller vor, „ob das Messer benützt worden ist! Entweder zeigten sich Blutanhaftungen oder eben keine!"

Die Vorhaltung erbrachte nur ein Schulterzucken.

Werner konnte sich nicht des Eindrucks erwehren, dass von der Heide bei der Wahrheit geblieben war, also durchaus eine Erinnerungslücke vorhanden sein konnte. Er richtete sich an Müller und gab dem mit stummer Artikulation zu verstehen, er möge sich dem Fall Pecher zuwenden. Dessen Frage zeigte, dass er durchaus des Lippenlesens mächtig war:

„Wenden wir uns dem Fall Pecher zu."

„Nichts lieber als das!", reagierte von der Heide mit sichtlicher Freude. „Ich habe dieses Mädchen verehrt wie eine Heilige, sie war für mich der Inbegriff absoluter Reinheit. Mein Wunsch war es, sie nur einmal zu berühren. Und sie war auch bereit, das zuzulassen."

„Dass es große Angst war, die die junge Frau bewegte, kam Ihnen nicht in den Sinn?"

„Mitnichten, ich wollte ihr doch nichts Böses und habe ihr auch nichts Entsprechendes angetan!"

„Sie sind also nicht über sie hergefallen, haben sie nicht gewürgt und ihr auch keinen Schlag auf den Kehlkopf versetzt?“

„Nein, ich wollte doch nur …“, begann von der Heide hilflos, „ich meine … ich weiß nicht, was dann passiert ist!“

„Abschließend nehme ich also auf“, diktierte Müller in das Protokoll, „dass Sie mit beiden Opfern engen Kontakt hatten. Frau Mäder hat Sie beschimpft und Fräulein Pecher hat eine Berührung zugelassen. Ferner ist festzuhalten, dass Sie sich in beiden Fällen nicht an die Anschlusshandlungen erinnern können. Sind Sie mit dieser Formulierung einverstanden?“, fragte er schließlich.

„Voll und ganz!“, bestätigte von der Heide und es schien, als habe ihm diese Aussage eine Last von der Seele genommen.

Nachdem der Mann wieder in seine Zelle verbracht worden war, tauschten sich die beiden Polizisten aus:

„Taktische Erinnerungslücken?“, wandte sich Müller fragend an seinen Vorgesetzten.

„Habe ich zunächst auch gedacht“, meinte Werner. „Aber inzwischen sehe ich das anders: Warum vergrämt er den Anwalt, der unter Umständen die Einstellung des Verfahrens erreicht hätte? Ich tippe eher auf den Realitätsverlust einer gespaltenen Persönlichkeit. Den Mann muss jetzt erst mal ein Psychologe in die Mangel nehmen.“

Nach einer kurzen Pause kam Werner auf Müllers Einstieg ins Verhör zu sprechen: „Wie zum Teufel konntest du dem Mann einen Kontakt mit der Mäder auf den Kopf zu sagen? Wenn der Anwalt richtig reagiert hätte, dann …“

„… wäre gar nichts passiert“, unterbrach Müller grinsend, „weil ich mich auf mein Gedächtnis verlassen kann. Als ich verschiedene Zeugen wegen Kaiser befragt habe, hat eine Dame mal so nebenbei erwähnt, dass sie die Mäder auch ‚in der Begleitung eines Herrn im hellen Leinenanzug‘ wahrgenommen hat.“

„Respekt, Richard!“, antwortete Werner lächelnd. „Aber das hätte auch schon mal vorher zur Sprache kommen können!“, schob er tadelnd nach.

„Kurzfristige Vergesslichkeit!“, beschied ihm Müller lapidar.

****

Warum sich von der Heide in der folgenden Nacht in seiner Zelle erhängte, eröffnete sich den Ermittlern in einer Nachricht, die an Müller gerichtet war:

Sehr geehrter Herr Inspektor Müller,

zunächst mein Dank an Sie! Ihr Verständnis für meine Ideale und Ihre freundliche Zuwendung haben mir das Sprechen erleichtert. Folglich sehe ich mich verpflichtet, Ihnen die Gründe meines Abschieds von den Lebenden darzulegen:

Zunächst möchte ich auf das Verhalten eines Bundesbruders eingehen, der meine Ehre in Zweifel gezogen und somit meine Existenz zerstört hat.

Darüber hinaus sind es meine Träume, die mir Nacht für Nacht den Schlaf rauben und mich mit Bildern quälen, deren Schrecken ich Ihnen und auch mir für die Zukunft ersparen will.

Lassen Sie mich dennoch versichern, dass ich nie den Gedanken gehegt habe, anderen Menschen Schaden zuzufügen. Ich wollte bis zuletzt der Zorro sein, wie er mir in dem Roman „Rächer der Armen“ begegnet ist.

Ein Gescheiterter verabschiedet sich von Ihnen!

Gero von der Heide

„Ein Geständnis sieht anders aus“, meinte Müller.

Trotzdem könnte es reichen, dem Kaiser den Arsch zu retten“, legte sich Werner fest, „ich vertraue in dieser Sache unserem Assessor. Der Bleibtreu bleibt uns wohl erspart. So wie der sich vor Gericht aufgeführt hat, bekommt der wahrscheinlich hier und auch an anderer Stelle so schnell keinen Fuß mehr auf den Boden. Und nun zu dir, mein lieber Kollege“, wandte sich der Kommissär geradezu feierlich an seinen Vertreter, „es ist allein dir zuzuschreiben, dass wir diesen Psychopathen zum Sprechen gebracht haben. Ich ziehe meinen Hut.“

„Ein guter Lehrmeister“, revanchierte sich Müller, „ist die halbe Miete!“

Im *Selber Tagblatt* vom Donnerstag, dem 17. November 1927, war Folgendes zu lesen:

Eine Stadt atmet auf

Selb. Wieder ist es der Selber Schutzmannschaft gelungen, einen Mörder und Peiniger zur Strecke zu bringen. Das hat lange genug gedauert, mögen die geneigten Leser denken, wobei sie allerdings übersehen, dass gut Ding seine Weile haben will. Ein Staatsanwalt, der diese Weisheit übersehen hat, wollte möglichst schnell einen Täter präsentieren, ihn vor den Kadi zerren und dem Henker zuführen.
Zum Glück haben die Selber Kriminalisten, nämlich Kommissär Werner und sein Stellvertreter Inspektor Müller, schnell erkannt, dass der Mord an Lina M. und der Wochen später erfolgte Überfall auf Anna P. (wir berichteten) demselben Täter zuzuschreiben sind. In mühevoller Kleinarbeit, wobei sogar ein Lockvogel eingesetzt wurde, kamen sie dem Täter auf die Spur, justament in dem Moment, als er wieder einen Überfall vorbereitet hat.
Der zweifache Täter, Gero H., ein bekannter Selber Bürger, hat sich in der Nacht von Dienstag auf Mittwoch in seiner Zelle selbst gerichtet.
Wie uns ein Sprecher des Landgerichts Hof berichtet, wird das Verfahren gegen Adolf K. eingestellt und der Staatsanwalt seiner Pflichten enthoben. Seine Aufgaben in Selb nimmt ab sofort der Assessor Dr. Reinhardt Brüderle wahr. Er hat dem Selber Tagblatt zugesichert, dass er sich in nächster Zeit zu den Details der Taten und der Festnahme äußern wird.

Wir werden berichten. **fr**

Weitere Veröffentlichungen

Dunkle Wolken überm Edion

Fichtelgebirgskrimi
Erstausgabe Juni 2022
Format: 19,5 cm x 12,5 cm
TB; 310 Seiten
ISBN: 978-3-948397-38-8 Preis: 13,40 €
eBook: 978-3-948397-40-1 Preis: 9,99 €

Der Fall Edion
oder: “Alle müssen müllern!”

Fichtelgebirgskrimi
Erstausgabe Oktober 2020
Format: 19,5 cm x 12,5 cm
TB; 268 Seiten
ISBN: 978-3-948397-12-8 Preis: 12,90 €
eBook: 978-3-948397-15-9 Preis: 9,99 €

Totensteine
Krals sechster Fall

Fichtelgebirgskrimi
Erstausgabe November 2018
Format: 19,5 cm x 12,5 cm
TB; 294 Seiten
ISBN: 978-3-944370-84-2 Preis: 12,90 €
eBook: 978-3-944370-86-6 Preis: 9,99 €

Wildes Kristall
Krals fünfter Fall

Fichtelgebirgskrimi
Erstausgabe Mai 2016
Format: 19,5 cm x 12,5 cm
TB; 248 Seiten
ISBN: 978-3-944370-45-3 Preis: 12,90 €
eBook: 978-3-944370-46-0 Preis: 9,99 €

Limes
Zeit der Abrechnung

History-Roman
Erstausgabe November 2014
Format: 19,5 cm x 12,5 cm
TB; 296 Seiten

*** nur noch als eBook lieferbar ***

eBook: 978-3-944370-18-7 Preis: 9,99 €